KAIZEN

La Clave de la Ventaja Competitiva Japonesa

KAIZEN

La Clave de la Ventaja Competitiva Japonesa

MASAAKI IMAI

**COMPAÑIA EDITORIAL CONTINENTAL, S. A.
DE C. V. MEXICO**

Título original en inglés:
KAIZEN: The Key to
Japan's Competitive Success

Traducido por:
ALFONSO VASSEUR W.

Edición autorizada por:
RANDOM HOUSE, INC.

Library of Congress Cataloging in Publication Data
ISBN 0-394-55186-9

Primera edición en español correspondiente a la primera en inglés:
julio de 1989

ISBN 968-26-1128-8

Derechos Reservados © en Lengua Española— 1989, Primera Publicación

COMPAÑIA EDITORIAL CONTINENTAL, S.A. DE C.V.
CALZ. DE TLALPAN NÚM. 5O22, MÉXICO 22, D.F.

MIEMBRO DE LA CAMARA NACIONAL DE LA INDUSTRIA EDITORIAL
Registro Núm. 43

IMPRESO EN MEXICO   PRINTED IN MEXICO

Reconocimientos de Autorizaciones

Se hace un reconocido agradecimiento a los nombres que siguen por la autorización para reimprimir materiales previamente publicados:

citas de un artículo de Jeremy Main, *Fortune*. 2 de abril de 1984. © 1984 Time Inc., todos los derechos reservados.

citas de *Quality Progress,* octubre de 1983, copyright por la American Society for Quality Control, Inc., reimpreso con autorización.

Partes de este libro aparecieron originalmente en el *Japan Economic Journal* (Nihon Keizai Shimbun) y *When in Japan* (Hotel Okura).

A Kenichi Nakaya, profesor emérito de la Tokyo University, que me abrió nuevos horizontes cuando yo era estudiante.

Reconocimientos

Debo admitir que no puedo asumir el crédito por todas las ideas expresadas en este libro. Sólo he reunido las filosofías, teorías y herramientas administrativas que se han desarrollado y utilizado durante años en Japón. Si he contribuido en algo, es en organizarlas bajo un concepto de fácil comprensión: KAIZEN.

Durante la escritura de este libro, me he beneficiado con la ayuda de muchos hombres de negocios, expertos y académicos, tanto de Japón como del extranjero. Aunque he tratado de darles crédito nombrándolos en el texto, nombrarlos a todos sería imposible.

Particular agradecimiento al presidente del Musashi Institute of Technology, Kaoru Ishikawa, uno de los gurús del Control Total de La Calidad (CTC) de Japón y al vicepresidente anterior de Toyota, Taiichi Ohno, que inició el *kamban* y el sistema "justo a tiempo". Ishikawa y Ohno apoyaron en forma persistente los esfuerzos de la Cambridge Corporation para explicar KAIZEN a la administración occidental y participaron en forma general en los muchos seminarios y talleres que celebraba la Cambridge Corporation.

Otras personas que han proporcionado ayuda son los profesores Masao Kogure y Yoji Akao de la Tamagawa University; el presidente Masashi Nishimura y el vicepresidente ejecutivo Shuzo Moroto de Aisin-Warner; el presidente Naohiko Yagi de la Japan Steel Works; el director administrativo ejecutivo Kaisaku Asano de la Kayaba Industry; el presidente Kenzo Sasaoka de la Yokogawa-Hewlett-Packard y el presidente Yotaro Kobayashi de la Fuji Xerox.

También me he beneficiado con la ayuda de muchos ejecutivos activamente dedicados en la ejecución del CC a nivel empresarial en Japón;

entre ellos Zensaburo Katayama de Toyota; Zenji Shimada de Pentel; Hisashi Takasu de Kobayashi Kose; Motomu Baba, Ken Yonekura y Kaoru Shimoyamada de Komatsu; Hidekazu Sadoya, de Canon; Takeomi Nagafuchi y Haruo Kamimoto de Ricoh; Kenji Watabe de Japan Steel Works y Yoshiki Iwata de Toyoda Gosei.

Al principio de 1957, tuve la buena fortuna de iniciar un periodo de cinco años en el Japan Productivity Center, en Washington, D.C., estudiando las prácticas administrativas de los EUA, y ayudando a su introducción al Japón. Esta experiencia me proporcionó valiosas percepciones de la teoría y práctica administrativas, y me preparó para una larga y fructífera carrera como consultor en administración. El hombre que organizó el Japan Productivity Center hace treinta años y hoy es presidente del consejo de esa organización es Kohei Goshi. No sólo encontré en él máximo apoyo durante mis años formativos, he disfrutado de su tutoría continua desde que regresé a Japón en 1961.

Varias publicaciones de organizaciones como la Union of Japanese Scientists and Engineers (JUSE), el Japan Productivity Center, la Japan Standards Association, el Central Japan Quality Control Association y la Japan Management Association han sido recursos valiosos para escribir este libro. En realidad, con frecuencia me he sentido abrumado por la enorme cantidad de información disponible en Japón.

Otras personas que me ayudaron a escribir este libro son el consultor principal de Philips, S. Subramanian; el director del Dynamic Management International, Ross Matheson; el presidente de Japan Research, Fred Uleman; John Powers de la Academy for Educational Development; el vicepresidente de Educational Systems and Designs, Emmett Wallace; y Alberto Galgano, director gerente de Alberto Galgano & Associati. Debo agradecer también a Allan Austin y Robert Zenowich, de Austin & Lindberg, cuya introducción a Random House hizo posible la publicación de este libro, lo mismo que a Patricia C. Haskell y Paul S. Donnelly de Random House por considerarlo hasta su terminación.

Las personas citadas en el texto están identificadas por los puestos que tenían en la época en que tuvo lugar la entrevista o fue escrita la cita en el texto. De igual manera, la conversión a dólares de los EUA está basada en el tipo de cambio que prevalecía en la época y es sólo para referencia.

Lo último en el orden mas no en importancia, mis agradecimientos a mi secretaria, Noriko Igarashi, que me ha ayudado de manera persistente a buscar y reunir el material para el libro, mecanografió una y otra vez con paciencia el original y dedicó largas horas más allá de sus obligaciones.

Sin embargo, a pesar de mi gran deuda con todas estas personas, es inútil decir que ninguna de ellas, en ninguna forma, debe sentirse responsable de mi propia incapacidad para beneficiarme plenamente de su ayuda y hacer este libro mejor de lo que es.

Masaaki Imai

Respecto al autor

Masaaki Imai ha ayudado a más de 200 compañías no japonesas y de coinversión a reformar su organización e introducir los métodos japoneses de administración. El Sr. Imai es Presidente del Consejo de la Cambridge Corporation, una firma internacional de consultoría y reclutamiento de ejecutivos que fue fundada en 1962 y tiene su base en Tokio.

Durante cinco años, en la década de 1950, el Sr. Imai, graduado en la Universidad de Tokio y que se ha especializado en estudios estadounidenses, ha vivido en los EUA, trabajando para el Japan Productivity Center en Washington, D.C. (Su principal responsabilidad: acompañar a grupos de hombres de negocios japoneses por las principales plantas de los EUA, para que pudieran estudiar "el secreto de la productividad estadounidense".)

En la actualidad, el Sr. Imai escribe y enseña la filosofía comercial japonesa que mejora paso por paso en la naturaleza de "refinamientos" o "ampliaciones" y que tiene igual importancia que las innovaciones importantes. Sus seminarios están presentados bajo la marca de servicio de KAIZEN. Es autor de *Never Take Yes for an Answer* y *16 Ways to Avoid Saying No*.

"KAIZEN es distinto a cualquier otro libro sobre la administración japonesa. Lo he leído. Es profundamente práctico. ¡Un libro notable!"

Thomas R. Horton
Principal Funcionario Ejecutivo
American Management Association

"KAIZEN es lo opuesto a la complacencia. Este libro es una fuente superior para las personas que buscan institucionalizar un proceso progresivo de autorrenovación en la empresa que dirigen."

John A. Young
Presidente y Principal Funcionario Ejecutivo
Hewlett Packard Company

Contenido

Lista de ilustraciones

Glosario

*Definiciones de los conceptos y
terminología claves de KAIZEN.*

Administración funcional transversal. La coordinación interdepartamental requerida para realizar las metas de la política de un programa KAIZEN y un programa de control total de calidad. Una vez determinadas la estrategia y planificación de la compañía, la alta administración fija los objetivos para los esfuerzos funcionales transversales que cortan lateralmente toda la organización.

La administración funcional transversal es la principal herramienta administrativa para realizar las metas de mejoramiento del CTC. (Si bien la administración funcional transversal puede ser similar a ciertas técnicas administrativas occidentales, se distingue de ellas por un enfoque intenso en el seguimiento para lograr el éxito de las metas y medidas.)

Administración orientada a los resultados. Este estilo de administración está bien establecido en occidente y enfatiza los controles, desempeño, resultados, recompensas (por lo general financieras) o la negación de recompensas e incluso castigos. Los criterios, o *Criterios R,* son cuantificables con facilidad y a corto plazo. El estilo occidental de administración enfatiza los Criterios R casi exclusivamente.

Administración orientada al proceso. Un estilo de administración que también está orientado a las personas en comparación al que está orientado sólo a los resultados. En la administración orientada al proceso, el gerente debe apoyar y estimular los esfuerzos para mejorar la forma en que los empleados hacen su trabajo. Tal estilo de administración supone una visión a largo plazo y, por lo general, requiere un cambio de comportamiento.

Algunos criterios para ameritar las recompensas en este estilo son: disciplina, administración del tiempo, desarrollo de habilidad, participación y complicación, principios morales y comunicación. En una estrategia de KAIZEN estos criterios se denominan: *Criterios P.* La estrategia de KAIZEN afirma que un esfuerzo consciente para establecer un sistema que estimule los Criterios P puede producir ventajas competitivas de importancia para la compañía.

Administración visible.   La técnica de proporcionar información e instrucción respecto a los elementos de un trabajo en una forma claramente visible, de modo que el trabajador pueda maximizar su productividad. (El kamban o sistema de tarjetas es un ejemplo de esta técnica.)

Autonomatización (Jidohka).   Palabra acuñada para describir una característica del sistema de producción Toyota, por el cual una máquina es diseñada para detenerse automáticamente siempre que se produzca una parte defectuosa.

Calidad.   Existe muy poco acuerdo sobre lo que constituye la calidad. En su sentido más amplio, la calidad es algo que puede mejorarse. Cuando hablamos de "calidad" uno tiende a pensar primero en términos de calidad del producto. Cuando se analiza en el contexto de la estrategia de KAIZEN, nada puede estar más lejos de la verdad. Aquí la preocupación de máxima importancia es la *calidad de las personas*.

Los tres bloques de construcción de un negocio son el hardware, software y "humanware". Sólo después de que el humanware está bien implantado deben considerarse, en los aspectos de un negocio, el hardware y software. Infundir la calidad en las personas significa ayudarlas a llegar a ser conscientes del KAIZEN.

Campaña Seven-Up.   Un lema para una campaña de mejoramiento como parte de un programa de KAIZEN en Nissan Motors en 1975 (véase el Cap. 2).

CC (Control de Calidad).   De acuerdo con la definición de los Japanese Industrial Standards (Z8101-1981), el control de calidad es un "sistema de medios para producir económicamente bienes o servicios que satisfagan los requisitos del cliente".

Cuando el CC fue introducido por primera vez en el Japón por W. E. Deming en 1950, el énfasis principal estaba en mejorar la calidad del producto, aplicando herramientas estadísticas en el proceso de producción.

En 1954, J. M. Juran produjo el concepto de CC como una herramienta administrativa vital para mejorar el desempeño administrativo. En la actualidad, el CC se usa como herramienta para construir un sistema de interacción continua entre todos los elementos responsables de la conducción de los negocios de una compañía a fin de lograr una calidad mejorada que satisfaga la demanda del cliente.

Así, el término CC, como se usa en Japón, es casi el sinónimo de KAIZEN, y aunque el uso de estadísticas sigue como el soporte principal del CC, ha venido a agregar muchas otras herramientas como las siete nuevas herramientas para el mejoramiento.

CCP (Calidad, Costo y Programación).   En la construcción de una jerarquía de metas en toda la compañía, según lo describió Shigeru Aoki, principal director administrativo de Toyota Motors, el objetivo final, "obtener utilidades, . . . es evidente por sí mismo" . . . la "siguiente meta de rango superior debe ser . . . calidad, costo y programación (de la cantidad y entrega). . . . En consecuencia, debemos considerar que las otras funciones administrativas existen para servir a las tres metas de rango superior de la CCP".

Ciclo de Deming.   El concepto de una rueda en rotación continua usado por W. E. Deming para enfatizar la necesidad de una constante interacción entre la investigación, diseño, producción y ventas para alcanzar una calidad mejorada que satisfaga a los clientes (véase Ciclo de PHRA).

Ciclo de EHRA (Estandarizar, Hacer, Revisar, Actuar).   Un refinamiento del ciclo de PHRA en donde la administración decide establecer primero el estándar, *antes* de desempeñar la función regular de PHRA.

Ciclo de PHRA.   El ciclo de PHRA —planificar, hacer, revisar y actuar— es una adaptación de la rueda de Deming. Si ésta destaca la necesidad de una interacción constante entre investigación, diseño, producción y ventas, el ciclo de PHRA afirma que toda acción administrativa puede ser mejorada mediante una cuidadosa aplicación de la secuencia: planificar, hacer, revisar y actuar. (Véase también Ciclo de EHRA y Rueda de Deming.)

Cinco objetivos administrativos de la administración de fábrica (véase el Cap. 4).   Cinco puntos clave de la administración de fábrica establecidos por Graham Spurling, Director de Mitsubishi Motors Australia.

Círculos de CC (Control de Calidad).   Un pequeño grupo que voluntariamente desempeña actividades de control de calidad en el trabajo, ejecutando continuamente su trabajo como parte de un programa de control de calidad, autodesarrollo, educación mutua, control de flujo y mejoramiento del trabajo en toda la compañía.

CTC (Control Total de la Calidad).   Las actividades organizadas del KAIZEN que involucran a todos los miembros de una compañía —gerentes y trabajadores— en un esfuerzo totalmente integrado hacia el mejoramiento del desempeño en todos los niveles. Este desempeño mejorado está dirigido hacia la satisfacción de metas funcionales transversales como calidad, costo, programación, desarrollo del potencial humano y desarrollo de nuevos productos. Se supone que estas actividades conducirán, al final, a una mayor satisfacción del cliente. [También citada como CCTC (Control de Calidad en Toda la Compañía.]

Despliegue de la calidad.   Una técnica para desplegar los requisitos del cliente (conocidos como "características verdaderas de la calidad") en las características del diseño (conocidas como "características de contraparte") y desplegarlas en subsistemas como componentes, partes y procesos de producción. El despliegue de la calidad es considerado como el desarrollo de más importancia del CTC en los últimos treinta años en Japón.

Despliegue de la política.   El proceso en el que se ejecutan las políticas de un programa de KAIZEN a través de los gerente de línea y en forma indirecta mediante la organización funcional transversal.

Enfoque analítico (para el mejoramiento de la administración).   Un método basado en el aprendizaje de la evaluación de la experiencia pasada.

Enfoque del diseño (para el mejoramiento de la administración).   Trata de construir un enfoque mejor mediante metas predeterminadas. El enfoque del diseño debe recibir mayor atención en las aplicaciones futuras del proceso administrativo.

Estándares. Conjunto de políticas, reglas, instrucciones y procedimientos establecidos por la administración para todas las operaciones principales, los cuales sirven como guía que capacitan a todos los empleados para desempeñar sus trabajos con éxito.

Jidohka. (Véase Autonomatización.)

Justo a Tiempo. Técnica para el control de la producción y el inventario que es parte del sistema de producción de Toyota. Fue diseñada y perfeccionada en Toyota por Taiichi Ohno, específicamente para reducir el desperdicio en la producción.

KAIZEN. KAIZEN significa mejoramiento. Por otra parte, significa mejoramiento continuo en la vida personal, familiar, social y de trabajo. Cuando se aplica al lugar del trabajo, KAIZEN significa un mejoramiento continuo que involucra a todos —gerentes y trabajadores por igual.

Kamban. Una herramienta de comunicación en el sistema ''justo a tiempo'' de control de la producción y el inventario desarrollado por Taiichi Ohno en Toyota. Un kamban, o letrero, se fija en partes específicas de la línea de producción que significa la entrega de una cantidad dada. Cuando han sido usadas todas las partes, el mismo letrero se regresa a su origen en donde se convierte en una orden más.

El sistema kamban es sólo uno de los muchos elementos de un sistema totalmente integrado de control total de la calidad y no puede insertarse en un proceso de producción separado de estos otros elementos del CTC.

Mantenimiento. El mantenimiento se refiere a las actividades cuyo fin es mantener actuales los estándares tecnológicos, administrativos y de operación.

Mantenimiento Productivo Total (MPT). El mantenimiento productivo total está dirigido a la maximización de la efectividad del equipo durante toda la vida del mismo. El MPT involucra a todos los empleados de un departamento y de todos los niveles; motiva a las personas para el mantenimiento de la planta a través de grupos pequeños y actividades voluntarias, y comprende elementos básicos como el desarrollo de un sistema de mantenimiento, educación en el mantenimiento básico, habilidades para la solución de problemas y actividades para evitar las interrupciones.

La alta administración debe crear un sistema que reconozca y recompense la habilidad y responsabilidad de todos para el MPT.

Margen manejable. Los límites aceptables en un proceso de producción. Cuando los puntos de comprobación indican que el proceso ha excedido los límites de control, la administración debe determinar, de inmediato, los factores responsables y corregirlos.

Existe una segunda fase para el margen manejable que es sutil y un tanto más difícil de manejar. Cuando un proceso de producción sigue su curso dentro de los límites de control, pero, no obstante, establece un patrón, éste puede ser la primera indicación de próximas dificultades y debe evaluarse en la forma debida. Desarrollar habilidades para administrar en este nivel de sutileza es el reto final de cualquier sistema administrativo.

Mejoramiento. El mejoramiento, como parte de una estretegia de KAIZEN exitosa, va más allá de la definición que da el diccionario de la palabra. El mejoramiento es una fijación mental inextricablemente unida al mantenimiento y mejoramiento de los estándares. En un sentido todavía más amplio, el mejoramiento puede definirse como KAIZEN e innovación, en donde una estrategia de KAIZEN mantiene y mejora el estándar de trabajo mediante mejoras pequeñas y graduales, y la innovación produce mejoras radicales como resultado de grandes inversiones en tecnología y/o equipo.

Una estrategia exitosa de KAIZEN delinea con claridad la responsabilidad de mantener los estándares para el trabajador, siendo la función de la administración el mejoramiento de los estándares. La percepción japonesa de la administración se reduce a un precepto: mantener y mejorar los estándares.

Metas y medidas (en la administración japonesa). (Véase Política.)

Política (en la administración japonesa). En Japón, el término se usa para describir orientaciones administrativas de alcances medio y largo, así como las metas u objetivos anuales. Otro aspecto de la política es que está compuesta tanto de metas como de medidas; esto es, tanto de fines como de medios.

Las metas son por lo general cifras cuantitativas establecidas por la alta administración; por ejemplo, ventas, utilidades y metas de la participación en el mercado. Por otra parte, las medidas son los programas específicos de acción para alcanzar estas metas. Una meta que no esté expresada en términos de tales medidas específicas no es más que un lema. Es imperativo que la alta administración determine tanto las metas como las medidas y luego las "despliegue" por toda la organización.

Prioridad de la política.   Técnica para asegurar la máxima utilización de los recursos en todos los niveles de la administración en el proceso de despliegue de la política. La declaración de la política de la administración se debe exponer de nuevo en todos los niveles de la administración en metas cada vez más específicas y orientadas a la acción, convirtiéndose, con el tiempo, en valores cuantitativos precisos.

Puntos de comprobación y puntos de control.   Tanto los pntos de comprobación como de control se usan para medir el progreso de las actividades relacionadas con mejoras entre diferentes niveles administrativos. Los puntos de comprobación representan criterios orientados al proceso. Los puntos de control representan criterios orientados a los resultados. Lo que es el punto de comprobación para el gerente se convierte en un punto de control para el gerente del siguiente nivel. Por esta razón, los puntos de comprobación y los puntos de control también se usan en el despliegue de la política.

Seguridad de la calidad (en Toyota).   La seguridad de la calidad significa la certidumbre de que la calidad del producto es satisfactoria, confiable e incluso económica para el consumidor.

Siete C y las nuevas siete.   Las siete herramientas estadísticas (comúnmente citadas como las Siete C) y siete herramientas adicionales (las Nuevas Siete) que han hecho una contribución indispensable a la constante evolución y mejoramiento del movimiento del control total de la calidad. (Véase la lista en el Apéndice E.)

Sistema de sugerencias.   En el Japón, el sistema de sugerencias es una parte muy integrada del KAIZEN orientado al individuo. Su diseño está tan cuidadosamente trazado, ejecutado y comunicado como un plan estratégico de la compañía. Se presta atención escrupulosa a la sensibilidad de la alta administración y a la creación de un sistema de retroalimentación y recompensas.

Los sistemas de sugerencias al estilo japonés enfatizan los beneficios del apoyo moral y la participación positiva del empleado sobre los incentivos económicos y financieros que son acentuados por los sistemas al estilo estadounidense. (La dimensión de los sistemas japoneses de sugerencias está ilustrada por el número de sugerencias proporcionadas cada año. En 1985, Matushita fue la compañía japonesa cuyos empleados proporcionaron el número más elevado de sugerencias. ¡El número total de sugerencias excedió los *6 millones!)*

Trabajo estandarizado. Según lo define Toyota, es la combinación óptima de trabajadores, máquinas y materiales.

Universidad laboral. El Japan Productivity Center tiene un programa para educar a los ejecutivos sindicales en los sólidos conceptos de la administración de negocios, de manera que puedan negociar mejor con la administración.

Warusa-kagen. Término del CTC que se refiere a las cosas que todavía no son problemas, pero que no van del todo bien. Dejadas sin atención, pueden dar lugar a problemas serios. Warusa-kagen es con frecuencia el punto de partida de las actividades de mejoramiento. En el lugar del trabajo, por lo general, es el trabajador quien nota el warusa-kagen y, en consecuencia, el trabajador se convierte en el primer escalón del mantenimiento y mejoramiento.

Prólogo

Si miramos en retrospectiva los más de cuarenta años que siguieron a la Segunda Guerra Mundial, veremos como Japón logró la condición de un poder económico mundial, pasando por las cinco fases de adaptación hasta llegar a ser un formidable competidor en varias áreas de productos. Estas fases son:

■ Absorción a gran escala de tecnología importada de los EUA y Europa.
■ Un impulso a la productividad en dimensiones no vistas hasta ahora.
■ Un programa nacional de mejoramiento de la calidad inspirado por las ideas de los Drs. Deming y Juran de los EUA.
■ Un gran grado de flexibilidad en la manufactura y, por último
■ Multinacionalidad.

Después de asimilar con éxito la tecnología extranjera, y luego lograr una productividad muy elevada y máxima calidad, las industrias japonesas se están concentrando ahora en tecnologías flexibles para las manufacturas. Esto significa tener la capacidad de adaptar la manufacturación en un tiempo muy corto a los requisitos cambiantes del cliente y del mercado. Las palabras clave son mecanización, automatización, robotización y sistemas relacionados.

Hay muchas cosas interesantes que las compañías occidentales pueden aprender del entorno industrial japonés. Como lo leerá en este libro, Philips ha introducido un programa de Mejoramiento de la Calidad en Toda la Compañía. Igual que la mayoría de las compañías occidentales, Philips ha aprendido también algunas lecciones. El programa que hemos instituido está dirigido hacia el "Mejoramiento Total" y no está restringido sólo a la calidad del producto. El propósito es mejorar *todo* lo que hace Philips.

El Sr. Masaaki Imai, que participó en las etapas iniciales de este proceso en Philips, adoptó el lema y tituló a este libro KAIZEN. Desde este ángulo, ha revisado la estrategia japonesa de las tres últimas décadas para mejorar la productividad, calidad y flexibilidad. Hace esto con ejemplos brillantes y también contempla las herramientas y sistemas empleados. Como tal, este libro también puede ser revelador para los gerentes no japoneses.

El mundo pasa por un periodo de transición de los mercados fragmentados a unos más o menos globales. Hacer negocios en un entorno así requiere características únicas de multinacionalidad. Para sobrevivir en un mundo altamente competitivo, es imperativo para las multinacionales adquirir las sutilezas que los capaciten para identificarse e integrarse al entorno comercial o país en el cual se están haciendo los negocios. Por más éxito que las compañías japonesas hayan tenido hasta ahora, el verdadero reto al que continúan enfrentándose se encuentra en llegar a ser verdaderamente multinacionales. Habiendo pasado seis años de mi carrera en Japón, me fue cada vez más claro que existe un área problema al hacer negocios a una escala global, que los japoneses aún no han dominado por completo, es decir, la multinacionalidad.

En su búsqueda de un modelo para la conducción de un negocio multinacional, los japoneses harían bien estudiando el ejemplo holandés. Compartiendo como estos países lo hacen, una pequeñez relativa, la habilidad para adaptarse a las culturas, así como a las prácticas comerciales de otros países, se convierte en una necesidad. Tal comportamiento multinacional ha llegado a ser una segunda naturaleza para los holandeses y ha sido ejemplificado por Philips durante casi 100 años.

No debe uno desanimarse por las diferencias culturales. Las manufacturas son, en definitiva, una actividad mundial y como tal, las buenas prácticas, de donde quiera que vengan, merecen nuestra atención. Sin embargo, la alta administración japonesa, en especial en nuestro sector industrial, tiene que entender que uno de los patrones usados para medir sus cualidades administrativas será el grado hasta el cual consideren al mundo, incluyendo su patria, Japón, para su campo de batalla. La reciprocidad es la clave para nuestra supervivencia conjunta.

Dr. W. Dekker
Presidente del Consejo del
Supervisory Board
N. V. Philips' Gloeilampenfabrieken

El reto de KAIZEN

La estrategia de KAIZEN es el concepto de más importancia en la administración japonesa —la clave del éxito competitivo japonés—. KAIZEN significa mejoramiento. En el contexto de este libro, KAIZEN significa el mejoramiento *en marcha* que involucra *a todos* —alta administración, gerentes y trabajadores—. En Japón, muchos sistemas han sido desarrollados para hacer a la administración y a los trabajadores conscientes del KAIZEN.

KAIZEN es asunto de todos. El concepto KAIZEN es vital para entender las diferencias entre los enfoques japonés y occidental de la administración. Si se pide que cite la diferencia más importante entre los conceptos administrativos japoneses y occidentales, diría sin titubear, "El Kaizen japonés y su forma de pensar orientada al proceso con respecto a la innovación de Occidente y el pensamiento orientado a los resultados".

KAIZEN es una de las palabras más comúnmente usadas en el Japón. En los periódicos, en la radio y en la T.V., somos bombardeados a diario con declaraciones de los funcionarios del gobierno y políticos respecto al KAIZEN de nuestra balanza comercial con los EUA, el KAIZEN de las relaciones diplomáticas con el país X y el KAIZEN del sistema de bienestar social. Tanto los trabajadores como la administración hablan del KAIZEN de las relaciones industriales.

En los negocios, el concepto KAIZEN está tan arraigado en las mentes tanto de los gerentes como de los trabajadores que, con frecuencia, *ni siquiera se dan cuenta* de que están pensando en KAIZEN.

Durante las dos décadas que precedieron a la crisis petrolera, la economía mundial disfrutó de un crecimiento económico sin precedentes y experimentó una demanda insaciable de nuevas tecnologías y nuevos productos. Fue un periodo en el cual la estrategia de la innovación dio buenos frutos. La estrategia de la innovación está dirigida hacia la tecnología y se beneficia con el crecimiento rápido y con los elevados márgenes de utilidad. Florece en un entorno caracterizado por:

■ Mercados de rápida expansión.
■ Clientes orientados más hacia la cantidad que a la calidad.
■ Recursos abundantes y de bajo costo.
■ La convicción de que el éxito con productos innovadores podría compensar un desempeño mediocre en las operaciones tradicionales.
■ Una administración más preocupada por elevar las ventas que por reducir los costos.

Esos días han desaparecido. La crisis petrolera de la década de 1970 ha alterado de manera radical e irrevocable el entorno comercial internacional. La nueva situación se caracteriza por:

■ Bruscos aumentos en los costos de material, energía y mano de obra.
■ Capacidad excesiva de las instalaciones de producción.
■ Creciente competencia entre compañías en mercados saturados o recesivos.
■ Valores cambiantes del consumidor y requisitos más estrictos de calidad.
■ Necesidad de introducir nuevos productos con más rapidez.
■ Necesidad de bajar el punto de equilibrio.

Sin embargo, a pesar de estos cambios, muchos ejecutivos se suscribirán a la idea de la estrategia de la innovación, y se rehusarán a crear una estrategia adecuada a la nueva era.

Numerosas advertencias se han emitido respecto al aumento en el costo de los recursos, una competencia más rígida para ganar la aceptación del cliente mediante la calidad y la necesidad de crear más productos orientados al cliente y servicios más rápidos que nunca antes. Sin embargo, después de haber ignorado estas advertencias por tanto tiempo, ahora, ''de pronto'', los negocios occidentales encuentran que las compañías japonesas están surgiendo como competidores formidables.

En el entorno comercial competitivo actual, cualquier demora en adoptar lo último en tecnología es costosa. Las demoras en adoptar técnicas administrativas innovadoras no son menos costosas. Pero la administración occidental ha sido lenta en aprovechar las herramientas de KAIZEN desarrolladas por las compañías japonesas. Pero aún, muchos gerentes occidentales *ni siquiera saben* que existe una estrategia de KAIZEN y que podría funcionar para su ventaja competitiva.

Este libro expone tal estrategia —una estrategia para enfrentarse a los retos de las décadas de 1980, 1990 y más allá.

Las compañías exitosas han demostrado que es posible anticipar el cambio y enfrentarse a los retos mientras sean manejables. Por ejemplo, las compañías japonesas han diseñado con éxito, fabricado y vendido productos competitivos utilizando la estrategia de KAIZEN. Muchos hombres de negocios occidentales han preguntado, ¿cómo lo han hecho los japoneses?, pero, por alguna razón, los intelectuales que intentan contestar esta importante pregunta han ignorado la estrategia de KAIZEN. Mientras que se han señalado muchos factores culturales, sociales y políticos, muy pocos observadores de las prácticas administrativas japonesas han examinado la estrategia realmente empleada por la administración japonesa durante los últimos 30 años.

Este libro explica por qué la estrategia de KAIZEN es tan indispensable para enfrentarse a los retos de las décadas de 1980 y 1990. Pero este énfasis en KAIZEN no significa que la innovación pueda o deba ser olvidada. Tanto la innovación como KAIZEN son necesarios para que una compañía sobreviva y crezca.

La mayor parte de lo escrito sobre la administración japonesa sólo ha provocado confusión. Cada intelectual tiene su explicación exclusiva del secreto del éxito de la administración japonesa —dando a entender, con frecuencia, que tal éxito es imposible en occidente—. Incluso la semántica ha sido más confusa. Palabras como calidad, productividad y toda la demás jerigonza, si bien son ilustrativas para el especialista, tienden a dejar en la oscuridad al lego.

No intento refutar las explicaciones de la administración japonesa presentadas por otros escritores. KAIZEN es el apuntalamiento filosófico básico para lo mejor de la administración japonesa. Así, al igual que los lectores neófitos encontrarán en esto una base sólida para sus futuros estudios, los gerentes que han estudiado la administración japonesa encontrarán que KAIZEN une las muchas observaciones en apariencia no relacionadas y distintas hechas por otros escritores.

Muchas prácticas administrativas japonesas sólo tienen éxito porque son buenas prácticas administrativas. Este éxito tiene poco que ver con los factores culturales. Y la falta de influencia cultural significa que estas prácticas pueden ser —y son— empleadas con el mismo éxito en otra parte. Así como en Japón existen compañías destinadas a caer por el borde del camino del progreso, así los EUA tienen compañías excelentes que han establecido nuevos estándares para la calidad del producto y servicio. La diferencia no es de nacionalidad. Es de mentalidad.

Aquí me gustaría proponer a KAIZEN como el concepto dominante que está detrás de una buena administración. Es el hilo unificador que corre a través de la filosofía, de los sistemas y de las herramientas para la solución de problemas desarrollados en Japón durante los últimos 30 años. Su mensaje es de mejoramiento e intenta hacer lo mejor.

Puesto que KAIZEN principia reconociendo que cualquier compañía tiene problemas, KAIZEN los soluciona estableciendo una cultura empresarial, en la cual todos pueden admitir libremente estos problemas. Los problemas pueden ser tanto unifuncionales como funcionales transversales. Por ejemplo, el desarrollo de un producto nuevo es una situación funcional transversal típica, porque incluye la colaboración y esfuerzos conjuntos de personas de mercadotecnia, ingeniería y producción.

En Occidente, los problemas funcionales transversales con frecuencia se consideran en términos de solución de conflicto, en tanto que la estrategia de KAIZEN ha capacitado a la administración japonesa a tomar un enfoque sistemático y de colaboración para la solución de los problemas funcionales transversales. En esto radica uno de los secretos de la ventaja competitiva de la administración japonesa.

Subrayando la estrategia de KAIZEN, está el reconocimiento de que las administraciones deben buscar la satisfacción del cliente y atender sus necesidades si quieren permanecer en el negocio y obtener utilidades. El mejoramiento en áreas como calidad, costo y programación (cubrir los requisitos de volumen y entregas) es esencial. KAIZEN es una estrategia dirigida al consumidor para el mejoramiento. En KAIZEN se supone que todas las actividades deben conducir a la larga a una mayor satisfacción del cliente.

Soichiro Honda, de Honda Motors, dice que, por lo que toca a los clientes, la calidad es algo que un producto tiene o no tiene. No hay términos medios. Afirma que la función de la administración es hacer un esfuerzo constante para proporcionar mejores productos a precios más bajos. La estrategia de KAIZEN ha producido un enfoque de sistemas y herramientas para la solución de problemas que puede aplicarse para la realización de este objetivo.

Los movimientos de KAIZEN se aplican en todo momento a la mayor parte de las industrias japonesas, y la mayoría de las compañías afirman que la administración debe dedicar cuando menos el 50% de su atención a KAIZEN. Los gerentes japoneses siempre están buscando formas para mejorar los sistemas y procedimientos internos, y su compromiso en KAIZEN se extiende incluso a campos como el de las relaciones entre los trabajadores y la administración, las prácticas de mercadotecnia y las relaciones con los proveedores. Los gerentes de nivel medio, los supervisores y los trabajadores también están activamente comprometidos en KAIZEN. A los ingenieros de las plantas japonesas con frecuencia se les previene, "No habrá ningún progreso si ustedes continúan haciendo las cosas de la misma manera todo el tiempo".

Otro aspecto importante de KAIZEN ha sido su énfasis en el proceso. KAIZEN ha generado una forma de pensamiento orientada al proceso y un sistema administrativo que apoya y reconoce los esfuerzos de la gente orientada al proceso para el mejoramiento. Esto está en agudo contraste con las prácticas administrativas occidentales de revisar estrictamente el desempeño de las personas sobre la base de los resultados y no recompensar el esfuerzo hecho.

En este libro, he tratado de explicar lo que está sucediendo en algunas compañías japonesas y cuáles son los conceptos que están detrás de la estrategia de KAIZEN. Aun cuando se explica la teoría, la atención principal está en su aplicación. He tratado de proporcionar tanto ejemplos y estudios de casos como fue posible. Puesto que KAIZEN es negocio de todos, los lectores atentos pronto se darán cuenta de que la estrategia de KAIZEN es aplicable a su propio trabajo —y que muchas de estas prácticas de KAIZEN pueden aplicarse con facilidad para lograr una ventaja considerable.

Este libro también explica la importancia que KAIZEN ha desempeñado para capacitar a las compañías japonesas a competir internacionalmente. En esencia, sólo hay dos clases de compañías: las que se suscriben a KAIZEN y las que no. Mientras que muchas compañías japonesas han tenido éxito con KAIZEN, la mayoría de los gerentes occidentales han fracasado en aprovechar la tremenda oportunidad competitiva que ofrece KAIZEN. Hasta cierto punto esto se debe a que nadie ha explicado la estrategia de KAIZEN y todas sus ramificaciones. En parte porque la estrategia de KAIZEN estaba naciendo todavía. Sin embargo, las compañías japonesas tienen ahora treinta años de experiencia con KAIZEN, y la estrategia de KAIZEN ha encarnado hasta el punto donde puede ser explicada y aplicada en cualquier compañía. De esto es lo que trata este libro.

Masaaki Imai, 1986

KAIZEN

La Clave de la Ventaja Competitiva
Japonesa

1

El Concepto KAIZEN

Valores de KAIZEN

En la década de 1950, estuve trabajando con el Japan Productivity Center en Washington, D.C. Mi trabajo consistía principalmente en acompañar a grupos de hombres de negocios japoneses que visitaban los
EUA para estudiar el "secreto de su productividad industrial".

Toshiro Yamada, ahora Profesor Emérito de la Faculty of Engineering
en la Kyoto University, fue miembro de uno de esos grupos de estudio
que visitaba los EUA para estudiar la industria del vehículo industrial.
Hace poco, los miembros de este grupo se reunieron para celebrar el vigé-
simo quinto aniversario de su viaje.

En la mesa del banquete, Yamada dijo que recientemente había regresado a los EUA, en un "viaje sentimental", recorriendo algunas de
las plantas que antes había visitado, entre ellas la acería de River Rouge
en Dearborn, Michigan. Sacudiendo la cabeza con incredulidad, dijo,
"Saben, la planta estaba exactamente como hace 25 años".

También habló de su reciente visita a Europa, en donde había conducido a un grupo de hombres de negocios en un estudio de las plantas
europeas manufactureras de mosaicos. En tanto iban de una a otra planta, los miembros del grupo estaban cada vez más inquietos y desalentados
por las "arcaicas" instalaciones.

El grupo se sorprendió al encontrar que estas plantas todavía utiliza-
ban correas transportadoras, y que no sólo los trabajadores sino incluso
los visitantes tenían que caminar arriba o abajo de ellas, lo que indicaba
una falta total de medidas de seguridad. Uno de los miembros dijo,
"No hay administración si no se ocupan de la seguridad de los trabaja-

dores''. Es un tanto raro ver correas transportadoras en el Japón moderno. Incluso si todavía se utilizan, están diseñadas de manera que las personas no tengan que caminar arriba o abajo de ellas.

A pesar de estas observaciones, Yamada también observó que había encontrado las instalaciones de las universidades occidentales y de las instituciones de investigación mucho más avanzadas y los proyectos occidentales de investigación ricos en originalidad y creatividad.

Hace poco estuve viajando por los EUA en compañía de Fujio Umibe, principal especialista del Toshiba's Research and Development Center. Umibe me relató un encuentro reciente con un compañero de trabajo en una de las plantas de Toshiba en Japón. Después de enterarme de que Umibe no había puesto un pie en la planta durante diez años, el hombre lo increpó: "En realidad deberías venir a visitar la planta. ¡No la reconocerías hoy!" Como forma de verificación, se me ha dicho que la cuarta parte de las líneas de producción de una planta de Toshiba ha sido cambiada mientras ésta estuvo cerrada durante la semana de fiestas el verano de 1954.

Estas conversaciones me pusieron a pensar sobre la gran diferencia en las formas en que los gerentes japoneses y occidentales enfocan su trabajo. Es inconcebible que una planta japonesa permanezca casi sin cambio durante más de un cuarto de siglo.

Desde hace mucho he estado buscando un concepto clave que explique estos dos enfoques administrativos tan diferentes, uno que también pudiera ayudar a explicar por qué las compañías japonesas han llegado a ganar cada vez más su conspicua ventaja competitiva. Por ejemplo, ¿cómo explicamos el hecho de que mientras la mayoría de las nuevas ideas vienen del Occidente y algunas de las plantas, instituciones y tecnologías más avanzadas se encuentran allí, también hay muchas plantas allá que han cambiado poco desde la década de 1950?

El cambio es algo que todos dan por hecho. Hace poco, un ejecutivo de los EUA, de una gran firma multinacional, me dijo que el presidente del consejo de su compañía había dicho, al principio de una junta del comité ejecutivo, "Caballeros, nuestro trabajo es administrar el cambio. Si fracasamos, debemos cambiar la administración". El ejecutivo sonrió y dijo, "¡Todos entendimos el mensaje!"

En Japón, también el cambio es una forma de vida. Pero, ¿estamos hablando del mismo cambio cuando hablamos de administrar el cambio o de lo contrario cambiar la administración? Se me ocurre que podría haber distintas clases de cambios: graduales y abruptos. Si bien podemos observar cambios graduales y abruptos en Japón, los cambios graduales no son una parte tan obvia de la forma de vida occidental. ¿Cómo vamos a explicar la diferencia?

Esta pregunta me llevó a considerar el asunto de los valores. ¿Podría ser que la diferencia entre los sistemas de valores de Japón y del Occidente son la razón de sus distintas actitudes hacia el cambio gradual y el cambio abrupto? Los cambios abruptos son captados con facilidad por todos los interesados y la gente por lo regular está entusiasmada al observarlos. Esto por lo general es cierto tanto en Japón como en Occidente. Pero, ¿qué pasa con los cambios graduales? Mi anterior declaración de que es inconcebible que una planta japonesa pudiera permanecer sin cambio durante años, se refiere tanto a los cambios graduales como a los cambios abruptos.

Reflexionando sobre esto, llegué a la conclusión de que la diferencia clave en la forma en cómo se entiende el cambio en Japón y cómo se considera en Occidente se encuentra en el concepto KAIZEN —concepto que es natural y obvio para muchos gerentes japoneses que con frecuencia ni siquiera se dan cuenta de que lo poseen—. El concepto KAIZEN explica por qué en Japón las compañías no pueden seguir siendo las mismas durante mucho tiempo. Además, después de muchos años de estudiar las prácticas comerciales occidentales, he llegado a la conclusión de que este concepto no existe, o por lo menos es muy débil, en la mayoría de las compañías de Occidente de hoy. Peor aún, lo rechazan sin saber lo que entraña en realidad. Es el viejo síndrome de "no se inventó aquí". Y esta falta de KAIZEN explica por qué una fábrica de los EUA o de Europa puede seguir siendo exactamente la misma durante un cuarto de siglo.

La esencia de KAIZEN es sencilla y directa: KAIZEN significa mejoramiento. Más aún, KAIZEN significa mejoramiento progresivo que involucra a todos, incluyendo tanto a gerentes como a trabajadores. La filosofía de KAIZEN supone que nuestra forma de vida —sea nuestra vida de trabajo, vida social o vida familiar— merece ser mejorada de manera constante.

Al tratar de comprender el "milagro económico" japonés de la posguerra, los intelectuales, periodistas y gente de negocios por igual han estudiado debidamente factores como el movimiento de la productividad, control total de la calidad (CTC), actividades de los grupos pequeños, sistemas de sugerencias, automatización, robots industriales y relaciones laborales. Han prestado mucha atención a algunas de las prácticas administrativas únicas del Japón, entre ellas el sistema de empleo de por vida, salarios basados en la antigüedad y sindicatos de empresa. Pero creo que han fracasado al no entender la verdad tan simple que se encuentra detrás de los muchos mitos relativos a la administración japonesa.

* Orientación al cliente
* CTC (Control Total de la Calidad)
* Robótica
* Círculos de CC
* Sistema de sugerencias
* Automatización
* Disciplina en el lugar de trabajo
* MPT (mantenimiento total productivo)

* Kamban
* Mejoramiento de la calidad
* Justo a tiempo
* Cero defectos
* Actividades en grupos pequeños
* Relaciones cooperativas trabajadores-administración
* Mejoramiento de la productividad
* Desarrollo del nuevo producto

Fig. 1-1   La sombrilla de KAIZEN

La esencia de las prácticas administrativas más "exclusivamente japonesas"—ya sean de mejoramiento de la productividad, actividades para el CTC (Control Total de la Calidad), círculos de CC (Control de Calidad) o relaciones laborales— puede reducirse a una palabra: KAIZEN. Usando el término KAIZEN en vez de palabras como, CD (Cero Defectos), *Kambran** y el sistema de sugerencias, se pinta una imagen mucho más clara de lo que ha estado sucediendo en la industria japonesa. KAIZEN es el concepto de una sombrilla que cubre esas prácticas "exclusivamente japonesas" que hace poco alcanzaron fama mundial. (Véase la Fig. 1-1.)

*Kamban es una palabra que simplemente quiere decir letreros, carteles o notas. Con la producción justo a tiempo, un trabajador del proceso que sigue va a reunir las partes del proceso anterior dejando un kamban que significa la entrega de una cantidad dada de partes específicas. Cuando todas las partes hayan sido utilizadas, se envía de regreso el mismo kamban, en cuyo momento se convierte en un pedido más grande. Debido a que esto es una herramienta de tanta importancia para la producción justo a tiempo, kamban se ha convertido en sinónimo del sistema de producción justo a tiempo. El sistema justo a tiempo fue aplicado por primera vez por la Toyota Motors Corp., para minimizar el inventario y, por tanto, reducir el desperdicio. El principio fundamental es que las partes necesarias se deben recibir "justo a tiempo" para el proceso de manufactura.

Las implicaciones del CTC o CCTC (Control de la Calidad en Toda la Compañía) en Japón, han sido que estos conceptos han ayudado a las compañías japonesas a generar una forma de pensamiento *orientada al proceso* y desarrollar estrategias que aseguren un mejoramiento continuo que involucre a las personas de todos los niveles de la jerarquía organizacional. El mensaje de la estrategia de KAIZEN es que no debe pasar un día sin que se haya hecho alguna clase de mejoramiento en algún lugar de la compañía.

La creencia de que debe haber mejoramientos interminables está hondamente arraigada en la mentalidad japonesa. Como dice un viejo refrán japonés, "Si un hombre no ha sido visto durante tres días, sus amigos deben mirarlo bien para ver los cambios que haya sufrido". La implicación es que debe haber cambiado en tres días, así que sus amigos deben estar lo bastante atentos para notar los cambios.

Después de la Segunda Guerra Mundial, la mayoría de las compañías japonesas tuvieron que comenzar literalmente desde el principio. Cada día presentaba nuevos retos a los gerentes y a los trabajadores por igual, y cada día significaba progreso. El sólo permanecer en el negocio requería un progreso sin fin, y KAIZEN se había convertido en una forma de vida. También fue afortunado que las varias herramientas que ayudaron a elevar el concepto KAIZEN a nuevas alturas fueran introducidas en Japón a finales de la década de 1950 y principios de la de 1960 por expertos como W. E. Deming y J. M. Juran. Sin embargo, la mayoría de los nuevos conceptos, sistemas y herramientas que hoy son muy utilizadas en Japón, posteriormente han sido desarrolladas en ese país y representan mejoramientos cualitativos sobre el control de calidad estadístico y el control total de la calidad de la década de 1960.

KAIZEN y la administración

La Fig. 1-2 muestra cómo se perciben las funciones del puesto en Japón. Como se indicó, la administración tiene dos componentes principales: mantenimiento y mejoramiento. El mantenimiento se refiere a las actividades dirigidas a mantener los actuales estándares tecnológicos, administrativos y de operación; el mejoramiento se refiere a las actividades dirigidas a mejorar los estándares corrientes.

Bajo sus funciones de mantenimiento, la administración desempeña sus tareas asignadas de manera que todos en la compañía puedan seguir el PEO establecido (Procedimiento Estándar de Operación). Esto significa que la administración primero debe establecer políticas, reglas, directi-

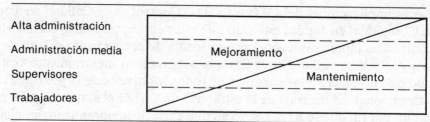

Fig. 1-2   Percepciones japonesas de las funciones del puesto (1)

vas y procedimientos para todas las operaciones importantes y luego ver
que todos sigan el PEO. Si la gente es capaz de seguir el estándar pero no
lo hace, la administración debe aplicar la disciplina. Si la gente es incapaz
de seguir el estándar, la administración debe proporcionar entrenamiento
o revisar el estándar de modo que la gente pueda seguirlo.

En cada negocio, el trabajo de un empleado está basado en los estándares existentes, ya sea explícitos o implícitos, impuestos por la administración. El mantenimiento se refiere a mantener tales estándares mediante entrenamiento y disciplina. Por contraste, el mejoramiento se refiere a
mejorar los estándares. La percepción japonesa de la administración se
reduce a un precepto: mantener y mejorar los estándares.

Mientras más alto esté un gerente, más preocupado está por la administración. En el nivel inferior, un trabajador no especializado que trabaja en
una máquina, puede dedicar todo su tiempo a seguir las instrucciones. Sin
embargo, en tanto llega a ser más eficiente en su trabajo, comienza a pensar en el mejoramiento. Empieza a contribuir con mejoras en la forma de
hacer su trabajo, ya sea a través de las sugerencias individuales o a través
de las sugerencias del grupo.

Pregunte a cualquier gerente de una compañía japonesa de éxito qué
es por lo que más presiona la alta administración y la respuesta será,
"KAIZEN" (mejoramiento).

Mejorar los estándares significa establecer estándares más altos. Una
vez hecho esto, el trabajo de mantenimiento por la administración con-
siste en procurar que se observen los nuevos estándares. El mejoramiento duradero sólo se logra cuando la gente trabaja para estándares más
altos. De este modo, el mantenimiento y el mejoramiento se han convertido en inseparables para la mayoría de los gerentes japoneses.

¿Qué es el mejoramiento? El mejoramiento puede dividirse en KAIZEN
e innovación. KAIZEN significa mejoras pequeñas realizadas en el *statu
quo* como resultado de los esfuerzos progresivos. La innovación implica
una mejora drástica en el *statu quo* como resultado de una inversión más

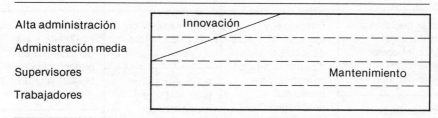

Fig. 1-3   *Percepciones japonesas de las funciones del puesto (2)*

Alta administración

Administración media

Supervisores

Trabajadores

Innovación

Mantenimiento

Fig. 1-4   *Percepciones occidentales de las funciones del puesto*

grande en nueva tecnología y/o equipo. La Fig. 1-3 muestra la subdivisión entre mantenimiento, KAIZEN e innovación según lo percibe la administración japonesa.

Por otra parte, las percepciones de la mayoría de los gerentes occidentales son como se muestran en la Fig. 1-4. Hay poco espacio en la administración occidental para el concepto de KAIZEN.

En ocasiones, se encuentra otro tipo de administración en las industrias de alta tecnología como se muestra en la Fig. 1-5. Estas son las compañías que están funcionando desde su nacimiento, crecen con rapidez y luego desaparecen igual de rápido cuando su éxito inicial se desvanece o cambian los mercados.

Las peores compañías son las que no pueden hacer nada sino mantenimiento, queriendo decir que no hay un impulso interno para KAIZEN o para la innovación; el cambio es impuesto a la organización por las condi-

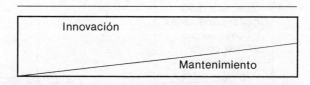

Fig. 1-5   *Funciones del puesto centradas en la innovación*

ciones del mercado y la competencia, y la administración no sabe a dónde quiere ir.

Puesto que KAIZEN es un proceso constante e involucra a todos en la organización, cada uno de la jerarquía administrativa está involucrado en algunos aspectos de KAIZEN, como se muestra en la Fig. 1-6.

Alta administración	Administración media y staff	Supervisores	Trabajadores
Estar decidida a introducir el KAIZEN como estrategia de la compañía	Desplegar y ejecutar las metas de KAIZEN dictadas por la alta administración a través del despliegue de la política y de la administración funcional transversal	Usar KAIZEN en los roles funcionales	Dedicarse a KAIZEN a través del sistema de sugerencias y de las actividades de grupos pequeños
Proporcionar apoyo y dirección para KAIZEN aplicando recursos		Formular planes para KAIZEN y proporcionar orientación a los trabajadores	Practicar la disciplina en el taller
Establecer la política para KAIZEN y las metas funcionales transversales	Usar KAIZEN en capacidades funcionales	Mejorar la comunicación con los trabajadores y mantener una moral elevada	Dedicarse a un autodesarrollo continuo para llegar a ser mejores solucionadores de problemas
Realizar las metas de KAIZEN a través del despliegue de la política y auditorías	Establecer, mantener y mejorar los estándares	Apoyar las actividades de los grupos pequeños (como los círculos de calidad) y el sistema de sugerencias individual	Ampliar las habilidades y el desempeño en el puesto con educación transversal
	Hacer a los empleados conscientes de KAIZEN a través de programas de entrenamiento intensivo	Introducir disciplina en el taller	
Construir sistemas, procedimientos y estructuras que conduzcan a KAIZEN		Proporcionar sugerencias KAIZEN	
	Ayudar a los empleados a desarrollar habilidades y herramientas para la solución de problemas		

Fig. 1-6   Jerarquía del compromiso de KAIZEN

Implicaciones del CC para KAIZEN

En tanto la administración por lo general está preocupada con asuntos como son la producción y la calidad, el impacto de este libro es considerar el otro lado de la moneda: KAIZEN.

Por ejemplo, todo estudio serio de la calidad pronto se encuentra embrollado en asuntos sobre cómo definir la calidad, cómo medirla y cómo relacionarla con los beneficios. Existen tantas definiciones de la calidad como el número de personas que la definen y no hay acuerdo de lo que la calidad es o debe ser. Lo mismo es cierto de la productividad. Esta significa diferentes cosas para distintas personas. Las percepciones de la productividad están apartadas por millas, y la administración y los trabajadores con frecuencia están en desacuerdo sobre este mismo asunto.

Pero no importa cuál sea la sustancia de la calidad y la productividad, el otro lado de la moneda siempre ha sido KAIZEN. Así, en el momento en que empezamos a hablar respecto a KAIZEN, todo el asunto resulta asombrosamente sencillo. Ante todo, nadie puede negar el valor del mejoramiento, ya que es genérico y bueno por su propio derecho. Es bueno por definición. En cualquier momento y lugar que se hagan mejoras en los negocios, éstas, a la larga, conducirán a mejoras en áreas como calidad y productividad.

El punto de partida para el mejoramiento es reconocer la necesidad. Esto viene del reconocimiento de un problema. Si no se reconoce ningún problema, tampoco se reconoce la necesidad de mejoramiento. La complacencia es el archienemigo de KAIZEN. En consecuencia, KAIZEN enfatiza el reconocimiento del problema y proporciona pistas para la identificación de los problemas.

Una vez identificados, los problemas deben resolverse. Por tanto, KAIZEN también es un proceso para la resolución de problemas. En realidad, KAIZEN requiere el uso de varias herramientas para la resolución de los problemas. El mejoramiento alcanza nuevas alturas con cada problema que se resuelve. Sin embargo, para consolidar el nuevo nivel, el mejoramiento debe estandarizarse. De este modo, KAIZEN también requiere estandarización.

Términos tales como CC (Control de Calidad), CEC (Control Estadístico de la Calidad), Círculos del CC y CTC (o CCTC) con frecuencia aparecen en conexión con KAIZEN. Para evitar confusiones innecesarias, puede ser útil aclarar aquí estos términos.

Como ya se mencionó, la palabra *calidad* ha sido interpretada en muchas formas distintas y no existe acuerdo sobre lo que en la actualidad constituye la calidad. En su sentido más amplio, la calidad es algo que puede mejorarse. En este contexto, la calidad está asociada no sólo con los productos y servicios, sino también con la forma en que la gente trabaja, la forma en que las máquinas son operadas y la forma en que se trata con los sistemas y procedimientos. Incluye todos los aspectos del comportamiento humano. Esta es la razón de que sea más útil hablar acerca de KAIZEN que respecto a calidad o productividad.

El término mejoramiento, como se usa en el contexto occidental, con mucha frecuencia significa mejoramiento en equipo, excluyendo así los elementos humanos. Por contraste, KAIZEN es genérico y puede aplicarse a todos los aspectos de las actividades de todos. No obstante, dicho esto, debe admitirse que términos tales como calidad y control de calidad han representado un papel vital en el desarrollo de KAIZEN en el Japón.

En los años que siguieron inmediatamente a la derrota guerrera del Japón, Hajime Karatsu, Asesor Técnico de la Matsushita Electric Industrial, estaba trabajando con la NTT (Nippon Telegraph and Telephone Public Corp.) como un joven ingeniero del CC. La NTT tenía problemas. "Siempre que trataba de comunicarme con alguien, invariablemente recibía un número equivocado," recuerda Karatsu. Viendo el terrible estado de acontecimientos en la NTT, el estado mayor del General McArthur invitó a algunos expertos estadounidenses del control de calidad de la Western Electric para ayudar a la NTT. Los expertos estadounidenses dijeron a la administración de la NTT que la única solución era aplicar el control de calidad. Dice Karatsu, "Orgullosos, les dijimos que estábamos aplicando el control de calidad en la NTT al estilo japonés. Pero cuando pidieron ver nuestras cartas de control, ¡ni siquiera sabíamos lo que era una carta de control!"

Fue de este humilde principio que comenzaron los esfuerzos para mejorar las prácticas japonesas del control de calidad a fines de la década de 1940. Un ejemplo fue el establecimiento del subcomité del control de calidad en la Union of Japanese Scientists and Engineers (JUSE). Más o menos en la misma época, la Japanese Standards Association comenzó a organizar seminarios sobre el control de calidad estadístico.

En marzo de 1950, JUSE principió la publicación de su revista *Statistical Quality Control*. En julio del mismo año, W. E. Deming fue invitado a Japón para enseñar el control de calidad estadístico en seminarios de ocho días organizados por JUSE. Deming visitó Japón varias veces en la década de 1950 y fue durante una de esas visitas que hizo su famosa predicción de que Japón pronto estaría inundando el mercado mundial con productos de calidad.

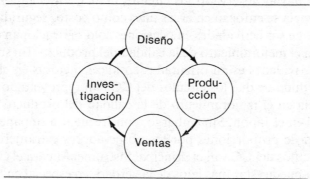

Fig. 1-7   La rueda de Deming

Deming también introdujo el "Ciclo de Deming", una de las herramientas vitales del CC para asegurar el mejoramiento continuo a Japón. El ciclo de Deming también es llamado la rueda de Deming o ciclo de PHRA (Planificar-Hacer-Revisar-Actuar) (véase la Fig. 1-7). Deming subrayó la importancia de una constante interacción entre investigación, diseño, producción y ventas para que la compañía alcanzara una mejor calidad que satisficiera a los clientes. Enseñó que esta rueda debía girarse sobre la base de las primeras percepciones y la primera responsabilidad de la calidad. Con este proceso, afirmaba, la compañía podría ganar la confianza y aceptación del cliente y prosperar.

En julio de 1954, J. M. Juran fue invitado a Japón para conducir un seminario de la JUSE sobre la administración del control de calidad. Esta fue la primera vez que el CC fue tratado desde la perspectiva general de la administración.

En 1956, la Japan Shortwave Radio incluyó un curso sobre el control de calidad como parte de su programación educativa. En noviembre de· 1960, fue inaugurado el primer mes nacional de la calidad. También fue en 1960 que fueron adoptadas formalmente las marcas C (Q-marks) y las banderas C (Q-flags). Luego, en abril de 1962, fue lanzada la revista *Quality Control for the Foreman* por JUSE y el primer círculo del CC principió el mismo año.

Un círculo del CC se define como un pequeño grupo que desempeña *voluntariamente* actividades del control de calidad dentro del taller. El pequeño grupo ejecuta en forma continua su trabajo como parte de un programa en toda la compañía de control de calidad, autodesarrollo, educación mutua, control de flujo y mejoramiento en el taller que abarca toda la compañía. El círculo del control de calidad es sólo *parte* de un programa que abarca a toda la compañía; nunca es todo el CTC o CCTC.

Los que hayan observado los círculos del CC en el Japón, saben que con frecuencia se enfocan en áreas tales como costo, seguridad y productividad, y que sus actividades en ocasiones sólo se relacionan en forma indirecta con el mejoramiento de la calidad del producto. En su mayor parte, estas actividades están orientadas en hacer mejoras en el taller.

No hay duda de que los círculos del CC han representado un papel de importancia en el mejoramiento de la calidad del producto y de la productividad en el Japón. Sin embargo, con frecuencia su papel ha sido llevado fuera de proporciones por los observadores extranjeros que creen que los círculos del CC son el principal instrumento para el CTC en el Japón. Nada puede estar más lejos de la verdad, en especial cuando se refiere a la administración japonesa. Los esfuerzos relacionados con los círculos del CC por lo general representan sólo del 10 al 30% del esfuerzo del CTC en las compañías japonesas.

Lo que es menos visible detrás de estos desarrollos es la transformación del término control de calidad o CC en el Japón. Como es el caso de muchas compañías occidentales, el control de calidad al principio significó control de calidad aplicado al proceso de fabricación, en especial a la revisión para el rechazo del material defectuoso de entrada o a los productos defectuosos de salida al final de la línea de producción. Pero pronto se estableció la realización de que la inspección por sí sola no hacía nada para mejorar la calidad del producto y que ésta debería integrarse en la etapa de producción. La "calidad desarrollada dentro del proceso" fue (y lo es aún) una frase familiar en el control de calidad japonés. Es en esta etapa que las gráficas de control y otras herramientas para el control de calidad estadístico fueron introducidas después de las conferencias de Deming.

Las conferencias de Juran en 1954 dieron a conocer otro aspecto del control de calidad: el enfoque administrativo al control de calidad. Esta fue la primera vez que el término CC fue colocado como herramienta vital de la *administración* en el Japón. Desde entonces, el término CC ha sido usado para significar tanto el control de calidad como las herramientas para el mejoramiento general en el desempeño administrativo.

Inicialmente, el CC fue aplicado a las industrias pesadas, como la industria del acero. Puesto que éstas necesitaban el control de instrumentación, las herramientas del CEC fue vital para el mantenimiento de la calidad. A medida que se difundía el CC a las industrias de maquinaria y automotrices, en donde el control del proceso era esencial en desarrollar la calidad en el producto, la necesidad del CEC llegó a ser aun mayor.

En una etapa posterior, otras industrias comenzaron a introducir el CC para productos tales como artículos duraderos para el consumidor y enseres para el hogar. En estas industrias, el interés estaba en desarrollar la calidad en la etapa del diseño para satisfacer los requisitos cambiantes y cada vez más restringidos del consumidor. En la actualidad, la administración ha ido más allá de la etapa del diseño y ha comenzado a subrayar la importancia de desarrollar productos de calidad, lo cual significa tomar en cuenta la información relativa al cliente y a la investigación del mercado desde el principio mismo.

Mientras tanto, el CC se había convertido en una herramienta administrativa para KAIZEN que involucraba a todos en la compañía. Tales actividades en toda la compañía con frecuencia se citan como CTC (Control Total de la Calidad) o CCTC (Control de Calidad en Toda la Compañía). No importa el nombre que se use, CTC o CCTC, significan actividades de KAIZEN en toda la compañía, involucrando a todos en la misma, gerentes y trabajadores por igual. A través de los años, el CC ha sido elevado a CEC y luego a CTC o CCTC, mejorando el desempeño administrativo en cada nivel. Así es que palabras tales como CC y CTC han llegado a ser casi sinónimos de KAIZEN.

Por otra parte, la función del control de calidad en su sentido original, permanece válida. El aseguramiento de la calidad sigue siendo una parte vital de la administración y la mayor parte de las compañías tienen un departamento de AC (Aseguramiento de la Calidad) para esto. Para confundir las cosas, las actividades del CTC o CCTC en ocasiones son administradas por el departamento de AC y algunas veces por una oficina separada del CTC. En consecuencia, es importante que todas las palabras relacionadas con el CC sean entendidas en el contexto en el cual aparecen.

KAIZEN y el CTC

Considerando el movimiento del CTC en Japón como parte del movimiento de KAIZEN nos da una perspectiva más clara del enfoque japonés. Ante todo, debe señalarse que las actividades del CTC en el Japón no están relacionadas sólo con el control de calidad. La gente ha sido engañada por el término "control de calidad" y con frecuencia se ha construido dentro de la estrecha disciplina del control de calidad del producto. En Occidente, el término CC está en su mayor parte asociado con la inspección de los productos terminados y cuando sale a discusión el CC, los altos gerentes, que por lo general suponen que tienen muy poco que ver con el control de calidad, pierden de inmediato el interés.

Es lamentable que en Occidente el CTC haya sido tratado principalmente en las publicaciones técnicas cuando es el enfoque más adecuado de las revistas gerenciales. Japón ha desarrollado un elaborado sistema de estrategias de KAIZEN como herramientas administrativas dentro del movimiento del CTC. Estas se colocan entre el rango de los logros administrativos más notables de este siglo. Pero debido a la forma limitada en la cual se entiende el CC en Occidente, la mayoría de los estudiantes occidentales de las actividades japonesas del CC han fallado al tratar de entender el verdadero reto y significado. Al mismo tiempo, los nuevos métodos y herramientas del CTC son de continuo estudiados y probados.

El CTC pasa por cambios y mejoramientos perpetuos, y nunca es completamente el mismo de un día a otro. Por ejemplo, las llamadas Siete Herramientas Estadísticas han sido indispensables y muy utilizadas por los círculos del CC, ingenieros y administración. Hace poco, las siete originales han sido completadas por unas "Nuevas Siete" utilizadas para resolver problemas más sofisticados, como el desarrollo de un nuevo producto, mejoramiento de la instalación, mejoramiento de la calidad y reducción del costo. Aplicaciones nuevas se están desarrollando casi del diario. (Véase el Apéndice E para las Siete Herramientas Estadísticas y las Nuevas Siete.)

El CTC en el Japón es un movimiento centrado en el mejoramiento del desempeño administrativo en todos los niveles. Como tal, ha tratado típicamente con:

1. Aseguramiento de la calidad
2. Reducción del costo
3. Cumplir con las cuotas de producción
4. Cumplir con los programas de entrega
5. Seguridad
6. Desarrollo del nuevo producto
7. Mejoramiento de la productividad
8. Administración del proveedor

En fecha más reciente, el CTC ha llegado a incluir mercadotecnia, ventas y también servicio. Además, el CTC ha tratado con asuntos administrativos vitales tales como desarrollo organizacional, administración funcional transversal, despliegues de la política y de la calidad. Dicho de otra manera, la administración ha estado utilizando el CTC como una herramienta para mejorar el desempeño general. Habrá explicaciones detalladas de estos conceptos más adelante en el libro.

Los que han seguido de cerca los círculos del CC en el Japón saben que sus actividades están enfocadas con frecuencia a áreas tales como costo, seguridad y productividad, y que sus actividades sólo se pueden relacionar en forma indirecta al mejoramiento de la calidad del producto. En su mayor parte, estas actividades están orientadas en realizar mejoramientos en el lugar del trabajo.

Los esfuerzos administrativos para el CTC han sido dirigidos en su mayor parte en áreas tales como educación, desarrollo de sistemas, despliegue de políticas, administración funcional transversal y en fecha más reciente, el despliegue de la calidad.

Las implicaciones del CTC para KAIZEN se tratarán al detalle en el Cap. 3.

KAIZEN y el sistema de sugerencias

La administración japonesa hace un esfuerzo concertado para involucrar a los empleados en KAIZEN a través de las sugerencias. En esta forma, el sistema de sugerencias es una parte integral del sistema de administración establecido, y el número de sugerencias de los trabajadores se considera como un criterio de importancia al revisar el desempeño del supervisor de estos trabajadores. Se espera que el gerente de los supervisores a su vez los asista para que puedan ayudar a los trabajadores a generar más sugerencias.

La mayoría de las compañías japonesas activas en programas de KAIZEN tienen un sistema de control de calidad y un sistema de sugerencias trabajando en concierto. El papel de los círculos del CC se puede entender mejor si lo consideramos colectivamente como un sistema de sugerencias orientado al grupo para efectuar los mejoramientos.

Una de las características notables de la administración japonesa es que genera un gran número de sugerencias de los trabajadores y que la administración trabaja mucho para considerarlas, incorporándolas con frecuencia a la estrategia general de KAIZEN. No es raro que la alta administración de una de las principales compañías dedique todo un día a escuchar las presentaciones de las actividades de los círculos del CC, y otorgue recompensas basadas en criterios predeterminados. La administración está dispuesta a dar reconocimiento a los esfuerzos de los empleados por los mejoramientos y hace visible este interés siempre que es posible. Con frecuencia, el número de sugerencias se fija en la pared del lugar de trabajo para estimular la competición entre los trabajadores y grupos.

Otro aspecto de importancia del sistema de sugerencias es que cada una, una vez implantada, conduce a la revisión de un estándar. Por ejemplo, cuando se ha instalado en una máquina un dispositivo especial a prueba de impericia por sugerencia de un trabajador, esto puede requerir que éste trabaje en forma diferente y a veces, con más atención.

Sin embargo, puesto que el estándar nuevo ha sido establecido por la propia voluntad del trabajador, éste se enorgullece del nuevo estándar y está dispuesto a acatarlo. Por lo contrario, si se le dice que siga un estándar impuesto por la administración, puede no estar tan dispuesto a acatarlo.

En esta forma, a través de las sugerencias, los empleados pueden participar en KAIZEN en el lugar del trabajo y desempeñar un papel vital para el mejoramiento de los estándares. En una entrevista reciente, el Presidente del Consejo de la Toyota Motor, Eiji Toyoda dijo, ''Una de las características de los trabajadores japoneses es que usan tanto el cerebro como sus manos. Nuestros trabajadores proporcionan 1.5 millones de sugerencias al año y el 95% de ellas se pone en uso práctico. Existe un interés casi tangible por el mejoramiento en el aire en Toyota''.

El Cap. 4 explica el sistema de sugerencias según se practica en las compañías japonesas.

KAIZEN y la competencia

Los gerentes occidentales que hayan tenido alguna experiencia comercial en el Japón, observan de inmediato la intensa competencia entre las compañías japonesas. Esta intensa competencia doméstica se considera también que ha sido la fuerza motriz de las compañías en los mercados extranjeros. Las compañías japonesas compiten por una mayor participación en el mercado mediante la introducción de productos nuevos y más competitivos, usando y mejorando las últimas tecnologías.

Por lo general, la fuerza motriz para la competencia es el precio, calidad y servicio. Sin embargo, en el Japón, se puede decir que la causa final de la competencia es la misma competencia. ¡Las compañías japonesas inclusive están ahora compitiendo por la introducción de programas de KAIZEN mejores y más rápidos!

Cuando las utilidades son el criterio de más importancia para el éxito de un negocio, es concebible que una compañía pueda permanecer sin cambio durante más de un cuarto de siglo. Sin embargo, cuando las compañías están rivalizando una y otra sobre la fuerza de KAIZEN el mejoramiento debe ser un proceso en marcha. KAIZEN asegura que habrá un mejoramiento continuo por el bien mismo del mejoramiento. Una vez que el movimiento de KAIZEN ha sido iniciado no hay forma de invertir la tendencia.

La administración orientada al proceso respecto a la administración orientada a los resultados

KAIZEN genera el pensamiento orientado al proceso, ya que los procesos deben ser mejorados antes de que se obtengan resultados mejorados. Además, KAIZEN está orientado a las personas y dirigido a los esfuerzos de las mismas. Pero está en agudo contraste con el pensamiento orientado a los resultados de la mayoría de los gerentes occidentales.

De acuerdo con Mayumi Otsubo, gerente para concursos y promoción de eventos especiales de la Bridgestone Tire Co., Japón es una sociedad orientada al proceso en tanto que los EUA es una sociedad orientada a los resultados. Por ejemplo, al revisar el desempeño de los empleados, la administración japonesa tiende a enfatizar los factores de la actitud. Cuando el gerente de ventas evalúa el desempeño del vendedor, la evaluación debe incluir criterios orientados al proceso tales como la cantidad de tiempo que el vendedor dedica en visitar a nuevos clientes, el tiempo dedicado fuera de las visitas al cliente contra el tiempo que dedicó al papeleo en la oficina y el porcentaje de nuevas indagaciones terminadas con éxito. Poniendo atención a estos índices, el gerente de ventas espera estimular al vendedor para que tenga mejores resultados tarde o temprano. Dicho de otra manera, el proceso está considerado de tanta importancia como el resultado obviamente intentado, ¡ventas!

El deporte nacional del Japón es el sumo. En cada torneo de sumo existen tres recompensas además del campeonato del torneo: un premio por un desempeño notable, un premio de habilidad y un premio por el espíritu de pelea. El premio por el espíritu de pelea es otorgado al luchador que ha peleado excepcionalmente duro durante los 15 días del torneo, inclusive si su récord de triunfos y derrotas deja algo que desear. Ninguno de estos premios está basado en los resultados; esto es, cuántos encuentros gana el luchador. Este es un buen ejemplo de pensamiento orientado al proceso del Japón.

Sin embargo, esto no quiere decir que el triunfo no cuente en el sumo. En realidad, el ingreso mensual de cada luchador está basado en gran parte en su récord. Sólo que el triunfo no lo es todo ni lo único que cuenta.

Los templos y capillas japonesas con frecuencia se construyen en las montañas y el altar más sagrado es por lo general el santuario más elevado. Un devoto que desee orar en el altar de una capilla tiene que atravesar espesos bosques, subir por escalones de piedra y pasar bajo muchos "torii" (entradas de madera).* Por ejemplo, en la Capilla Fushimi Inari

---

*Pórtico de madera construido cerca de un templo sintoísta. (N. del T.)

cerca de Kyoto; existen unos 15 000 torii a lo largo del camino al altar. Para cuando llega al altar, el devoto queda impregnado en la atmósfera sagrada de la capilla y su alma está purificada. Llegar allá es casi de tanta importancia como la plegaria.

En los EUA, hablando en términos generales, no importa lo duro que una persona trabaje, la falta de resultados arrojará una mala calificación personal y menor ingreso y status. La contribución del individuo sólo se valúa en resultados concretos. Sólo cuentan los resultados en una sociedad orientada a los resultados.

Otsubo, de Bridgestone Tire Co., sostiene que es el pensamiento orientado al proceso lo que ha capacitado a la industria japonesa a lograr su ventaja competitiva en los mercados mundiales y que el concepto de KAIZEN es el epítome del pensamiento japonés orientado al proceso. Tales actitudes administrativas son la principal diferencia en la forma en que una organización logra el cambio. La alta administración que está demasiado orientada al proceso corre el riesgo de carecer de una estrategia a largo plazo, de perder las nuevas ideas e innovaciones, de instruir al personal hasta causar náusea en detallados procesos de trabajo y de no ver el bosque debido a los árboles. El gerente orientado a los resultados es más flexible al establecer las metas y puede pensar en términos estratégicos. Sin embargo, tiende a menospreciar la movilización y realineamiento de sus recursos para la ejecución de la estrategia.

Otsubo sugiere que los criterios orientados a los resultados para evaluar el desempeño de las personas es probable que sean un legado de la ''sociedad de producción en masa'' y que los criterios orientados al proceso están ganando impulso en la sociedad postindustrial de alta tecnología y estilo.

La diferencia entre el pensamiento orientado al proceso y el pensamiento orientado a los resultados en los negocios quizá pueda explicarse mejor consultando la Fig. 1-8.

Si observamos el papel del gerente, encontramos que la función estimulante y de apoyo está dirigida al mejoramiento de los procesos, en tanto que la función de control está dirigida al producto o a los resultados. El concepto de KAIZEN subraya la función estimulante y de apoyo de la administración para los *esfuerzos* de las personas para mejorar los procesos. Por una parte, la administración necesita desarrollar los criterios. Por la otra, la administración tipo control sólo observa el desempeño o los criterios orientados a los resultados. Para abreviar, podemos llamar a los criterios orientados al proceso, criterios P y a los criterios orientados a los resultados criterios R.

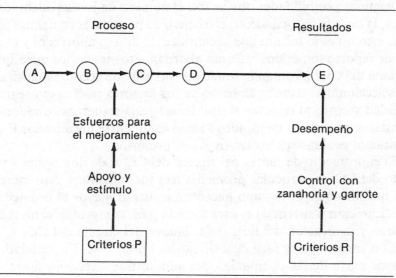

Fig. 1-8   Criterios (P) orientados al proceso (P) en función de los criterios (R) orientados a los resultados

Los criterios P requieren una visión a largo plazo, puesto que están dirigidos a los esfuerzos de las personas y con frecuencia requieren un cambio de comportamiento. Por otra parte, los criterios R son más directos y a corto plazo.

La diferencia entre los criterios P y los criterios R se puede entender mejor considerando el enfoque de la administración japonesa para las actividades de los círculos del CC.

Las actividades del círculo del CC por lo general están dirigidos hacia mejoras en el lugar de trabajo, pero el sistema de apoyo es vital. Se informa que los círculos del CC formados en Occidente con frecuencia tienen una vida corta. En su mayor parte esto parece atribuirse a la falta de un sistema que dirija las necesidades de los miembros de los círculos del CC. Si la administración sólo está interesada en los resultados, únicamente estará considerando los criterios R para las actividades del círculo del CC. En este caso, los criterios R con frecuencia significan el dinero ahorrado y el apoyo e interés de la gerencia se basarán directamente en los ahorros hechos por los miembros del círculo del CC.

Por otra parte, si la administración está interesada en apoyar los esfuerzos del círculo del CC para el mejoramiento, lo primero que la administración tiene que hacer es establecer los criterios P. ¿De qué clase de criterios P se dispone para medir el esfuerzo hecho por los miembros del círculo del CC?

Algunas posibilidades obvias son el número de juntas celebradas por mes, la tasa de participación, el número de problemas resueltos (observe que esto no es lo mismo que la cantidad de dinero ahorrado) y el número de reporte sometidos. ¿Cómo abordan estos temas los miembros del círculo del CC? ¿Toman la situación corriente de la compañía en cuenta al seleccionar el tema? ¿Consideran los factores tales como seguridad, calidad y costo al resolver el problema? ¿Sus esfuerzos conducen a estándares de trabajo mejorados? Estos están entre los criterios P que se usarán al evaluar sus esfuerzos y compromisos.

Si el promedio de juntas del círculo del CC es de dos al mes y un círculo del CC en particular promedia tres juntas al mes, esto indica que los miembros de este grupo hacen un esfuerzo mayor al promedio. La participación (asistencia) es otra medida para comprobar el nivel del esfuerzo y dedicación del líder o facilitador del círculo del CC.

Con frecuencia es fácil cuantificar los criterios R. En realidad, en la mayor parte de las compañías, las administraciones sólo disponen de criterios R, ya que éstos típicamente se refieren a cifras de ventas, costos y utilidades. Sin embargo, en la generalidad de los casos también es posible cuantificar los criterios P. Por ejemplo, en el caso de los círculos del CC la administración japonesa ha desarrollado complicadas medidas para cuantificar el nivel del esfuerzo. Estas y otras cifras se suman y se utilizan como base para el reconocimiento y premios. (Para un tratamiento más detallado de las actividades del círculo del CC, véase el Cap. 4.)

En una de las plantas de Matsushita, la camarera de la cafetería formó círculos del CC y estudió el consumo de té durante el periodo del almuerzo. Cuando se colocaban grandes tasas de té en las mesas sin restricciones sobre el consumo, la camarera notó que el consumo de té difería mucho de mesa a mesa. En consecuencia, reunieron datos sobre el comportamiento de los empleados al beber té durante el almuerzo. Por un lado, encontraron que las mismas personas tendían a sentarse en la misma mesa. Después de tomar y analizar los datos durante días, pudieron establecer un nivel de consumo esperado para cada mesa. Utilizando sus resultados, comenzaron a colocar diferentes cantidades de té en cada mesa, con el resultado de que pudieron reducir el consumo de hojas de té a la mitad. ¿Qué tanto valían sus actividades en términos de la cantidad real de dinero ahorrado? Quizá muy poco. Sin embargo, fueron premiados con la Medalla de Oro Presidencial para ese año.

La mayor parte de las compañías japonesas también tienen un sistema de sugerencias que incorporan los incentivos. Siempre que una sugerencia produce ahorros, la administración proporciona premios en proporción a los ahorros realizados. Tales recompensas se pagan tanto por las sugerencias hechas por los individuos como aquellas hechas por grupos tales como los círculos del CC.

Una de las características distintivas de la administración japonesa ha sido que han hecho un esfuerzo consciente para establecer un sistema que apoye y estimule los criterios P en tanto que da un reconocimiento pleno a los criterios R. En el nivel de los trabajadores, la administración japonesa con frecuencia ha establecido sistemas separados de recompensas para los criterios P. Mientras que las recompensas para los criterios R son recompensas financieras directamente relacionadas a los ahorros o utilidades realizadas, las de los criterios P con más frecuencia son reconocimientos y honores relacionados con el esfuerzo realizado.

En Toyota Motor, la recompensa más codiciada del CC es el Premio Presidencial, que no es dinero, sino una pluma fuente presentada a cada ganador personalmente por el presidente. Se le pregunta a cada uno de los premiados que proporcione el nombre que desea sea grabado en la pluma. Una persona podría señalar el nombre de su esposa, otro el de su hija. Los solteros en ocasiones piden que se imprima el nombre de sus amigas. Y por supuesto, muchos de los premiados piden que se graben sus propios nombres en la pluma. El premio da prestigio porque la alta administración ha implantado un programa cuidadosamente planificado para mostrar a los trabajadores que su participación activa en los proyectos del CC es importante para el éxito de la compañía. Además, los altos ejecutivos asisten a estas reuniones, mostrando su activo compromiso y apoyo. Tales demostraciones claras de dedicación van más allá de los recuerdos de las recompensas, para unir a la administración y a los trabajadores en el programa.

La forma de pensamiento orientada al proceso llena el vacío entre el proceso y el resultado, entre los fines y los medios, y entre las metas y las medidas, y ayuda a las personas a ver todo el cuadro sin desviaciones.

En esta forma, tanto los criterios P como los criterios R pueden y han sido establecidos en cada uno de los niveles de la administración, entre la alta administración y la administración divisional, entre los gerentes de nivel medio y los supervisores y entre los supervisores y los trabajadores.

Por definición, un gerente debe estar interesado en los resultados. Sin embargo, cuando observamos el comportamiento de los gerentes de éxito en una compañía exitosa, con frecuencia encontramos que tales gerentes también están orientados al proceso. Hacen preguntas orientadas al proceso. Toman decisiones basadas tanto en criterios P como en criterios R, aunque no siempre están conscientes de la diferencia entre las dos clases de criterios.

Un gerente orientado al proceso que tiene un genuino interés en los criterios P estará interesado en:

Disciplina
Administración del tiempo
Desarrollo de la habilidad
Participación y compromiso
Moral
Comunicación

En pocas palabras, un gerente está orientado a las personas. Además, el gerente estará interesado en crear un sistema de recompensas que corresponda a los criterios P. Si la administración hace un uso positivo de la forma de pensamiento orientada al proceso y además la refuerza con la estrategia de KAIZEN, encontrará que la competitividad general de la compañía estará muy mejorada a largo plazo.

Este libro trata con conceptos específicos, herramientas y sistemas que han sido empleados con efectividad en la estrategia de KAIZEN. Los lectores encontrarán que pueden aplicarlos con facilidad en sus situaciones comerciales diarias. Estos conceptos y herramientas trabajan bien no porque sean japoneses sino por que son buenas herramientas administrativas. Así como la estrategia de KAIZEN involucra a cada uno en la organización, el mensaje de este libro debe extenderse a todos, a la alta administración, gerentes de nivel medio, supervisores y trabajadores en el taller.

2

Mejoramiento Oriental y Occidental

KAIZEN en función de la innovación (1)

Existen dos enfoques contrastantes para progresar: el enfoque gradual y el enfoque del gran salto hacia adelante. Por lo general, las compañías japonesas están a favor del enfoque gradual y las compañías occidentales optan por el enfoque del gran salto hacia adelante — método cuyo epítome es la innovación:

	KAIZEN	Innovación
Japón	Fuerte	Débil
Occidente	Débil	Fuerte

La administración occidental rinde culto en el altar de la innovación. Esta innovación se mira como grandes cambios en el despertar de los adelantos tecnológicos, o en la introducción de los últimos conceptos administrativos o técnicas de producción. La innovación es dramática, logra una real atención. Por otra parte, KAIZEN con frecuencia no es dramático ni sutil y sus resultados rara vez son visibles de inmediato. En tanto KAIZEN es un proceso continuo, la innovación es por lo general un fenómeno de una sola acción.

Por ejemplo, en Occidente un gerente de nivel medio por lo común puede obtener el apoyo de la alta administración para proyectos tales como el DAC (Diseño Ayudado por Computadora), MAC (Manufactura Ayudada por Computadora) y PNM (Planificación de las Necesidades de Material), ya que éstos son proyectos innovadores que tienen manera de revolucionar los sistemas existentes. Como tales ofrecen beneficios de ROI (Rendimiento sobre la Inversión)* a los cuales es difícil que se resistan los gerentes. Sin embargo, cuando por ejemplo, un gerente de fábrica desea hacer pequeños cambios en la forma en que sus trabajadores usan la maquinaria, tal como elaborar asignaciones múltiples de trabajo o realinear procesos de producción (lo cual puede requerir prolongadas discusiones con el sindicato así como la reeducación y reentrenamiento de los trabajadores), la obtención del apoyo administrativo ciertamente puede ser difícil.

La Fig. 2-1 compara las principales características de KAIZEN y de la innovación. Una de las cosas bellas respecto a KAIZEN es que no re-

	KAIZEN	Innovación
1. Efecto	Largo plazo y larga duración pero sin dramatismo	Corto plazo pero dramático
2. Paso	Pasos pequeños	Pasos grandes
3. Itinerario	Continuo e incremental	Intermitente y no incremental
4. Cambio	Gradual y constante	Abrupto y volátil
5. Involucramiento	Todos	Selección de unos pocos "campeones"
6. Enfoque	Colectivismo, esfuerzos de grupo, enfoque de sistemas	Individualismo áspero, ídeas y esfuerzos individuales
7. Modo	Mantenimiento y mejoramiento	Chatarra y reconstrucción
8. Chispa	Conocimiento convencional y estado del arte	Invasiones tecnológicas, nuevas invenciones, nuevas teorías
9. Requisitos prácticos	Requiere poca inversión pero gran esfuerzo para mantenerlo	Requiere grande inversión y pequeño esfuerzo para mantenerlo
10. Orientación al esfuerzo	Personas	Tecnología
11. Criterios de evaluación	Proceso y esfuerzos para mejores resultados	Resultados para las utilidades
12. Ventaja	Trabaja bien en economías de crecimiento lento	Mejor adaptada para economías de crecimiento rápido

Fig. 2-1 Características de KAIZEN y de la innovación

*En inglés, return on investment. (N. del T.)

quiere necesariamente una técnica sofisticada o tecnología avanzada. Para implantar el KAIZEN sólo se necesitan técnicas sencillas, convencionales, como las siete herramientas del control de calidad (diagramas de Pareto, diagramas de causa y efecto, histogramas, gráficas de control, diagramas de dispersión y hojas de comprobación). Con frecuencia, todo lo que se necesita es sentido común. Por otra parte, por lo general la innovación requiere tecnología altamente sofisticada, así como también una enorme inversión.

KAIZEN es como un vivero que alimenta cambios pequeños y en marcha, en tanto que KAIZEN es como la magma que aparece en violentas erupciones de tiempo en tiempo.

Una gran diferencia entre KAIZEN y la innovación es que en tanto KAIZEN no requiere una inversión necesariamente grande para implantarse, sí requiere una gran cantidad de esfuerzo continuo y dedicación. La diferencia entre los dos conceptos opuestos puede ser comparada con una escalera y una rampa. La estrategia de la innovación se supone que produce progreso en una progresión de escalera, según se describe en la Fig. 2-2. Por otra parte, la estrategia de KAIZEN produce un progreso gradual. Puedo decir que la estrategia de la innovación "se supone que" produce progreso en una progresión de escalera, porque por lo general no lo hace. En vez de seguir el patrón de escalera de la Figura 2-2, el progreso real logrado a través de la innovación, por lo general seguirá el patrón mostrado en la Fig. 2-3 si carece de la estrategia de KAIZEN para ir junto con ella. Esto sucede porque un sistema, una vez que ha sido instalado como resultado de una innovación nueva, está sujeto a un deterioro uniforme, a menos que se hagan esfuerzos continuos primero para mantenerlo y luego para mejorarlo.

En realidad, no puede haber una cosa tal como una constante estática. Todos los sistemas están destinados a deteriorarse una vez que han

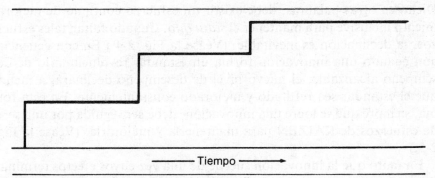

Fig. 2-2 Patrón ideal de la innovación

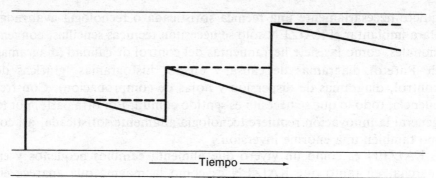

Fig. 2-3 *Patrón real de la innovación*

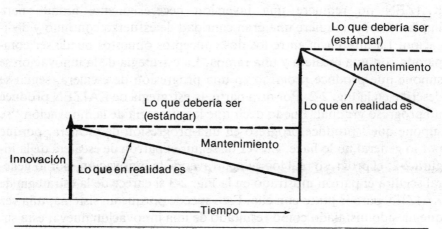

Fig. 2-4 *La innovación sola*

sido establecidos. Una de las famosas leyes de Parkinson es que una organización, una vez que construye su estructura, inicia su declinación. Dicho en otras palabras, debe existir un esfuerzo continuo de mejoramiento inclusive para mantener el *statu quo*. Cuando faltan tales esfuerzos, la declinación es inevitable. (Véase la Fig. 2-4.) En consecuencia, aun cuando una innovación forma un estándar revolucionario de desempeño alcanzable, el nuevo nivel de desempeño declinará, a menos que el estándar sea refutado y mejorado constantemente. En esta forma, siempre que se logre una innovación, debe ser seguida por una serie de esfuerzos de KAIZEN para mantenerla y mejorarla. (Véase la Fig. 2-5.)

En tanto que la innovación sucede de una vez cuyos efectos terminan gradualmente por la intensa competición y el deterioro de los estánda-

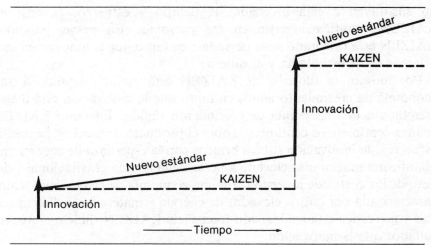

Fig. 2-5   Innovación más KAIZEN

res, KAIZEN es un esfuerzo constante con efectos acumulativos que marcan una firme elevación al correr de los años. Si los estándares existen sólo para mantener el *statu quo* no serán refutados, siempre que sea aceptable el nivel de desempeño. Por otra parte, KAIZEN significa un esfuerzo constante no sólo para mantener los estándares sino para mejorarlos. Los estrategas de KAIZEN creen que, por naturaleza, los estándares son provisionales, parecidos a escalones, con un estándar conduciendo a otro a medida que se hacen los esfuerzos por mejoramiento. Esta es la razón de que los círculos del CC tan pronto resuelven un problema cuando se mueven para atacar un nuevo problema. Esta es también la razón de que el llamado ciclo de PHRA (Planificar-Hacer-Revisar-Actuar) reciba tanto énfasis en el movimiento del CTC del Japón. (Véase el Cap. 3 para más estudio sobre las técnicas para mantener y elevar los estándares.)

Otra característica de KAIZEN es que requiere virtualmente los esfuerzos personales de todos. Para que el espíritu de KAIZEN sobreviva, la administración debe hacer un esfuerzo consciente y continuo para apoyarlo. Tal apoyo es por completo distinto del reconocimiento con fanfarrias que la administración concede a las personas que han logrado un éxito espectacular. KAIZEN se interesa más en el proceso que en el resultado. La fuerza de la administración japonesa se encuentra en el desarrollo exitoso y en la ejecución de un sistema que reconoce los fines en tanto que enfatiza los medios.

En esta forma, KAIZEN requiere una dedicación sustancial de tiempo y esfuerzo por parte de la administración. Las inyecciones de capital no sustituyen a esta inversión de tiempo y esfuerzo. Invertir en KAIZEN significa invertir en las personas. En pocas palabras, KAIZEN está orientado a las personas, en tanto que la innovación está orientada a la tecnología y al dinero.

Por último, la filosofía de KAIZEN está mejor adaptada a una economía de crecimiento lento, en tanto que la innovación está mejor adaptada a una economía de crecimiento rápido. En tanto KAIZEN avanza centímetro a centímetro sobre el producto de muchos pequeños esfuerzos, la innovación sube a brincos con la esperanza de caer en una plataforma mucho más elevada a pesar de la inercia gravitacional y del peso de los costos de inversión. En una economía de crecimiento lento, caracterizada por costos elevados de energía y materiales, sobrecapacidad y mercados estancados, con frecuencia KAIZEN rinde mejores resultados que la innovación.

Como lo observó hace poco un ejecutivo japonés, "es en extremo difícil aumentar las ventas un 10%. Pero no es tan difícil disminuir los costos un 10% para un efecto todavía mejor".

Al principio de este capítulo, afirmé que el concepto de KAIZEN no existe o cuando mucho es débil en la mayoría de las compañías occidentales de hoy. Sin embargo, hubo una época no hace mucho tiempo, en que la administración occidental también puso una alta prioridad en la concientización del mejoramiento igual al KAIZEN. Los ejecutivos más antiguos pueden recordar que antes del fenomenal crecimiento económico a finales de la década de 1950 y principios de la de 1960, la administración se dedicó asiduamente al mejoramiento de todos los aspectos de los negocios, en particular de las fábricas. En aquellos días, contaba cada pequeña mejora y era considerada como efectiva en términos de la formación del éxito.

Las personas que trabajaban en pequeñas compañías particulares pueden recordar con un toque de nostalgia que había un genuino interés por el mejoramiento "en el aire" antes de que la compañía fuera comprada o se hiciera pública. Tan pronto como eso sucedía, las cifras trimestrales de P/G (pérdidas y ganancias) de pronto se convertían en el criterio de más importancia y la administración resultó obsesionada por la línea del fondo, con frecuencia al costo de presionar por mejoramientos constantes no espectaculares.

Para muchas otras compañías, las muy incrementadas oportunidades del mercado y las innovaciones tecnológicas que aparecieron durante las décadas posteriores a la Segunda Guerra Mundial significaron que el desarrollo de nuevos productos basados en la nueva tecnología eran mucho más atractivos o "más sexy" que los lentos y pacientes esfuerzos para el mejoramiento. Al tratar de emparejarse con la demanda siempre creciente del mercado, los gerentes introdujeron audazmente una innovación tras otra y se contentaban con ignorar al parecer beneficios menores del mejoramiento.

La mayoría de los gerentes occidentales que se unieron a las filas durante o después de esos días no tenían el menor interés por el mejoramiento. En cambio, asumieron una postura ofensiva, armada con experiencia profesional, enfocada a producir grandes cambios en el nombre de la innovación, produciendo beneficios inmediatos y logrando un reconocimiento instantáneo y promociones. Antes de que se enteraran, los gerentes occidentales habían perdido de vista el mejoramiento y arriesgaron todo en la innovación.

Otro factor que ha propiciado el enfoque de la innovación ha sido el creciente énfasis en los controles financieros y en la contabilidad. A la fecha, las compañías más sofisticadas han logrado establecer elaborados sistemas de contabilidad e informes que obligan a los gerentes a dar cuenta de toda acción que emprendan y detallar los resultados precisos o ROI de toda decisión administrativa. Tal sistema no se presta a formar un entorno favorable para el mejoramiento.

El mejoramiento es por definición, lento, gradual y a menudo invisible, con efectos que se sienten a largo plazo. En mi opinión, la desventaja más notable de la administración occidental actual es la falta de filosofía de mejoramiento. No existe un sistema interno en la administración occidental que premie los esfuerzos para el mejoramiento; en cambio se revisa estrictamente el desempeño de cada uno sobre la base de los resultados. No es raro que los gerentes occidentales increpen al personal con, "No me importa lo que haga o cómo lo haga. Quiero resultados —y ¡ahora!''. Este énfasis sobre los resultados ha llevado al enfoque dominado por la innovación de Occidente. Esto no quiere decir que a la administración japonesa no le importe la innovación. Pero los gerentes japoneses se han empeñado con entusiasmo en KAIZEN, aunque estuvieran involucrados en la innovación, como es evidente, por ejemplo, en el caso de Nissan Motor.

EL CASO DE NISSAN MOTOR

En el Cuerpo de la Sección Núm. 2 en la planta Techigi de Nissan, el primer robot soldador se introdujo alrededor de 1973. Durante la década siguiente, la tasa de la sección de automatización subió el 98% y la tasa de robotización aumentó el 60%. Durante este periodo, el tiempo están-

(NISSAN-Continua)

dar de trabajo en esta sección se redujo el 60% y la eficiencia en la producción mejoró del 10 al 20%.

Estas mejoras en la productividad fueron el resultado combinado de la creciente automatización y de los varios esfuerzos de KAIZEN hechos en el taller durante ese periodo.

De acuerdo con Eiichi Yoshida, que antes encabezaba esta sección y ahora es gerente general comisionado del departamento de control de la producción e ingeniería, ha habido numerosas campañas de KAIZEN ejecutadas en esta sección.

Cada año tiene su propia campaña para programas de mejoramiento. Por ejemplo, en 1975, la campaña fue llamada "Campaña Seven-Up" y se buscaron mejoramientos en las siete áreas de tiempo estándar, eficiencia, costos, sugerencias, seguridad de la calidad y utilización del proceso. La campaña elegida para 1978 fue la "Campaña 3-K 1, 2, 3", las 3-K representaban a *kangae* (pensamiento), *kodo* (acción), y *kaizen* y el 1, 2, 3 representaban la secuencia hop-step-jump (salto-paso-brinco) de pensar, actuar y mejorar.

En tanto la administración toma decisiones que implican grandes erogaciones en inversión, como para la automatización y robotización, las campañas de KAIZEN implican tanto a la administración como a los trabajadores para hacer mejoras pequeñas, de bajo costo en la forma de ejecutar el trabajo.

La reducción en el tiempo estándar siempre ha sido un método muy efectivo para aumentar la productividad. En la planta Tochigi, los esfuerzos en esta área incluían el método de factor de trabajo y la estandarización virtualmente de todos los movimientos que los trabajadores hacían en el desempeño de sus tareas. En términos del trabajo de cada individuo, la unidad más pequeña de tiempo de trabajo considerado en una estrategia de KAIZEN es de 1/100 de minuto o 0.6 seg. Cualquier sugerencia que ahorre por lo menos 0.6 seg. —el tiempo que toma a un trabajador estirar la mano o dar un medio paso— es considerada seriamente por la administración.

Aparte de estimular las actividades del círculo del CC que han estado en movimiento en la planta por algún tiempo, la sección comenzó otorgando premios y otros reconocimientos por los esfuerzos de KAIZEN de los trabajadores en áreas tales como seguridad, reducción de errores y número de sugerencias.

Se pone a disposición del trabajador una hoja de KAIZEN para este propósito y cada sugerencia para mejoramiento es llevada por un grupo (círculo del CC) o por un individuo, se "registra" en la hoja y se entrega al gerente de sección. La mayor parte de estas sugerencias son manejadas en la misma sección y por el gerente de la misma.

(NISSAN-Continua)

Yoshida dice que la mayor parte de las sugerencias de los trabajadores son para cambios que ellos pueden ejecutar por cuenta propia. Por ejemplo, un trabajador puede sugerir que se ajuste la altura de su colgador de herramientas para facilitar más su uso. Tal sugerencia puede ser manejada en la misma sección y de hecho, la sección ha llevado equipo para soldar para ejecutar ese pequeño trabajo de reparación. Esta sección ha estado dedicada a KAIZEN siempre que los procesos de producción estaban siendo automatizados y robotizados.

Norio Kogure, el ingeniero del staff de la sección recuerda lo que su nuevo jefe le dijo cuando fue transferido a ella: "No habrá ningún progreso si usted continúa haciendo su trabajo exactamente en la misma forma durante seis meses."

En esta forma el PEO en el lugar de trabajo está sujeto a un cambio constante y mejoramiento. Al mismo tiempo, la administración informa a sus trabajadores que el PEO es el estándar absoluto al cual deben apegarse estrictamente hasta que sea mejorado.

Tanto la administración como los trabajadores encuentran formas para mejoras todos los días. De manera típica, principia con el estudio de la manera en que los trabajadores ejecutan sus tareas para ver si el tiempo estándar puede acortarse en alguna forma por 0.6 seg. o más. A continuación, la búsqueda para encontrar la forma de mejorar los procesos de producción. En ocasiones, el trabajo de submontaje que con anterioridad se ha ejecutado fuera de la línea puede incorporarse a ésta, de modo que puedan ahorrarse los pocos segundos que se necesitan para cambiar el submontaje a la línea. Kogure dice que más del 90% del trabajo de los ingenieros en el departamento de manufactura está de algún modo dirigido por KAIZEN.

Yoshida cree que el trabajo de los gerentes es ir al lugar de trabajo, estimular a los trabajadores para que generen ideas para el mejoramiento y estar genuinamente interesado en sus sugerencias. También cree que estos esfuerzos a nivel de las bases estaban detrás del éxito de la planta al reducir a la mitad las interrupciones de los robots en 1980 y 1981.

KAIZEN en función de la innovación (2)

La Fig. 2-6 representa la secuencia desde los laboratorios de los científicos al lugar de trabajo. Las teorías científicas y los experimentos son aplicados como tecnología, se elaboran como diseño, se materializan en la producción y finalmente se venden en el mercado. Los dos

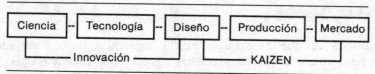

Fig. 2-6 Cadena total de las manufacturas

componentes del mejoramiento, innovación y KAIZEN, pueden ser aplicados en todas las etapas en esa cadena. Por ejemplo, KAIZEN se ha aplicado a actividades de IyD, en tanto que las ideas innovadoras se aplicaron a la mercadotecnia para crear los supermercados y tiendas de descuento que dominaron en la década de 1950 la distribución en los EUA. Sin embargo, el impacto de KAIZEN normalmente es más visible más cerca de la producción y del mercado, en tanto que el impacto de las innovaciones es más visible más cerca de la ciencia y la tecnología. La Fig. 2-7 compara la innovación y KAIZEN en esta secuencia.

Innovación	KAIZEN
Creatividad	Adaptabilidad
Individualismo	Trabajo en equipo (enfoque de sistemas)
Orientada al especialista	Orientada al generalista
Atención a los grandes vacíos	Atención a los detalles
Orientada a la tecnología	Orientada a las personas
Información: cerrada, patentada	Información: abierta, compartida
Orientación funcional (especialista)	Orientación funcional transversal
Busca nueva tecnología	Se basa en la tecnología existente
Línea + personal	Organización funcional transversal
Retroalimentación limitada	Retroalimentación amplia

Fig. 2-7 Otra comparación de innovación y KAIZEN

Observando esta lista, observamos que el Occidente ha sido más fuerte en el lado de la innovación y Japón más fuerte en el lado de KAIZEN. Estas diferencias en el énfasis también están reflejadas en las diferentes herencias sociales y culturales, tales como el énfasis que se da al sistema educativo occidental sobre la iniciativa y creatividad individuales contra el énfasis que pone el sistema educativo japonés en la armonía y colectivismo.

Hace poco estuve hablando con un diplomático europeo destacado en el Japón, quien dijo que una de las diferencias más notables entre el Occidente y Japón estaba entre la complacencia occidental y confianza exagerada, y los sentimientos japoneses de ansiedad e imperfección. El

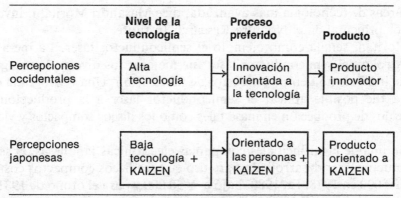

Fig. 2-8   Percepciones occidentales y japonesas del producto

sentimiento japonés de imperfección quizá sea el que proporcione el ímpetu para KAIZEN.

Al observar las relaciones entre KAIZEN y la innovación, podemos obtener la comparación expresada en la Fig. 2-8. Sin embargo, a medida que la industria japonesa cambia a las áreas de alta tecnología, conducirá a la situación descrita en la Fig. 2-9.

Una vez que las percepciones de los productos nuevos han sido cambiadas en esta forma, la ventaja competitiva del Japón será mayor aun. Este cambio ya está en camino. Las compañías japonesas han hecho grandes avances en el desarrollo relacionado con KAIZEN, incluso en

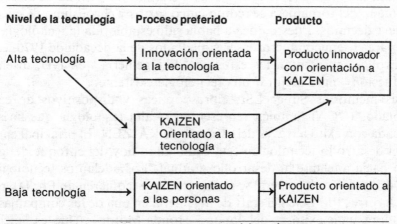

Fig. 2-9   Próximas percepciones japonesas del producto

las áreas de tecnología más avanzada, dice Masanori Moritani, investigador principal en el Nomura Research Institute.

Moritani señala como ejemplo el semiconductor láser. La meta del desarrollo del semiconductor láser fue mejorar los niveles de energía y reducir al mismo tiempo los costos de fabricación. Una vez lograda esta meta fue posible aplicar el semiconductor láser a la producción de artículos de producción en masa tales como los discos compactos y videodiscos.

En una de las principales compañías electrónicas japonesas, el semiconductor láser desarrollado para uso en tocadiscos compactos costaba ¥ 500 000 en 1978. En 1980, bajó a ¥ 50 000 y para el otoño de 1981, se había reducido a ¥ 10 000. En 1982, cuando se pusieron en el mercado los primeros tocadiscos compactos, el semiconductor láser sólo costaba ¥ 5 000. En 1984 había bajado al nivel de ¥ 2 000 a ¥ 3 000.

Durante el mismo periodo, la vida útil del semiconductor láser fue ampliada de 100 h en algunos de los primeros modelos a más de 50 000 h en los últimos modelos. La mayor parte de estos desarrollos pueden ser atribuidos a las mejoras en los materiales e ingeniería de producción, como hacer capas más delgadas de semiconductores (lo cual requiere un control de precisión de control hasta el nivel de menos de una micra) y a la adopción de la DVQOM (Deposición del Vapor Químico de la Oxidación Molecular). Al mismo tiempo, los discos fueron mejorados y se redujo el error de picadura.

Reflejando todos estos esfuerzos, los tocadiscos compactos sufrieron muchos cambios benéficos durante este periodo. En 1982, tenían un precio de alrededor de ¥ 168 000. En 1984, el modelo para el mercado en masa se vendía a ¥ 49 800. Durante este mismo periodo de dos años, el tamaño del tornamesa se redujo cinco sextos y el consumo de energía a nueve décimos. Puesto que ya había sido establecida la tecnología básica para el semiconductor láser a mediados de la década de 1970, estos desarrollos representan los esfuerzos de ingeniería —en IyD, diseño y producción— para mejorar una tecnología existente.

Las memorias Super LSI, fibras ópticas y dispositivos de carga acoplados (DCA) también representan la alta tecnología que ha sido aplicada con éxito a través del esfuerzo de KAIZEN. El principal empuje del desarrollo tecnológico está cambiando hoy del enfoque del gran salto hacia adelante al desarrollo gradual. Los adelantos tecnológicos en Occidente por lo general se consideran que requieren un Ph. D., pero sólo hay tres Ph. D. en el staff de ingeniería en una de las compañías innovadoras más exitosas del Japón —Honda Motor—. Uno es Soichiro Honda, cuyo grado de Ph. D. es honorario, y los otros dos ya no están activos en la compañia. En Honda, el mejoramiento tecnológico parece no necesitar de un Ph. D.

No hay duda respecto a la necesidad de nueva tecnología, pero esto es lo que sucede que haga la diferencia después de que la nueva tecnología ha sido desarrollada. Un producto que procede de una nueva tecnología comienza siendo muy costoso y de calidad un tanto incierta. En consecuencia, una vez que ha sido identificada, el esfuerzo debe ser cada vez más dirigido a áreas tales como producción en masa, reducción del costo, mejoramientos del rendimiento y de la calidad —áreas todas que requieren un esfuerzo persistentemente tenaz.

Moritani dice que los investigadores occidentales muestran un entusiasmo típico al atacar proyectos retadores y son muy buenos en ese trabajo, pero serán una gran desventaja al enfrentar los retos japoneses en artículos de alta tecnología de producción en masa si sólo se concentran en el gran salto hacia adelante y olvidan el KAIZEN de todos los días.

Un análisis de las industrias de semiconductores en el Japón y en los EUA revela las ventajas competitivas de los dos países y muestra la diferencia entre KAIZEN y la innovación. El Profr. Ken'ichi Imai (ningún parentesco) y el Profr. Asociado Akimitsu Sakuma, de la Hitotsubashi University, han afirmado que:

En términos muy simplificados, casi todas las principales innovaciones determinan la dirección del futuro producto y el desarrollo del proceso se origina en firmas de los EUA. Las firmas japoneses exhiben su fuerza en las innovaciones incrementales en áreas cuyos contornos generales ya han sido establecidos. . . . Un diseño dominante es una síntesis autoritaria de innovaciones individuales antes aplicadas por separado en los productos. El valor económico de un diseño dominante es su habilidad para imponerse como un estándar en la creación de los productos. Por virtud de la estandarización pueden buscarse economías de escala en la producción. Esto lleva a un cambio en la naturaleza de la competencia. Si bien al principio las características de desempeño de un producto son el factor decisivo en la competencia, la producción en masa conduce a un segundo factor decisivo: el costo del producto.

Puesto que la síntesis de diseño dominante sintetiza las tecnologías pasadas, las principales innovaciones ya no ocurren con frecuencia. De entonces en adelante, la etapa central está ocupada por innovaciones incrementales orientadas al refinamiento del producto y a mejoras en el proceso de fabricación. Las innovaciones concebidas por las firmas japonesas corresponden exactamente a estas innovaciones incrementales. La reputación ganada por el 16K RAM del Japón cuando se apo-

deraron de una gran parte del mercado estadounidense fue precisamente por el elevado desempeño y precio bajo.*

Paul H. Aron, vicepresidente del consejo de Daiwa Securities Ameri-
ca y profesor de comercio internacional en la New York University's
Graduate School of Business Administration, dijo hace poco:

> Los estadounidenses destacan la innovación y el refinamiento, y
> muchas compañías se quejan de que no pueden retener a los inge-
> nieros si sólo son asignados a las aplicaciones del estado del arte. El
> sueño del ingeniero estadounidense es establecer una compañía inde-
> pendiente y hacer un hallazgo de importancia. Después del hallazgo, el
> ingeniero espera que su compañía sea adquirida por un gran conglo-
> merado. El ingeniero anticipa que recibirá una gran recompensa
> financiera y luego, si es joven, proceder a crear otra compañía de alta
> tecnología y repetir el proceso. Así, el ingeniero de producción suele
> tener menos prestigio y este campo no atrae a los "estudiantes más
> brillantes y mejores".
> El ingeniero japonés tiene muchas esperanzas de permanecer con la
> gran compañía. Los ingenieros de producción en las compañías japone-
> sas con frecuencia disfrutan por lo menos del mismo prestigio que los
> investigadores.

Por lo tanto, la preferencia por KAIZEN sobre la innovación también
puede explicarse en términos del uso del manejo de las habilidades de la
ingeniería, así como también de la propia percepción del ingeniero de su
trabajo.

En Occidente, el ingeniero se enorgullece al desempeñar su trabajo
como un ejercicio teórico y no está necesariamente interesado en mantener el apoyo en el sitio de la producción. Al visitar una planta de los
EUA hace poco, se me dijo que las máquinas allí instaladas estaban diseñadas por ingenieros de las oficinas generales que nunca habían visitado la planta. Estas máquinas con frecuencia tenían que pasar por pro-
longados ajustes y reparaciones antes de ponerlas en uso.

En su libro *Japanese Technology* (Tokyo, The Simul Press, 1982.
Reimpreso con autorización), Masanori Moritani declara:

Prioridad en la producción

Una tercera fuerza de la tecnología japonesa es la estrecha conexión
entre desarrollo, diseño y la línea de producción. En el Japón esto se

---

Economic Eye, junio de 1983, publicado por Keizai Koho Center. Reimpreso con autorización.

considera como simple sentido común, pero que no siempre es el caso en los EUA y Europa.

En el japón, las corridas de producción arrancan con un brío que pronto alcanza una producción anual de millones de unidades o más. Las compañías estadounidenses y europeas se asombran de esto. Precavidas en su expansión de la producción anual durante tres o cuatro años, estas compañías no creen en el ritmo japonés.

El principal elemento de esta rápida expansión es la inversión activa en planta y equipo, pero lo que hace que esto sea tecnológicamente factible es la unificación de desarrollo, diseño y producción. En el caso de las VCR caseras, el desarrollo y diseño fueron conducidos con un total aprecio de la necesidad de la producción en masa. La fácil producción en masa fue el objetivo clave del diseño y se dio una atenta consideración a la disponibilidad de las partes, procesamiento de precisión y montaje fijo.

Se asignan notables ingenieros de preparación universitaria en gran número a la línea de producción, y a muchos se les da una injerencia de importancia en las operaciones comerciales. Muchos ingenieros industriales en el ramo de la fabricación son ingenieros por entrenamiento y la mayoría de ellos ha tenido extensa experiencia de primera mano en el taller. En las firmas japonesas el departamento de producción tiene mucha influencia en el desarrollo y diseño. Además, los ingenieros dedicados al desarrollo y diseño siempre visitan la línea de producción y arreglan las cosas con sus contrapartes en el taller.

En Japón, aun cuando es más probable encontrar a los investigadores en el taller que en un centro de investigación, la mayoría de ellos están asignados a las fábricas y a las divisiones operativas. Hitachi tiene un staff de 8 000 en IyD, pero sólo 3 000 trabajan en su centro de investigación, los 5 000 restantes están distribuidos en las diferentes fábricas y divisiones operativas.

La Nippon Electric Company (NEC) emplea 5 000 técnicos, dedicados ya sea directa o indirectamente en investigación y desarrollo. Hasta un 90% trabaja en las fábricas. Lo que significa que en verdad la conexión entre desarrollo y producción opera muy bien. . . .

Lo selecto del taller

En determinados aspectos, los fabricantes franceses de televisión opacan a sus competidores japoneses en el desarrollo de modelos excelentes. El toque suave y el control remoto fueron introducidos por los franceses mucho antes de que los japoneses principiaran a usarlos. Pero en tanto Francia puede gastar una gran cantidad en la producción de un diseño espléndido para sus modelos de lujo, la calidad del producto actual es inferior al de los aparatos japoneses. Esto se debe a que los diseñadores franceses no entienden por completo los problemas encontrados en el taller y porque el trabajo de diseño no se hace desde la perspectiva de la persona que en realidad tiene que armar el aparato. En resumen, existe una seria brecha entre el desarrollo y la producción, un producto de las brechas entre varios estratos en la jerarquía de la compañía. . . .

Mi propia carrera principió en los astilleros, ya que primero trabajé para la Hitachi Shipbuilding & Engineering Company. Inmediatamente después de graduarme en la University of Tokyo, fui asignado a la fábrica, en donde ocupé mi lugar en el taller y usando un uniforme igual al de todos los demás empleados, me uní a ellos en su trabajo. Todo el tiempo, los trabajadores del astillero tenían un estilo distintivo de vestir, se enredaban una toalla alrededor del cuello y la introducían por el frente de sus uniformes. En el mundo de la construcción de barcos, supongo que era una moda equivalente a usar una bufanda o mascada, aun cuando también tenía la función práctica de impedir que el sudor escurriera sobre la espalda y el pecho. Sin duda estas toallas manchadas de sudor no lucían como lo máximo de la moda para los extraños, pero solía considerar a esta sucia toalla alrededor de mi cuello como un orgulloso símbolo de mi trabajo como técnico local.*

Así, uno de los puntos fuertes de los gerentes japoneses en el diseño de nuevos productos es que pueden asignar ingenieros capaces tanto a KAIZEN como a la innovación. En términos generales, la fábrica japonesa tiene una proporción mucho más alta de ingenieros asignados que las fábricas de los EUA o de Europa. Aun así, la tendencia en el Japón es transferir más recursos de ingeniería a la planta para asegurar una comunicación mejor aún con la gente de producción.

Varias herramientas prácticas, como las tablas de calidad, también han sido desarrolladas para mejorar la comunicación funcional transversal entre clientes, ingenieros y personal de producción. Han contribuido mucho a la creación de productos que satisfacen las necesidades del cliente, como se muestra en el Cap. 5, sobre el despliegue de la calidad.

KAIZEN y la medición

La productividad es una medida, no una realidad, dice Gerald Nadler, profesor y presidente del consejo del Industrial and Systems Engineering Department, de la University of Southern California. Y todavía con frecuencia estamos buscando el "secreto" de la productividad, co-

*Op. cit., Págs. 42-43, 46-48.

mo si la clave estuviera en definir sus medidas. De acuerdo con Nadler, es como encontrar que la habitación está muy fría y ver el termómetro para averiguar la causa. Ajustando la escala del termómetro no se soluciona el problema. Lo que cuenta es el esfuerzo para mejorar la situación tal como el arrojar más leña al fuego o revisar el fogón —dicho de otra manera, invocar el ciclo de PHRA—. La productividad es sólo una descripción del estado corriente de cosas y de los esfuerzos pasados de la gente.

Podríamos decir que también el control de calidad es una medida y no una realidad. El control de calidad fue iniciado como una inspección post mórtem de los defectos producidos en el proceso de producción. Eso sin decir que no importa lo escrupuloso que uno pueda trabajar en la inspección de los productos, ya que esto no conduce necesariamente a los mejoramientos en la calidad del producto.

Una forma de mejorar la calidad es mejorando el proceso de producción. Jugar con las cifras no va a mejorar la situación. Esto es el porqué el control de calidad fue iniciado en el Japón a partir de la fase de inspección, se movió hacia atrás a la fase de construir la calidad en el proceso de producción y por último ha llegado a significar crear la calidad en el producto en el momento de su desarrollo.

Si la productividad y el control de calidad no son la realidad y sólo sirven como una medida para comprobar los resultados, entonces, ¿cuál es la realidad y qué tiene que hacerse? La respuesta a esta pregunta es que los esfuerzos hechos para mejorar tanto la productividad como la calidad son la realidad. Las palabras clave son esfuerzos y mejoramiento. Este es el momento de ser liberado del hechizo de la productividad y del control de calidad, aténgase a lo básico, arremánguese las mangas y comience a trabajar en el mejoramiento. Si definimos el trabajo del gerente como el de administrar procesos y resultados, entonces el gerente debe tener patrones o medidas para ambos. Cuando Nadler dijo que la productividad es sólo una medida, en realidad quiso decir que la productividad es un índice orientado a los resultados (criterio R). Si tratamos con el mejoramiento, debemos estar trabajando en índices orientados al proceso (criterio P).

Sin embargo, en la mayor parte de las compañías occidentales, muchos ejecutivos ni siquiera saben que hay conceptos tales como índices orientados al proceso, porque tales índices nunca han existido en la compañía. Las preguntas que hace el gerente occidental siempre están dirigidas a los índices orientados a los resultados, tales como ventas mensuales, gastos mensuales, número de artículos producidos y por último, utilidades realizadas. Sólo tenemos que observar las cifras de los informes empleados por una compañía occidental típica, como los datos de la contabilidad de costos, para ver lo cierto que es esto.

Cuando el gerente está buscando un resultado específico, tal como las utilidades trimestrales, índices de productividad o nivel de la calidad, su única medida es ver si se ha alcanzado el objetivo o no. Por otra parte, cuando usa medidas orientadas al proceso para observar los esfuerzos para el mejoramiento, sus criteros serán de más apoyo y puede ser menos crítico de los resultados, ya que el mejoramiento es lento y llega en pequeños pasos.

Para que sea de apoyo, la administración debe estar en armonía con los trabajadores. Sin embargo, la administración occidental a menudo rechaza establecer tal armonía. Con frecuencia, los supervisores en el lugar de trabajo no saben cómo comunicarse con los trabajadores. Tienen temor de hablarles y si lo hacen, no hablan el mismo lenguaje (cosa que es literalmente cierta en muchos países en donde se emplea a "trabajadores huespedes").

De acuerdo con Neil Backham, presidente del Huthwaite Research Group, los gerentes estadounidenses imponen sus propias ideas nueve de diez veces en cada ocasión que forman, mejoran o apoyan las ideas de otras personas en las juntas. La dosis de comportamiento de apoyo (declaraciones de apoyo) varía mucho, pero en promedio es de menos de la mitad del nivel del comportamiento de apoyo que se ve en los grupos de Singapore, Taiwan, Hong Kong y Japón. Es esencial que los gerentes occidentales desarrollen un estilo de más apoyo al tratar el uno con otro y con los trabajadores.

Hace muy poco tiempo, después de una discusión de un día sobre el concepto de KAIZEN, William Manly, principal vicepresidente de la Cabot Corporation, dijo esta agudeza: "Creía que en el Japón tuvieron dos religiones principales: el budismo y el sintoísmo. Ahora creo que tienen una tercera: ¡KAIZEN!" Aunque esto suena jocoso, se debe tener un celo religioso en la promoción de la estrategia de KAIZEN y no preocuparse por el resultado inmediato. Este es un cambio de comportamiento que requiere celo misionero y la prueba de su valor está en la satisfacción que aporta y en su impacto a largo plazo. KAIZEN está basado en la convicción del deseo inherente que la gente tiene por lograr calidad y valor, y la administración tiene que creer que esto tiene que "pagar" a largo plazo.

Cosas tales como participación, cuidado y dedicación son de importancia en KAIZEN. Así como varios ritos son necesarios en la religión, KAIZEN también requiere ritos, ya que las personas necesitan la forma de compartir su experiencia, de apoyar uno a otro y formar juntas la dedicación. Esta es la razón de que las juntas de informes de tanta importancia para los círculos del CC. Por fortuna, uno no tiene que esperar hasta la próxima vida antes de ver su recompensa en KAIZEN, ya que los beneficios de KAIZEN pueden dejarse sentir en cuatro o cinco años, si es que no de inmediato. El castigo por no apegarse el credo de KAIZEN es no disfrutar del progreso que todo individuo y organización debe experimentar para sobrevivir.

KAIZEN también requiere una clase distinta de liderazgo, uno basado en la experiencia y convicción personales, y no necesariamente en la autoridad, edad o rango. Cualquiera que haya pasado por esta experiencia puede convertirse en líder. Como prueba, sólo se tiene que observar la forma entusiasta en que los líderes de los círculos del CC, jóvenes y viejos, hacen sus presentaciones en las juntas. Esto se debe a que los mejoramientos dan muchas satisfacciones verdaderas en la vida —identificando problemas, pensando y aprendiendo juntos, atacando y resolviendo tareas difíciles, elevándose así a nuevas alturas de realización.

3

KAIZEN por el Control Total de la Calidad

Las avenidas por las cuales KAIZEN puede practicarse son casi ilimitadas. Sin embargo, el "camino fácil" a KAIZEN ha sido la práctica del control total de la calidad (CTC).

Como se mencionó con anterioridad, el concepto del CTC con frecuencia se entiende en Occidente como parte de las actividades del CC y a menudo se piensa que es un trabajo para los ingenieros de control de calidad. Dado el peligro de que CTC pueda ser engañoso y no comunicar con claridad el ámbito del CTC al estilo japonés, se acuñó el término CCTC (*control de calidad en toda la compañía*) como el más exacto para usarse al explicar el control de calidad japonés a los observadores extranjeros. Sin embargo, en el Japón la mayor parte de las compañías todavía usan el término de CTC al referirse a las actividades para el control de calidad en toda la compañía.

El control de calidad trata sobre la calidad de las personas

Al hablar de "calidad" se tiende a pensar primero en término de la calidad del producto. Nada puede estar más lejos de la verdad. En el CTC, la primera preocupación y la de más importancia es con respecto a la calidad de las personas. Instalar calidad en la gente ha sido siempre fundamental para el CTC. Una compañía capaz de crear calidad en su personal ya está a medio camino de producir artículos de calidad.

Los tres bloques de construcción de los negocios son el hardware, el software y el "humanware". El CTC principia con el humanware. Sólo cuando el humanware está bien implantado, deben considerarse los aspectos del hardware y del software.

Construir la calidad en las personas significa ayudarlas a llegar a ser conscientes de KAIZEN. En el entorno del trabajo abundan los problemas tanto funcionales como funcionales transversales y debe ayudarse a la gente a identificar estos problemas. Luego se le debe entrenar en el uso de herramientas para la resolución de los problemas a fin de que puedan tratar aquellos que hayan identificado. Una vez que se ha resuelto un problema, los resultados deben estandarizarse para evitar recurrencias. Yendo a través de este ciclo de mejoramiento que nunca termina la gente puede llegar a estar orientada al KAIZEN y tratar de disciplinarse para lograr el KAIZEN en su trabajo. La administración puede cambiar la cultura de la compañía imbuyendo la calidad en el personal, pero esto sólo puede hacerse mediante el entrenamiento y un liderazgo firme.

El antropólogo francés Claude Lévi-Strauss observó en el Simposio Internacional sobre la Productividad de 1983 en el Japón que

La preocupación de este simposio debe ser menos en el mejoramiento de la productividad de los artículos que en la productividad de los sistemas. Podríamos sugerir que en la actualidad la productividad sufre poco por la falta cuantitativa de artículos producidos y más por el hecho de que seguimos dependiendo del viejo sistema técnico en que nuestros predecesores más remotos confiaban; con respecto a la explotación de los recursos naturales, todavía somos depredadores.

Para producir mejores sistemas, una sociedad debe preocuparse menos con producir bienes materiales en cantidades crecientes que con producir personas de mejor calidad; en otra palabra, que sean capaces de producir estos sistemas.*

De acuerdo con la definición los Estados Industriales de Japón (Z8101-1981) el control de la calidad es "un sistema de medios para producir económicamente bienes o servicios que satisfagan las necesidades del cliente". La definición está expresada como sigue:

El cumplimiento efectivo del control de calidad requiere la cooperación de todas las personas en la compañía, incluyendo la alta administración, gerentes, supervisores y trabajadores en todas las áreas de actividad de la compañía tales como investigación y desarrollo del mercado, planificación del producto, diseño, preparativos para la producción, compras, administración del proveedor, fabricación,

---

* Breve reporte sobre el Simposio de Productividad Internacional, Japan Productivity Canter, Tokyo, 1983. Reimpreso con autorización.

inspección, ventas y servicios posteriores, así como control financiero, administración del personal, y entrenamiento y educación. El control de calidad ejecutado en esta forma se llama control de calidad en toda la compañía o control total de la calidad.

Para nuestros propósitos, consideremos los dos términos CCTC y CTC como intercambiables. No importa el nombre que se emplee, la verdadera naturaleza del CCTC y del CTC va mucho más allá del control de calidad *per se*. Mi propia definición sería que es un método sistemático y estadístico para KAIZEN y la resolución de los problemas como una herramienta administrativa. Usaremos el término de CTC al referirnos al amplio concepto ya sea del CCTC o del CTC en todo este capítulo.

En 1979, Mankichi Tateno, entonces presidente de Japan Steel Works, proclamó que la compañía iba a introducir el CTC. Formuló tres metas:

1. Proporcionar productos y servicios que satisfagan las necesidades del cliente y ganen su confiaza.
2. Dirigir la compañía hacia un lucro más alto mediante medidas tales como procedimientos de trabajo mejorados, menos defectos, costos más bajos, menor servicio de la deuda y formulación más ventajosa de pedidos.
3. Ayudar a los empleados a desarrollar su pleno potencial para alcanzar la meta de la compañía, con énfasis especial en áreas tales como el despliegue de la política y actividades voluntarias.

También expresó la esperanza de que el CTC introducido en esta forma ayudaría a la compañía a enfrentar cualesquier cambios graves en el entorno u otros problemas externos, ganar la confianza del cliente y asegurar y mejorar el aspecto lucrativo.

El CTC se ha convertido en un sistema elaborado para la resolución de los problemas de la compañía y el mejoramiento de las actividades. Permítaseme esbozar con brevedad este sistema del CTC a la luz de KAIZEN.

El CTC significa un método estadístico y sistemático para KAIZEN y la resolución de los problemas. Su fundamento metodológico es la aplicación estadística de los conceptos del CC, que incluyen el uso y análisis de los datos estadísticos. Esta metodología exige que la situación y los problemas bajo estudio sean cuantificados en todo lo posible. Como resultado los practicantes del CTC han adquirido el hábito de trabajar con datos firmes, no con corazonadas o intuición. En la resolución estadística de los problemas, se regresa repetidamente al origen del problema para reunir los datos. Este enfoque ha apoyado una forma de pensamiento orientada al proceso.

El pensamiento orientado al proceso significa que se debe comprobar *con* el resultado y no *por* el resultado. No basta evaluar a las personas simplemente en términos del resultado de su desempeño. En cambio, la administración debe considerar qué pasos se han seguido y trabajar sobre un criterio establecido en forma mancomunada para el mejoramiento. Esto estimula la retroalimentación y la comunicación constante entre la administración y los trabajadores. En la forma de pensamiento orientada al proceso, se hace la distinción entre los criterios P orientados al proceso y los criterios R orientados a los resultados. En el CTC la gente no suscribe el "Todo está bien si resulta bien". El CTC es una forma de pensamiento que dice, "Mejoremos el proceso. Si las cosas van bien, debe haber algo en los procesos que trabajaron bien. Encontrémoslo y basémonos en ello".

Estos esfuerzos mancomunados con frecuencia resultan ser valiosas experiencias de entrenamientos para todos. Hay muchas formas en las cuales pueden mejorarse los procesos y de este modo es necesario establecer prioridades en los métodos para solucionar los problemas. Todas estas cosas se toman en cuenta en el pensamiento orientado al proceso. Esto introduce un concepto por completo nuevo en la ciencia de la administración en el cual el trabajo del gerente es básicamente doble. Una parte del trabajo es la administración relacionada con el mantenimiento: revisar el desempeño (el resultado) del trabajo, criterios R. La otra parte es la administración relacionada con el mejoramiento: revisar el proceso que ha conducido a un resultado específico. Aquí el gerente está interesado en los criterios P.

Métodos japoneses con recpecto a los occidentales para el control de calidad

Está claro que existen algunas diferencias básicas entre los métodos japoneses y los occidentales para el control de calidad:

1. El trabajo del CC en Occidente suele ser técnico, con poco apoyo de parte de la alta administración para trabajar en las áreas del personal y la organización. El gerente de control de calidad rara vez tiene la suficiente categoría necesaria en el estrecho y constante contacto con la alta administración para promover el CC como el

principal objetivo corporativo en un programa que abarque a toda la organización

2. En Occidente, la composición con frecuencia heterogénea de la fuerza de trabajo y las relaciones antagónicas entre los trabajadores y la administración dificulta a la administración introducir cambios para mejorar la productividad y el control de calidad. La población relativamente homogénea del Japón tiene antecedentes educacionales y aspecto social más uniforme, todo lo cual tiende a simplificar las relaciones entre trabajadores y la administración.

3. El conocimiento profesional del control de calidad y de otras técnicas de ingeniería están siendo difundidos en Occidente, pero rara vez es asequible a otros empleados. En el Japón se hacen muchos esfuerzos para transmitir a todos, los conocimientos necesarios, incluyendo a los trabajadores de cuello azul, para que el personal pueda resolver mejor sus propios problemas.

4. Los altos gerentes en las compañías japonesas están dedicados al CTC en un interés que abarca a toda la compañía más que el solitario puesto de un gerente específico del control de calidad. El CTC significa que todos los esfuerzos de CC deben involucrar al personal, organización, hardware y software.

5. Existe un axioma japonés, "El control de calidad principia con el entrenamiento y termina en entrenamiento". El entrenamiento es conducido con regularidad por la alta administración, gerentes de nivel medio y trabajadores.

6. En el Japón, los grupos pequeños de voluntarios dentro de la compañía se dedican a actividades del control de calidad, utilizando herramientas estadísticas específicas para el CTC. El círculo de la calidad es una de las actividades de esos grupos pequeños. Las actividades de los círculos de la calidad representan del 10 al 30% de todos los esfuerzos de la administración en el campo del control de calidad. Los círculos de la calidad son una parte de mucha importancia del control de calidad, pero no debe exagerarse su contribución, ya que nada puede sustituir a un buen programa por completo integrado para la administración del CTC.

7. En el Japón, varias organizaciones promueven activamente las actividades del CTC sobre una base nacional. Ejemplos son el JUSE (El Sindicato de Científicos e Ingenieros Japoneses, Japan Management Association, Japan Standard Association, Central Japan Quality Control Association y Japan Productivity Center. Estas Organizaciones tienen pocas contrapartes, si las hay, en Occidente.

Kaoru Ishikawa, presidente del Musashi Institute of Technology y profesor emérito en la Tokyo University, ha representado un papel vital en el desarrollo del movimiento del CC y de los círculos del CC en el Japón. Ha anotado seis características del movimiento del CTC en el Japón:

1. CTC en toda la compañía, con la participación de todos los empleados.
2. Enfasis en la educación y en el entrenamiento.
3. Actividades del círculo de la calidad.
4. Auditoría del CTC, ejemplificadas por la auditoría del Premio Deming y por la auditoría del Presidente.
5. Aplicación de los métodos estadísticos.
6. Promoción del CTC en toda la nación.

El concepto del CTC puede entenderse mejor familiarizándose con ciertas frases clave que han sido desarrolladas a trevés de los años y que se usan mucho entre los que practican el CTC en el Japón. Considerémoslas:

Hablar con datos

El CTC enfatiza el uso de datos. Kaoru Ishikawa escribe en su libro *Japanese Quality Control* (en Japonés), "Debemos hablar con hechos y datos". Pero continúa diciendo, "Cuando vea datos, dude de ellos. Cuando vea el instrumento de medición, ¡dude de él! Cuando vea un análisis químico, ¡dude de él!" Además, recuerda a sus lectores que existen cosas tales como datos falsos, equivocados e imponderables.

Inclusive si se disponen de datos precisos, carecerán de significado si no se usan de manera correcta. La habilidad con que una compañía reúne y utiliza los datos puede ser la diferencia entre el éxito y el fracaso.

En la mayoría de las compañías, el trabajo de tratar con las quejas de los clientes y de rehacer el producto está asignado a los recién llegados y no se consideran de mucha importancia. El presidente Kenzo Sasoka de la Yokogawa-Hewlett-Packard dice, "En la actualidad, este trabajo debe darse a los ingenieros jóvenes, ya que ofrece una valiosa oportunidad de recibir la retroalimentación del cliente y mejorar el producto".

El problema es que aun cuando se dispone de información valiosa poca gente se toma la molestia de hacer buen uso de ella. Obsesionados con las utilidades a corto plazo, la mayoría de los gerentes preferiría olvidarse de los clientes. Para estos gerentes, las quejas de los clientes son una molestia. En esta forma tales gerentes dejan pasar una oportunidad de oro para obtener información y llevarla a las personas que puedan utilizarla. La participación de información entre ejecutivos es igual de importante que la información reunida y la información procesada. Cuando la información esté reunida, procesada, canalizada y puesta a un uso práctico en forma adecuada, siempre existe la posibilidad de mejoramiento. Un sistema para recopilación y evaluación de datos es una parte vital de un programa del CTC/KAIZEN.

Para desarrollar un producto que satisfaga a los clientes, primero deben reunirse datos sobre los requisitos de los clientes por parte del personal de ventas y mercadotecnia y hasta cierto grado, por el personal del departamento de quejas. A continuación estos datos se pasan a los departamentos de diseño, ingeniería y produccción. El desarrollo de un producto nuevo requiere que el CTC se extienda por diferentes departamentos por medio de una red efectiva de comunicaciones. El CTC en el Japón ha desarrollado varios sistemas, herramientas y formatos para facilitar estas actividades, que incluyen organizaciones funcionales transversales, de sistemas y despliegue de la calidad.

La calidad es primero, no las utilidades

Este refrán quizá revele la naturaleza del CTC y de KAIZEN mejor que cualquier otra cosa que revele la convicción en la calidad por el bien de la calidad y de KAIZEN por el bien de KAIZEN. Como se mencionó con anterioridad, el CTC incluye cosas tales como seguridad en la calidad, reducción de costos, eficiencia, cumplir con los programas de entrega y seguridad. Aquí la "calidad" se refiere a mejoramientos en todas esas áreas. Los gerentes japoneses han encontrado que el mejoramiento por el bien del mejoramiento es la forma más segura de fortalecer la competitividad general de sus compañías. Si se cuida la calidad, las utilidades se cuidarán por sí mismas.

El Profr. Masumasa Imaizumi del Musashi Institute of Technology, declara que los elementos básicos que deben administrarse en una compañía son la calidad (de los productos, servicios y del trabajo), cantidad, tiempo de entrega, seguridad, costo y moral del empleado. Continúa diciendo:

> Los gerentes en cada nivel son los responsables de administrar estos elementos en forma adecuada. Una empresa sólo puede prosperar si los clientes que compran los productos o servicios están satisfechos.

Los clientes están satisfechos o no con la *calidad* de los productos o servicios. Dicho de otra manera, lo único que una empresa puede ofrecer a sus clientes es la calidad. Todos los demás índices se relacionan con la administración interna. Este es el primer significado de primero la calidad

No estoy de acuerdo con la idea de hacer productos de calidad a bajo costo y en grandes cantidades desde el mismo principio. Por supuesto, eso sería la meta final del CTC. Sin embargo, como primer paso, sugeriría hacer primero productos de máxima calidad y luego cambiar a una producción más rápida y a costos más bajos. Al principio, debemos establecer las tecnologías y sistemas para hacer productos que puedan satisfacer a los clientes y en esta etapa, debemos desentendernos de factores tales como costo, volumen y productividad. Sólo después de que la tecnología haya sido lograda debemos pasar a la fase siguiente de producir buenos artículo a bajo costo y en grandes cantidades sin sacrificar la calidad. Este es el segundo significado de primero la calidad.

Administrar el proceso anterior (administrar contra la corriente)

Debido a su preocupación con los datos y procesos en vez de con los resultados, el CTC estimula a la gente a regresar al proceso anterior sobre la línea de producción para averiguar las causas de un problema. El mejoramiento requiere que siempre estemos conscientes de lo que viene del nuevo proceso. En la fábrica, a los solucionadores de problemas se les pregunta "por qué" no una sino cinco veces. Con frecuencia, la primera respuesta al problema no es la causa fundamental. Preguntando varias veces se descubrirán varias causas, una de las cuales por lo general es la fundamental.

Taiichi, Ohno, ex vicepresidente de la Toyota Motor, en una ocasión proporcionó el siguiente ejemplo para encontrar la verdadera causa del paro de una máquina.

Pregunta 1: ¿Por que paró la máquina?
Respuesta 1: Porque se quemó el fusible debido a una sobrecarga.
Pregunta 2: ¿Por qué hubo una sobrecarga?
Respuesta 2: Porque la lubricación del balero fue inadecuada.
Pregunta 3: ¿Por qué fue inadecuada la lubricación?
Respuesta 3: Porque la bomba de lubricación no funcionó bien.
Pregunta 4: ¿Por qué no estaba funcionando bien la bomba de lubricación?

Respuesta 4:   Porque el eje de la bomba estaba desgastado.
Pregunta 5:   ¿Por qué estaba desgastado?
Respuesta 5:   Porque le penetró sedimento.

Repitiendo cinco veces "por qué", fue posible identificar la verdadera causa y, por lo tanto, la verdadera solución: agregar un filtro a la bomba de lubricación. Si los trabajadores no hubieran pasado por esas preguntas repetitivas, se podían haber conformado con una contramedida intermedia, tal como reponer el fusible.

El proceso que sigue es el cliente

Un viejo aldeano fabricante de cestos conocía a cada uno de los clientes que llegaban a comprar su producto. Estas personas eran la esposa de su vecino, sus amigos y parientes distantes. Nunca hubiera soñado en venderles un cesto con un agujero en el fondo. Sin embargo, en la época de la producción en masa de hoy, los clientes se han reducido a lo abstracto y la persona que hace el producto no conoce ni le importa quiénes sean los clientes. Tampoco los clientes tienen forma alguna de saber quién produjo el artículo. El proceso ha sido despersonalizado. El vendedor puede rehusarse a vender un cesto con un agujero en el fondo. Pero, ¿qué pasa si se trata de un agujero pequeño? *Caveat emptor.* *

Este problema es exacerbado por el hecho de que las personas que hacen los productos y quienes los venden son personas distintas. Cuando quien trabaja en la producción de un automóvil no aprieta una tuerca en forma adecuada, las consecuencias de su falla pueden no ser evidentes de inmediato en el automóvil terminado. ¿Qué importa si la tuerca está apretada o no? Sin embargo, si la persona que trabaja a continuación en ese automóvil se considera como un cliente, el problema se personaliza y ya es distinto si la tuerca está bien apretada o no.

Si la calidad se va a mantener y a mejorarse en el proceso de producción, debe existir una comunicación ininterrumpida entre todas las personas en cada etapa de producción. Con frecuencia encontramos un fuerte divisionismo entre las secciones y una fuerte rivalidad entre los trabajadores de producción, en particular entre quienes trabajan en procesos vecinos. Debe tenerse cuidado de promover la cohesión en todas las etapas de trabajo.

Hace treinta años, Kaoru Ishikawa se encontró frente a este problema cuando estaba empleado como consultor en la Nippon Steel. En uno de

---

* Locución latina equivalente a "que se cuide el cliente". (N. del T.)

los casos, Ishikawa estaba investigando algunos raspones superficiales encontrados en determinadas láminas de acero. Cuando sugirió al ingeniero a cargo de ese proceso en particular que su equipo revisara el problema junto con los ingenieros en el siguiente proceso, el ingeniero replicó, "¿Quiere usted decir que debemos examinar el problema con nuestros *enemigos*?" A esto, Ishikawa replicó, "No debe considerarlos como sus enemigos. Debe pensar que el siguiente proceso es su cliente. Debe visitar a éste todos los días para cerciorarse de que está satisfecho con el producto". Sin embargo, el ingeniero insistió, "¿Cómo puede hacer tal cosa? ¡Si me aparezco por el taller van a pensar que los estoy espiando!"

Este incidente inspiró a Ishikawa para su frase ahora famosa, "El siguiente proceso es el cliente". Este concepto ha ayudado a los ingenieros y a los trabajadores del taller a darse cuenta de que sus clientes no son sólo los del mercado que compran el producto final sino también la gente en el proceso siguiente que recibe el trabajo de ellos. A su vez, esta realización ha conducido al compromiso formal de nunca enviar partes defectuosas a quienes están en el proceso siguiente. Más tarde esto fue institucionalizado como el sistema de *kamban* y el concepto de justo a tiempo. Desde el principio, el reto de considerar a los trabajadores del proceso siguiente como clientes ha requerido que los trabajadores sean lo bastante francos para reconocer los problemas de su propio lugar de trabajo y hacer lo que esté a su alcance para solucionarlos. En la actualidad, este concepto también se aplica al trabajo de oficina.

Por ejemplo, los clientes del ingeniero de diseño son los trabajadores de producción. En consecuencia, esta máxima requiere que el ingeniero esté atento a las necesidades de los trabajadores de producción al trabajar en un producto nuevo y a considerar puntos tales como las capacidades de procesamiento del equipo existente y la disponibilidad de materiales. En forma similar, los clientes de los empleados de oficina son los que están en el extremo receptor de su producción de papel. Todo el concepto de seguridad en la calidad descansa así en la premisa de que asegurando la calidad de cada cliente en cada etapa asegurará la calidad en el producto terminado.

CTC orientado al cliente, CTC no orientado al fabricante

Este concepto también se designa como "entrada al mercado" en oposición a "salida del producto".* En tanto que el concepto de CTC se

---

* "Salida del producto" el antónimo a "entrada al mercado", se usa para indicar una prioridad sobre la producción de bienes y servicios sin poner suficiente atención a las necesidades del cliente.

aplica en todas las etapas de producción, llega por último a los beneficiarios finales —los clientes que compran el producto—. Así, se dice que el CTC está orientado al cliente. También ésta es la razón de que las actividades del CTC hayan cambiado su énfasis de mantener la calidad en todo el proceso de producción a construir la calidad en el producto desarrollando y diseñando productos que satisfagan las necesidades del cliente.

Este axioma quizá es uno de los elementos fundamentales del CTC. Todas las actividades relacionadas con el CTC en el Japón son conducidas teniendo en mente las necesidades. Y aún, algunos gerentes tienden a pensar en términos de sus propias necesidades. Con demasiada frecuencia inician planes para un producto nuevo sólo porque los recursos financieros, tecnología y capacidad de producción están disponibles. Estos nuevos productos satisfacen las necesidades de la compañía de aumentar la producción y los gerentes mantienen los dedos cruzados esperando que sus productos agraden a los clientes.

Si las personas en el siguiente proceso son los clientes, el CTC orientado al cliente también significa que nunca se debe incomodar a éste. Siempre que se apruebe un producto o servicio defectuoso, padecerán las personas corriente abajo. Por lo general, el efecto de un problema es reconocido no por la gente que lo creó sino más bien por la gente corriente abajo, incluyendo a los clientes finales.

La naturaleza del CTC orientado al cliente está definida en muchas compañías japonesas. Por ejemplo, Komatsu define su meta del CTC como "Satisfacer a los clientes mundiales de Komatsu mediante una investigación consciente del costo, desarrollo, ventas y servicio".

Mediante la aplicación de los conceptos del CTC, las compañías japonesas han construido un sistema para sus productos en el diseño, desarrollo, producción y servicio, con la mira final de satisfacer a sus clientes. Esta ha sido la clave oculta para la aceptación de los productos japoneses por clientes en todo el mundo. Todavía existen demasiadas compañías, tanto en el Japón como fuera de él, cuyas altas administraciones hablan del concepto de satisfacer a los clientes, pero carecen de un sistema para lograrlo.

Incluso en la actualidad, existen dudas sobre la atención de la mayoría de los vendedores occidentales a las necesidades de sus clientes. Hace poco, un detallista europeo de artículos para el hogar fue citado como diciendo, "Siempre que un vendedor japonés viene a visitarnos, hace toda clase de preguntas para enterarse de lo que en realidad necesitamos. Pero cuando llega un vendedor europeo todo lo que él hace es decirnos lo estúpidos que somos. Si nos quejamos, siempre trata de ganar la discusión''.

Otro aspecto de importancia es la forma de definir al cliente. Por ejemplo, ¿quién es el cliente para alguien que hace componentes para los neumáticos de automóviles? Cierto, vende el producto al fabricante de neumáticos y así, debe estar atento a las necesidades del fabricante de neumáticos. Sin embargo, ¿qué sucede con la compañía de automóviles que compra los neumáticos al fabricante o con el conductor que compra un autómovil a la compañía de automóviles? Estas personas son también sus clientes? Con frecuencia estos distintos clientes tienen diferentes requisitos de la calidad.

De este modo, definir al cliente es de máxima prioridad para la alta administración, ya que la definición determina las características de la calidad de que necesita el producto para satisfacer al cliente.

El caso que sigue ilustra la forma en que los empleados mejoraron la atención telefónica poniendo mucha atención a las necesidades del cliente.

ESTUDIO DE UN CASO:
ACORTAMIENTO DEL TIEMPO DE ESPERA DEL
CLIENTE EN EL TELEFONO*

Esta es la historia de un programa del CC que fue implantado en las oficinas generales de un gran banco. Un promedio de 500 clientes llaman todos los días a estas oficinas. Las encuestas indican que los que llaman tienden a irritarse si el teléfono llama más de cinco veces antes de que sea contestado y a menudo no vuelven a llamar a la compañía. En contraste, una respuesta rápida a las dos llamadas del timbre reanimaba a los clientes y los hacía sentirse más cómodos al hacer negocios por teléfono.

1. *Selección de un tema.* La recepción telefónica fue elegida como tema por las siguientes razones: (1) La comunicación telefónica es la primera impresión que un cliente recibe de la compañía, (2) este tema coincide con el lema de recepción telefónica de la compañía: "No hacer esperar a los clientes y evitar cambios innecesarios de extensión a extensión" y (3) también coincide con la campaña de la compañía que promovía en esa época que se fuera amable con todo el que uno encontrara.

Primero analicemos por qué el método actual de contestar las llamadas hacía esperar a los que llamaban. La figura 3-1 muestra una situación

---

* Reimpreso con autorización de "The Quest for Higher Qality-The Deming Prize and Quality Control", Ricoh Company, Ltd.

(ESTUDIO DE UN CASO—Continua)

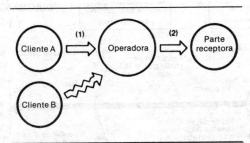

Fig. 3-1   Por qué los clientes tuvieron que esperar?

frecuente, en donde entra la llamada del cliente B mientras la operadora está hablando con el cliente A. Veamos por qué tiene que esperar el cliente.

En (1), la operadora recibe la llamaba del cliente pero, debido a la falta de experiencia no sabe dónde colocar la llamada. En (2) la parte receptora no puede contestar el teléfono con prontitud, quizá porque no se encuentra y nadie puede contestar la llamada por ella. El resultado es que la operadora debe transferir la llamada a otra extensión en tanto se disculpa por la demora.

2. *Diagrama de causa y efecto y análisis de la situación.* Para entender por completo la situación, los miembros del círculo deciden hacer una encuesta respecto a lo que llamaron y tuvieron que esperar durante más de cinco llamadas. Los miembros del círculo pormenorizaron los factores en una discusión de ideas súbitas y las arreglaron en un diagrama de causa y efecto (véase la Fig. 3-2). Las operadoras llevaron entonces listas de comprobación para totalizar los resultados durante un periodo de 12 días, del 4 al 16 de junio (véase la Fig. 3-3).

3. *Resultados del análisis de la situación de la lista de comprobación.* Los datos reportados en las listas de comprobación revelaron en forma inesperada que "una operadora (compañera fuera de la oficina)" encabezaba la lista por un gran margen, ocurriendo un total de 172 veces. En este caso, la operadora en turno tuvo que tratar con un gran número de llamadas cuando los teléfonos estaban ocupados. Los clientes que tuvieron que esperar mucho tiempo promediados 29.2 diariamente, lo que representa el 6% de las llamadas recibidas cada día. (Véase las Figs. 3-4 y 3-5).

4. *Establecimiento de la meta.* Después de una discusión intensa pero productiva, el staff decidió fijar una meta para el programa del CC de reducir a cero el tiempo de espera de los que llamaban. Es decir, que las llamadas de entrada se manejarían con rapidez, sin causar inconveniencias al cliente.

(ESTUDIO DE UN CASO—Continua)

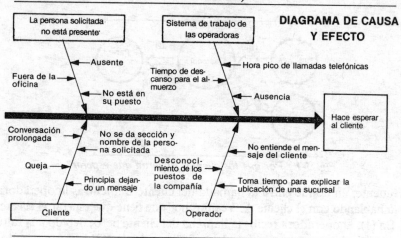

Fig. 3-2   ¿Qué hace esperar a los clientes?

Medidas y ejecución. (1) Tomar el almuerzo en tres turnos distintos, dejando por lo menos dos operadoras en el puesto todo el tiempo.

Hasta que se tomó esta resolución, se había utilizado un sistema de dos turnos para el almuerzo, dejando sólo una operadora en el puesto en tanto que la otra tomaba su descanso para almorzar. Sin embargo, desde que la encuesta reveló que esta era la causa principal de que los clientes esperaban en la línea, la compañía designó a una operadora auxiliar para la sección de oficina.

(2) Pedir a todos los empleados que dejaran mensajes cuando abandonaran sus puestos respectivos.

El objetivo de esta disposición era simplificar la labor de la operadora cuando la persona solicitada no estaba en su puesto. Se explicó el nuevo programa a todos los empleados en sus juntas matutinas regulares y se solicitó el amplio apoyo de la compañía. Para ayudar a la implantación de esta práctica, se colocaron carteles alrededor de las oficinas para publicar las nuevas medidas.

(3) Formular directorio del personal y sus puestos respectivos.

El directorio fue diseñado en especial para ayudar a las operadoras, de quienes no podía esperarse que conocieran todos los detalles del puesto de cada empleado o dónde conectar sus llamadas de entrada.

6. Confirmar los resultados.   Aun cuando la espera en las llamadas no pudo ser reducida a cero, todos los puntos presentaron una marcada mejoría, según se muestra en la figs. 3-6 y 3-7. La principal causa de las

Fig. 3-3 Lista de comprobación-diseñada para identificar los problemas.

Razón / Fecha	Nadie presente en la sección que recibió la llamada	La persona solicitada no está presente	Sólo una operadora (compañera fuera de la oficina)	Total
Junio 4	卌		卌 卌 卌 l	24
Junio 5	卌 卌 l	卌 l	卌 卌 卌	32
Junio 6	卌 卌	卌	卌 卌 ll	28
Junio 15	卌 卌	卌	卌 lll	25

Fig. 3-4 Razones de por qué los que llamaron tuvieron que esperar.

		Promedio diario	Número total
A	Una operadora (compañera fuera de la oficina)	14.3	172
B	La parte receptora no está presente	6.1	73
C	Nadie presente en la sección que recibió la llamada	5.1	61
D	No se dio la sección y el nombre de la persona solicitada	1.6	19
E	Preguntas sobre ubicación de sucursales	1.3	16
F	Otras razones	0.8	10
	Total	29.2	351

Periodo: 12 días del 4 al 16 de junio de 1980

Fig. 3-5 Razones de por qué los que llamaron tuvieron que esperar (Diagrama de Pareto)

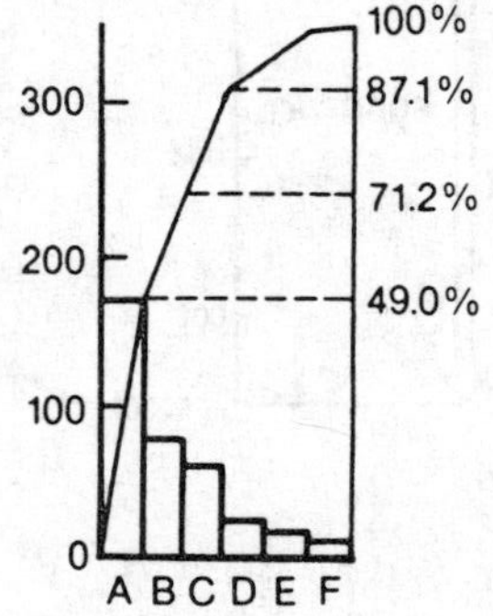

100%
87.1%
71.2%
49.0%

300

200

100

0

A B C D E F

Fig. 3-6 *Efectos del CC (comparación de antes y después del CC).*

	Razones de por qué los que llamaron tuvieron que esperar	Número total Antes	Número total Después	Promedio diario Antes	Promedio diario Después
A	Una operadora (compañera fuera de su oficina)	172	15	14.5	1.2
B	La persona no está presente	73	17	6.1	1.4
C	Nadie se encuentra en la sección que recibió la llamada	61	20	5.1	1.7
D	No se proporcionó la sección y nombre de la persona buscada	19	4	1.6	0.3
E	Pregunta respecto a ubicación sucursales	16	3	1.3	0.2
F	Otros	10	0	0.8	0
	Total	351	59	29.2	4.8

Periodo: 12 días del 17 al 30 de agosto

Los problemas están clasificados de acuerdo a la causa y presentados en orden de la cantidad de tiempo consumido. Estan ilustrados en una gráfica de barras. El 100% indica el número total del tiempo consumido por las llamadas.

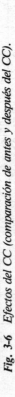

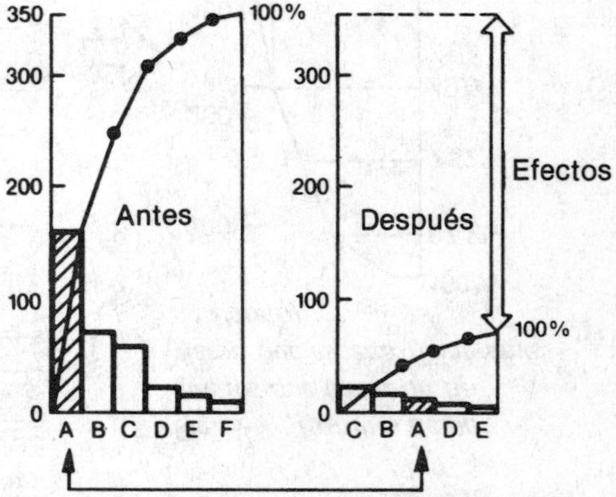

Fig. 3-7 *Efectos del CC (diagrama de Pareto*

(ESTUDIO DE UN CASO—Continua)

demoras, "una operadora (la compañera fuera de la oficina)", bajó de 172 incidentes durante el periodo de control a 15, en la encuesta de seguimiento. ■

Principios y propósitos del CTC con entrenamiento

La introducción del CTC en el Japón principia de manera invariable con toda clase de esfuerzos para entrenar a los gerentes y a los trabajadores. Esta es una secuela natural al concepto de formar la calidad en las personas. Cuando la Kajima, una de las principales compañías constructoras del Japón, inició sus actividades del CTC en 1978, la meta inicial fue proporcionar programas educativos para todos los 16 000 empleados en tres años. Cuando la compañía encontró que no bastaba enviar a los gerentes a seminarios públicos e invitar a hablar a conferencistas externos para exponer a los cursos a todos los empleados, desarrolló cursos especiales de video del CTC para ser llevados a través de 110 terminales de video internas.

El objetivo principal de estos diferentes programas de entrenamiento era instalar el pensamiento del CTC en todos los empleados -en realidad, para prender una revolución de "conciencia". La Kajima condujo cursos separados para distintos niveles organizacionales y llegó a todos en tres años. En el proceso, la compañía desarrolló 800 líderes de CC y produjo sus propios libros de texto para usarse en la compañía.

Si el CTC considera el proceso que sigue como el cliente, entonces su ámbito se extiende por su misma naturaleza a las unidades adyacentes del negocio (procesos) y a la que sigue, hasta llegar a su destino final. Esta es la razón de que las esferas del CTC se extiendan verticalmente desde la alta administración hasta la administración media y de la administración media a los supervisores, de los supervisores a los trabajadores y de éstos a los trabajadores de tiempo parcial. También es la razón de que se extienda en forma horizontal desde los proveedores por una parte hasta los clientes por la otra.

En muchas compañías, las actividades del círculo del CC se amplía para incluir a los empleados de tiempo parcial, ya que para resolver los problemas de la compañía, todos deben estar involucrados. De hecho, los que trabajan tiempo parcial con frecuencia son los miembros más activos y entusiastas de los círculos del CC y proporcionan muchas sugerencias útiles para el mejoramiento.

Administración funcional transversal para facilitar el KAIZEN

El concepto de administrar el proceso anterior quiere decir que el CTC debe extenderse para incluir a los proveedores, abastecedores y subcontratistas con el fin de mejorar la calidad de los suministros y materiales. Como el CTC ha llegado a incluir la reducción de costos, seguridad en la calidad, administración del volumen y otras áreas, ha dado origen al concepto de la administración funcional transversal. De acuerdo con este concepto, varios departamentos cooperan en actividades funcionales transversales. Esta es una extensión horizontal del CTC.

El CTC abarca varios niveles de la administración así como varios departamentos funcionales. La gente no está aislada en el CTC. El CTC busca un mutuo entendimiento y colaboración. El espíritu del CTC es contagioso.

"Romper las barreras departamentales," es una frase clave que se usa con frecuencia en una compañía que se decide a introducir el CTC. Esto es en especial cierto para las compañías que han padecido una intensa rivalidad interna y saben lo mucho que las barreras departamentales afectan a áreas tales como calidad, costos y programación. Así, estas compañías típicamente introducen la administración funcional transversal para romper las barreras departamentales. Pero eso no quiere decir que todo departamento funcional deba ser débil. Por el contrario, cada departamento debe ser lo bastante fuerte para cosechar todos los beneficios de la administración funcional transversal.

En tanto el CTC se extiende de un departamento al siguiente, el fortalecimiento de las interrelaciones horizontales y verticales entre distintos niveles organizacionales, facilita la comunicación en toda la compañía. Entre los muchos beneficios del CTC, están la comunicación mejorada y el procesamiento y retroalimetación de la información más efectiva entre los distintos niveles organizacionales. El CTC no sólo reúne a la gente alrededor de las metas comunes, sino que subraya el valor de la información.

Seguir el ciclo de PHRA

(Una continuación de la rueda de Deming)

Deming destacó la importancia de la constante interacción entre investigación, diseño, producción y ventas en la conducción de los negocios de la compañía. Para llegar a una mejor calidad que satisfaga a los clientes, deben recorrerse constantemente las cuatro etapas, con la calidad como el criterio máximo. Después, este concepto de hacer girar siempre la rueda de Deming para lo mejor, se extendió a todas las fases de la administración y se vio que las cuatro etapas de la rueda correspondían a acciones administrativas específicas (véase la Fig. 3-8).

Diseño → Planificar   El diseño del producto corresponde a la fase administrativa de la planificación.

Producción → Hacer   La producción corresponde a hacer -fabricar o trabajar- el producto que fue diseñado.

Ventas → Revisar   Las cifras de ventas confirman si el cliente está satisfecho.

Investigación → Actuar   En el caso de que se presente una reclamación, tiene que ser incorporada a la fase de planificación y a pasos positivos (actuar) para la siguiente ronda de esfuerzos. La ejecución aquí se refiere a la acción para el mejoramiento.

Fig. 3-8   Correlación entre la rueda de Deming y el ciclo de PRHA.

En esta forma, los ejecutivos japoneses reconstruyen la rueda de Deming y la llaman la rueda de PHRA, para aplicarla en todas las fases y situaciones (véase la Fig. 3-9). El ciclo de PHRA es una serie de actividades para el mejoramiento. Principia con un estudio de la situación actual, durante el cual se reúnen los datos que van a usarse en la formulación del plan para el mejoramiento. Una vez que este plan ha sido terminado, es ejecutado. Después de eso, se revisa la ejecución para ver si se han producido los mejoramientos anticipados. Si el experimento ha tenido éxito, se emprende una acción final, tal como la estandarización metodológica, para asegurar que la introducción de los nuevos métodos serán aplicados de continuo para el mejoramiento sostenido.

En las primeras etapas de la aplicación de la rueda, la función "revisar" significaba que los inspectores estaban revisando los resultados de los trabajadores y "actuar" se refería a las acciones correctivas aplicadas en caso de encontrar errores o defectos. Así, el concepto de PHRA se basó inicialmente en una división del trabajo entre supervisores, inspectores y trabajadores.

Sin embargo, en el curso de la aplicación de estos conceptos en el Japón, pronto se encontró que las acciones correctoras posteriores de PHRA no bastaban. Como resultado, surgió un nuevo concepto de PHRA, que se muestra en la Fig. 3-10.

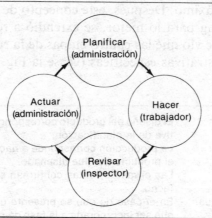

Fig 3-9 *Ciclo inicial de PHRA.*

Infortunadamente, las relaciones entagónicas de las relaciones industriales en los EUA y Europa habían vuelto rígida esta distinción de la función para crear lo que podría llamarse el ciclo PHRF (véase la Fig. 3-11).

En muchas situaciones occidentales la ''F'' asume lo extremo de los criterios R, y el poner *fuera* a los trabajadores o gerentes se convierte en una solución rápida.

En la versión revisada de PHRA, como se muestra en la Fig. 3-10 ''planificar'' significa hacer planes de los mejoramientos en las prácticas actuales usando herramientas estadísticas, tales como las siete herramientas de los diagramas de Pareto del CC, diagramas de causa y efec-

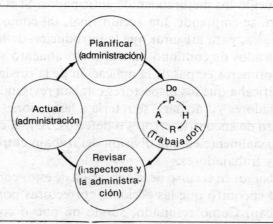

Fig. 3-10 *Ciclo revisado de PHRA*

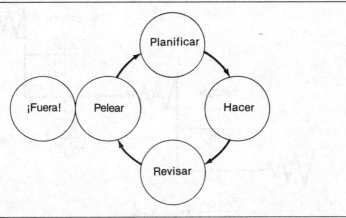

Fig. 3-11   *Ciclo occidental de PHRF.*

to, histogramas, cartas de control, gráficas y listas de comprobación. (Véase el Apéndice E para la explicación de estos términos.) "Hacer" significa la aplicación del plan; "revisar" significa ver si se ha producido la mejoría deseada y "actuar" significa prevenir la recurrencia o institucionalizar el mejoramiento como una nueva práctica para mejorarse. El ciclo de PHRA gira y gira. Tan pronto como se hace un mejoramiento se convierte en un estándar que será refutado con nuevos planes para más mejoramientos. El proceso de KAIZEN ha sido realizado a su máximo.

En esta forma, PHRA se entiende como un proceso mediante el cual se fijan nuevos estándares sólo para ser refutados, revisados y reemplazados por estándares más nuevos y mejores. En tanto la mayoría de los trabajadores occidentales consideran los estándares como metas fijas, los practicantes de PHRA del Japón los consideran como el punto de partida para hacer un mejor trabajo la siguiente vez.

Al principio del Cap. 1. mencioné que la administración en el Japón puede dividirse en los dos segmentos de mantenimiento y mejoramiento. El ciclo de PHRA es una herramienta esencial para realizar mejoramientos y asegurar que los beneficios de éstos duren. Inclusive antes de que se emplee el ciclo PHRA, es esencial que los estándares corrientes se estabilicen.

Ese proceso de estabilización con frecuencia recibe el nombre de ciclo de EHRA (Estandarizar-Hacer-Revisar-Actuar). Sólo cuando el ciclo de EHRA está en operación podemos movernos para mejorar los estándares corrientes por medio del ciclo del PHRA. La administración debe tener trabajando en concierto tanto el ciclo EHRA como el PHRA todo el tiempo.

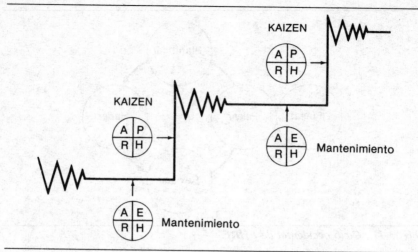

Fig. 3-12 Interacción de los ciclos de PHRA y EHRA con KAIZEN y el mantenimiento.

Cualquier proceso de trabajo tiene desviaciones al principio y se necesita el esfuerzo para estabilizar el proceso. Por ejemplo, una línea de producción que se supone produce 100 unidades por hora, en realidad puede producir 95 en una hora en la mañana y 90 en la tarde. En otros días, puede estar produciendo 105 en una hora. Esto sucede debido a las condiciones inestables de la línea de producción. En esta etapa, es importante estabilizar el proceso de manera que la producción por hora sea de cerca de 100.

Esto se hace con el ciclo de EHRA (véase la Fig. 3-12). Sólo después de que ha sido establecido el estándar debe uno moverse a la fase siguiente de usar el ciclo de PHRA para subir el estándar. Como tal, se usa el EHRA para estabilizar y estandarizar las condiciones y el PHRA para mejorarlas.

Un grupo de ejecutivos franceses visitó hace poco una planta japonesa en donde los gerentes y trabajadores estaban implantando con entusiasmo el ciclo de PHRA en sus esfuerzos para el CTC. Los ejecutivos visitantes escucharon decir a un ingeniero japonés, "Cada vez que implantamos una nueva medida, vemos como trabaja, revisamos los resultados, buscamos y admitimos nuestros errores en el extremo administrativo y luego tratamos de hacerlo mejor". Un visitante comentó, "Pero usted es el gerente. ¿Por qué necesita admitir algo?" El concepto de KAIZEN significa que todos, no importa cual sea su título o puesto, deben admitir con sinceridad cualesquier errores que hayan cometido o fallas que existan en su trabajo, y tratar de hacer un trabajo mejor la siguiente vez. El progreso es imposible sin la facultad de admitir los errores.

Recurriendo al ciclo de PHRA, tanto los gerentes como los trabajadores están siempre retados para buscar nuevas alturas de mejoramiento. Yuzuru Itoh, director de Matsushita Electric's QC Center, dijo en alguna ocasión al explicar por qué los miembros del círculo del CC se esfuerzan constantemente por mejores realizaciones:

> Una de las experiencias más interesantes relacionadas con el CC que tuve, involucró a los trabajadores de soldadura en una planta de televisión. En promedio, cada uno de los trabajadores soldaba 10 puntos por pieza de trabajo, 400 piezas de trabajo por día, para un promedio de 4 000 conexiones soldadas. Suponiendo que trabajaran 20 días al mes, eso daba 80 000 conexiones soldadas por mes. Una televisión de color requiere unas 1 000 conexiones soldadas. Por supuesto, en la actualidad la mayor parte de la soldadura se hace automáticamente y se requiere a los trabajadores de soldadura una tasa de defectos muy baja de no más de un error por cada 500 000 a 1 millón de soldaduras.
>
> Los visitantes de nuestra fábrica de TV por lo general se sorprenden mucho al encontrar a trabajadores haciendo esa tarea tan monótona sin ningunos errores serios. Pero consideremos algunas de las cosas monótonas que hacen los humanos, como caminar por ejemplo. Practicamente hemos caminado durante toda nuestra vida, repitiendo el mismo movimiento una y otra vez. Es un movimiento en extremo monótono, pero existen personas como los atletas olímpicos que están intensamente dedicados a caminar más rápido que cualquiera haya caminado antes. Esto es similar a la forma en que enfocamos el control de calidad en la fábrica.
>
> Algunos trabajos pueden ser muy monótonos, pero si podemos dar a los trabajadores un sentido de misión o una meta que realizar, podemos mantener el interés inclusive en un trabajo monótono.

Uso de la historia del CC para persuadir

El CTC emplea datos reunidos estadísticamente y analizados para resolver problemas. Los que practican el CTC han encontrado que sus sugerencias y soluciones son persuasivas porque están basadas en un análisis preciso de los datos y no en corazonadas. De aquí la frase "Use la historia del CC para persuadir".

Las historias del CC típicamente principian con una explicación de la naturaleza del problema en un lugar de trabajo y la razón de por qué el grupo del CC elige ese tema en particular para el mejoramiento. En forma típica el grupo utiliza un diagrama de Pareto para trazar los factores clave que contribuyen al problema, en orden de importancia. Habiendo identificado estos factores clave, el grupo determina el objetivo específico para sus actividades del CC.

A continuación, el grupo emplea un diagrama de causa y efecto para analizar las causas del problema. Utilizando este análisis, el grupo desarrolla soluciones para los problemas. Una vez que las soluciones han sido implantadas, se revisan los resultados y se evalúa su efectividad. Todos en el grupo observan en forma crítica interna, tratando de impedir cualquier recurrencia del problema estandarizando el resultado y comienzan a buscar la forma de mejorar ese mejoramiento. Este es el ciclo de PHRA en acción.

Las historias del CC son también herramientas efectivas para mejorar la comunicación entre las capas superiores e inferiores de la organización sobre temas tales como calidad, reducción de costos y eficiencia. Kenzo Sasaoka de la Yokogama Hewlett-Packard, una empresa de coinversión con base en el Japón entre la Yokogama Electric Corp. y la Hewlett-Packard, observó en una ocasión que las cartas de los gerentes japoneses de la YHP a la Hewlett-Packard sobre la información específica o retroalimentación no siempre eran contestadas y cuando lo eran, no siempre contenían la información solicitada. Sin embargo, cuando los gerentes de la YHP comenzaron a enmarcar sus preguntas en el contexto de historia del CC, sus cartas eran mucho mejor entendidas. En la actualidad, más del 95% obtienen las respuestas deseadas.

UNA HISTORIA DEL CC:
REDUCIR LA VARIACION EN LA PRODUCCION
DE RESINA EN RICOH*

Esta es una historia respecto a un círculo dedicado al control de calidad que trabaja en la planta Numazu de Ricoh. Los miembros de este círculo están a cargo de la producción e inspección de la materia prima utilizada para hacer pigmentos orgánicos de PPC. El círculo está compuesto por seis empleados con una edad promedio de 28 años. Ejecutan una serie de actividades de CC para lograr una calidad estable de resina mediante reacciones químicas y procedimientos de control diario. Debido a que deben practicarse pruebas precisas y cuidadosas hasta una tolerancia

---

* Reimpreso con autorización de "The Quest for Higher Quality The Deming Prize and Quality Control". Ricoh Company, Ltd.

(*RICOH—Continua*)

de 1/10 000 de un gramo para controlar las reacciones químicas críticas, son esenciales la pericia tecnológica y los conocimientos teóricos en cada miembro. En línea con esta política, el círculo continuamente analiza los datos del lugar de trabajo y revisa los resultados de las pruebas en un esfuerzo continuo para mejorar la calidad de la resina. El círculo del CC no sólo estudia los aspectos técnicos sino que también dirige su atención a los métodos de seguridad y a la resolución de los problemas. Durante el periodo de implantación, el círculo sostuvo 42 juntas de 90 min de duración cada una. Estas actividades para el CC también recibieron el Premio Nikkei de Literatura de CC en 1980.

1. *Selección de un tema*. Según se muestra en la Fig. 3-13, después del segundo procesamiento, gran parte del material se divide a la mitad y cada una pasa por los procesos tercero y cuarto por separado. El rendimiento promedio era de 99.8%, pero como puede verse en la Fig. 3-14, la variación fue grande y el 43% de los puntos excedió el valor teórico. Debido a que la estabilidad del producto está ligada a la calidad de la resina, este círculo adoptó el tema de "cómo reducir la variación". (Nota: **definición técnica,** producto = cantidad producida; rendimiento = relación de cantidad producida a cantidad teórica.)

2. *Entendiendo de la situación*. En base a los datos anteriores, se trazó un "histograma" (mostrado en la Fig. 3-15). Puesto que la gráfica mostraba dos picos, los miembros del círculo concluyeron que esto incluía dos lotes combinados y además, determinaron que había una diferencia de 14 kg del elemento X entre los dos. Además, la gráfica de control $\bar{X}$-**R** mostraba variaciones entre los lotes (hasta de 48 kg) que habían sido pasadas por alto en las gráficas de rendimiento. También habían ocurrido variaciones hasta de 60 kg en los lotes.*

3. *Estableciendo el objetivo*. Los datos presentaban ciertos problemas retadores que el círculo del CC decidió atacar. El círculo se fijó el objetivo de lograr un producto de resina estable con una variación de + 5 kg. Este objetivo se realizó por noviembre de 1978.

4. *Factores y medidas*. Después de reducir las variaciones en el lote, las medidas preventivas se dirigieron hacia la reducción de la variación entre los lotes separados. De los factores listados en la Fig. 3-16, tres factores de prioridad fueron identificados: el trabajo de división después del segundo procesamiento, la tasa de alimentación y el proceso de pesado automático. A continuación, según se muestra en las Figs. 3-17 y 3-18, se hicieron análi-

---

* En tos cálculos **R** representa la diferencia entre el valor más grande y el más pequeño del grupo, y $\bar{x}$ denota el valor promedio.

(*RICOH—Continua*)

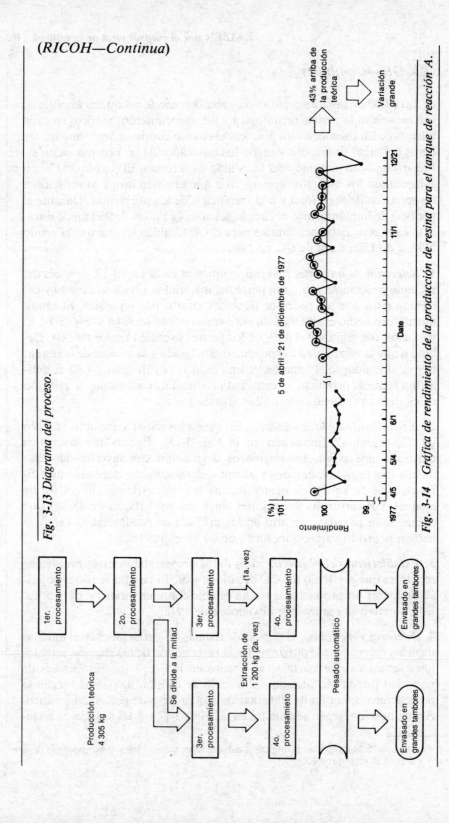

Fig. 3-13 Diagrama del proceso.

Fig. 3-14 Gráfica de rendimiento de la producción de resina para el tanque de reacción A.

(RICOH—Continua)

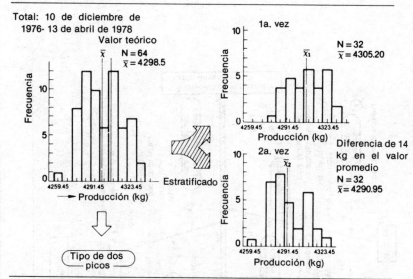

Fig. 3-15   *Histograma de la producción de resina.*

sis y aplicaron medidas preventivas que capacitaran al círculo de la calidad a alcanzar su objetivo. Se desarrollaron complicaciones inesperadas durante el pesado, pero después fueron resueltas, después de una revisión en el sitio.

5. Resultados

(1) Resultados tangibles

Como se muestra en las Figs 3-18 y 3-19, la variación en la producción de resina disminuyó sustancialmente. Como beneficio agregado, hubo una reducción proporcional en la tasa de alimentación y en la variación de la viscosidad de la resina, que contribuyó a una calidad estable de la misma.

(2) Resultados intangibles

- Los valores promedio pueden resaltarse mucho. Descubriendo algunas de las trampas de enfatizar sólo los valores promedio los conceptos de variación y los datos que manejan los miembros han sido cambiados.
- Todos los miembros llegaron a darse cuenta de la importancia de los controles de calidad diarios, aumentando así el rendimiento.
- Los métodos de control diariamente fueron mejorados e implantados mediante el uso de la carta de control $\overline{X}$-**R** y estableciendo procedimientos para localizar las anormalidades.

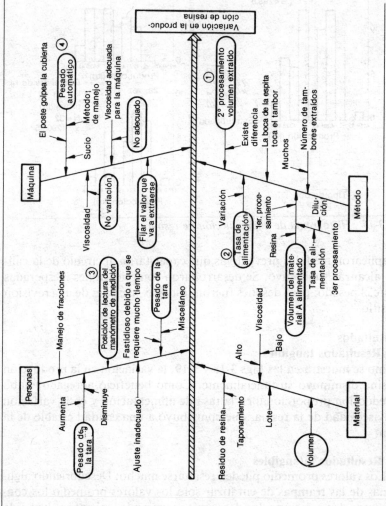

Fig. 3-16 Diagrama de causa y efecto.

(*RICOH—Continua*)

Procedimiento de análisis	Concepto	Análisis	Resultados del análisis y medidas tomadas
(1) Reducción de la desviación en el lote	Estudio de la producción por 1a. y 2a. veces.	**Prueba de muestra para la 1a. y 2a producciones (kg)** — Junio 24 de, 1977—Mayo 17 de, 1978	Hubo una diferencia de importancia del 1% para la 1a. y 2a. producciones • Revisión y estudio de la diferencia (trabajo de división) entre la 1a. y 2a. veces

Prueba de muestra para la 1a. y 2a producciones (kg) — Junio 24 de, 1977—Mayo 17 de, 1978

Núm	1	2	3	4	5	6	7	...	27	28	29	30
1a. vez e	4,303	4,291	4,306	4,346	4,326	4,332	4,307	...	4,319	4,336	4,296	4,279
2a. Vez	4,275	4,331	4,092	4,287	4,323	4,292	4,307	...	4,305	4,280	4,289	4,274
Código	-	+	+	+	+	+	O	...	+	+	+	+

$n\,n_+ = 21$ $n\,n_- = 7$ $OO = 2$

La mitad extraída y estudiada para el 2° procesamiento:

Volumen total extraído al término del 2° procesamiento.
Volumen total 2 424 kg confirmados

1 242 kh por la mitad

Una gran cantidad quedó en el tanque de reacción durante el trabajo anterior de división — 1,200kg

La mitad durante el 2° procesamiento fue de 1 212 kg y no de 1 200 kg
• El volumen extraído para el 2° proceso fue cambiado y confirmado

Se hizo la extracción para el 2° procedimiento y para cada uno se confirmó una producción de 1 121 kg

Prueba de muestra para la 1a, y 2a. producciones, mayo 25 agosto 26 de 1978

Núm.	1	2	3	4	5	6	7	8	9	10
1a. vez	4,299	4,275	4,297	4,309	4,321	4,337	4,298	4,277	4,290	4,302
2a. vez	4,301	4,280	4,297	4,302	4,294	4,307	4,294	4,290	4,293	4,311
Código	-	-	O	+	+	+	+	-	-	-

$n_+ = 5$ $n_- = 5$ $O = 1$

Mediante la división en 1 212 cada uno, desapareció la importante diferencia entre la 1a. y 2a. veces
• Revisión de los estándares de trabajo
• Variación todavía detectada en la Producción
• Revisión del diagrama de causa y efecto

Estudio de la producción y de la tasa de alimentación

(kg) Diagrama de dispersión para la producción en función de la tasa de alimentación

$n_+ = n_1 + n_3 = 38$
$n_- = n_2 + n_4 = 20$

$n_1 = 19$ I
$n_4 = 10$ IV
$n_2 = 10$ II
$n_3 = 19$ III

Producción: 4350, 4300, 4250

1/0.95 1/1.05 1/1.15 1/1.25 1/1.35 1/1.45 1/1.55   Tasa de alimentación

Hubo una diferencia importante del 5% para la producción con respecto a la tasa de alimentación
• Revisión y estudio de la operación de la tasa de alimentación

Fig. 3-17 Análisis de variación en el lote y medidas preventivas.

(*RICOH—Continua*)

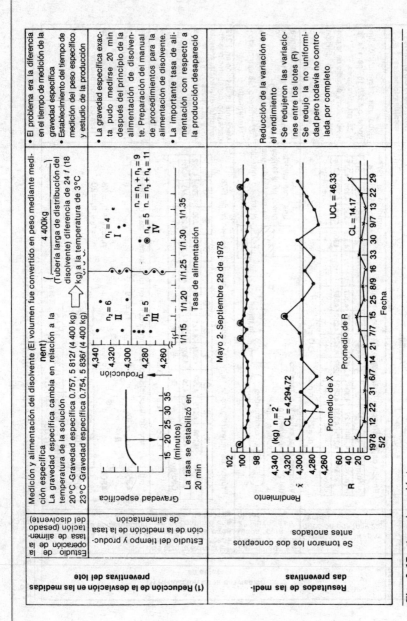

Fig. 3-17 *(continuación).*

(RICOH—Continua)

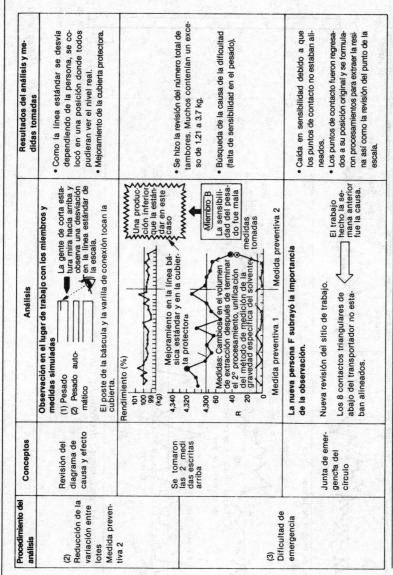

Procedimiento del análisis	Conceptos	Análisis	Resultados del análisis y medidas tomadas
(2) Reducción de la variación entre lotes Medida preventiva 2	Revisión del diagrama de causa y efecto	**Observación en el lugar de trabajo con los miembros y medidas simuladas** (1) Pesado (2) Pesado automático La gente de corta estatura mira hacia arriba y observa una desviación en la línea estándar de la escala. El poste de la báscula y la varilla de conexión tocan la cubierta.	• Como la línea estándar se desvía dependiendo de la persona, se colocó en una posición donde todos pudieran ver el nivel real. • Mejoramiento de la cubierta protectora.
	Se tomaron las 2 medidas escritas arriba	Rendimiento (%) 101 100 99 (kg) Una producción inferior que la estándar en este caso Mejoramiento en la línea básica estándar y en la cubierta protectora 4,340 4,320 4,300 Miembro B La sensibilidad del pesado fue mala 60 40 R 20 0 Medidas: Cambios en el volumen de extracción después de terminar el 2° procesamiento, unificación del método de medición de la gravedad específica del solvente medidas tomadas Medida preventiva 1 Medida preventiva 2	• Se hizo la revisión del número total de tambores. Muchos contenían un exceso de 1.21 a 3.7 kg. • Búsqueda de la causa de la dificultad (falta de sensibilidad en el pesado).
(3) Dificultad de emergencia	Junta de emergencia del círculo	**La nueva persona F subrayó la importancia de la observación.** Nueva revisión del sitio de trabajo. Los 8 contactos triangulares de abajo del transportador no estaban alineados. El trabajo hecho la semana anterior fue la causa.	• Caída en sensibilidad debido a que los puntos de contacto no estaban alineados. • Los puntos de contacto fueron regresados a su posición original y se formularon procesamientos para extraer la resina así como la revisión del punto de la escala.

Fig. 3-17 (continuación)

(*RICOH—Continua*)

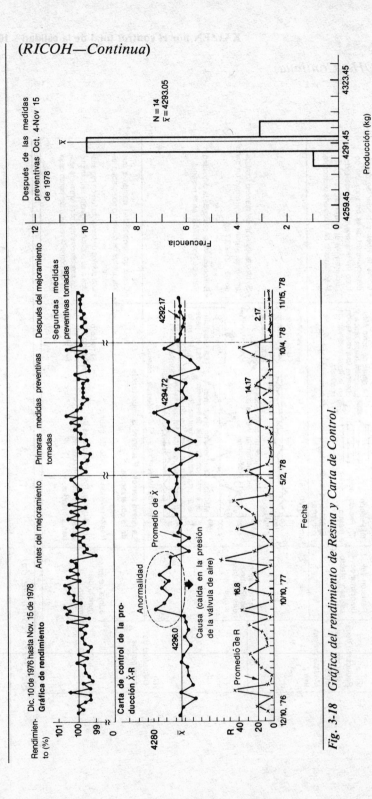

Fig. 3-18 *Gráfica del rendimiento de Resina y Carta de Control.*

Fig. 3-19 *Histograma de la producción.*

(*RICOH—Continua*)

6. Medidas para prevenir recurrencias
  (1) Preparación de un manual de procedimientos para la extracción de la resina.
  (2) Preparación de un manual de procedimientos para la inserción del disolvente.
  (3) Revisión del manual para sintetizar la resina.
  (4) Regulación periódica del proceso de pesado automático.

7. *Percepciones y direcciones futuras.* En tanto los miembros del círculo aprecian vivamente la importancia de la observación en el sitio, también se dan cuenta de lo fácil que es descuidar los problemas que se presentan a diario en el trabajo rutinario. Esta experiencia resultó valiosa para cada miembro. Durante el periodo relacionado hubo un cambio de una jornada de dos turnos a una jornada de tres turnos, dificultando a los miembros planificar sus juntas. Sin embargo, esto se resolvió haciendo que los miembros del círculo del CC del turno nocturno enviaran los papeles de participación. Se idearon medidas adicionales para que las juntas del CC y actividades relacionadas no fueran una inconveniencia para los miembros individuales. ■

Estandarizar los resultados

No puede haber mejoramiento en donde no hay estándares. El punto de partida de cualquier mejoramiento es saber con exactitud en dónde se encuentra uno. Debe existir un estándar preciso de medición para todo trabajador, toda máquina y todo proceso. En forma similar, debe haber un estándar preciso de medición para todo gerente. Inclusive antes de introducir el CTC y la estrategia de KAIZEN, la administración debe hacer un esfuerzo para entender cuál es la situación de la compañía y cuáles son los estándares de trabajo. Esta es la razón de que la estandarización sea uno de los pilares más fuertes del CTC.

Como se ha observado, la estrategia de KAIZEN hace esfuerzos sin límite para el mejoramiento. Dicho de otra manera, la estrategia de KAIZEN es un reto continuo a los estándares existentes. Para el KAIZEN, sólo existen los estándares para ser superados por estándares mejores. Cada estándar, cada especificación y cada medición claman por una constante revisión y mejoría.

Si dividimos el trabajo de un individuo en una serie de criterios P, finalmente llegaremos a los últimos criterios P capaces de ser medidos o al estándar. Por ejemplo, el trabajo del operador de una máquina puede ser descompuesto en varios pasos: llevar el material, alimentarlo a la máquina, arrancar la máquina, procesar el material, detener la máquina, llevar el material procesado a la siguiente máquina, etc.

No es posible ni necesario estandarizar todas estas operaciones. Sin embargo, los elementos vitales, tal como el tiempo del ciclo, la secuencia del trabajo o el ajuste preliminar de la máquina, deben poderse medir y estandarizar. En ocasiones, las fábricas japonesas emplean lo que se llama estandarización de un punto, lo que quiere decir que el trabajador debe tener estandarizada una de sus muchas operaciones. Cuando el trabajo de un trabajador de cuello azul es tal que la mayor parte de él no necesita ser estandarizado, entonces sólo un punto es el que necesita ser estandarizado.

El estándar de un punto es exhibido con frecuencia en el lugar de trabajo para que el trabajador siempre lo tenga presente y sólo después de que cumplir con este estándar se ha convertido en rutina para el trabajador la administración puede pensar en agregar otro estándar.

El estándar debe ser obligatorio para todos y el trabajo de la administración es ver que todos trabajen de acuerdo con los estándares establecidos. A esto se le llama disciplina.

Cada estándar conlleva las siguientes características.

1. Autorización y responsabilidad individuales.
2. Transmisión de la experiencia individual a la siguiente generación de trabajadores.
3. Transmisión de la experiencia y conocimientos individuales a la organización.
4. Acumulación de experiencia (en particular con los fracasos) dentro de la organización.
5. Despliegue de conocimientos de un taller a otro.
6. Disciplina.

Cada lugar de trabajo tiene sus propios estándares de desempeño y POE para cada trabajador, máquina o proceso. Cuando el personal encuentra un problema en el lugar de trabajo, éste se analiza, se identifican las causas y se proponen soluciones.

En el ciclo de PHRA, una vez que una solución propuesta es ejecutada, el siguiente paso es revisar lo efectiva que ha sido. Si se encuentra que la solución propuesta ha sido un mejoramiento, se adopta como nuevo estándar. (Véase la Fig. 3-20.) Con frecuencia, este nuevo estándar se despliega en forma horizontal a otras secciones y fábricas.

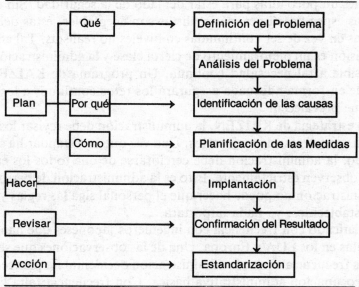

Fig. 3-20 *Ciclo de la Solución del Problema.*

Sólo cuando el trabajo posterior es conducido de acuerdo con el nuevo estándar podemos decir que ha habido un mejoramiento real (es decir, duradero). Kenzo Sasaoka define la estandarización como una forma de difundir los beneficios del mejoramiento por toda la organización.

Esto quizá pueda ilustrarse mejor por medio de un caso que se refiere a un producto de alta tecnología fabricado en el Japón bajo licencia. Cuando se inició la producción en el Japón, los japoneses rechazaron parte del material de un proveedor estadounidense porque no satisfacía las especificaciones fijadas por el concedente de la licencia, otra compañía de los EUA. Sin embargo, el proveedor había estado abasteciendo al concedente el mismo material durante muchos años. En apariencia, el concedente había aceptado el producto del proveedor, aun cuando no cumplía exactamente las especificaciones, debido a que esto nunca había conducido a problemas graves. Tanto el concedente como el proveedor tuvieron dificultades para explicar esto al permisionario japonés, que deseaba saber por qué no se sostenía el estándar.

Tal situación nunca hubiera ocurrido donde todos están orientados al CTC. Es del conocimiento común que los ingenieros diseñan las especificaciones un poco altas para estar del lado de la seguridad. Sin embargo, si las especificaciones más realistas son aceptables, éstas deben ser revisadas en vez de ser continuadas en niveles no realistas. Tal atención a la revisión es un mejoramiento de cierta clase y la administración debe ser sensible a tal necesidad continua. Un programa de KAIZEN que funcione en forma adecuada asegurará los retos continuos a los estándares que prevalecen.

En la estrategia de KAIZEN, la administración debe revisar los estándares en uso y tratar de mejorarlos. Una vez que un estándar ha sido establecido, la administración debe cerciorarse de que todos los empleados los observen estrictamente. Esto es la administración de personal. Si la administración no puede hacer que el personal siga las reglas y estándares establecidos, ya nada importará.

He platicado con frecuencia con ingenieros japoneses que han visitado plantas en los EUA y Europa. Una de las observaciones que se hacen con más frecuencia es que la administración occidental no parece cuidar esta preocupación administrativa básica. Con frecuencia falta la disciplina. Un joven ingeniero que hace poco visitó una planta estadounidense que hace componentes de plástico para automóviles comentó: "Fumar está estrictamente prohibido en donde trabajo, ya que usamos productos químicos muy inflamables. Esta compañía estadounidense utiliza los mismos productos químicos y había letreros de "no fumar" por todas partes. Pero el gerente que me estaba mostrando la planta estaba fumando; ¡e incluso arrojó al piso la colilla de su cigarro!"

Otro ingeniero me comentó que cuando visitó una planta en Italia, una mujer operadora de una máquina comía una manzana mientras trabajaba y cuando se dio cuenta de su presencia le hizo un entusiasta saludo con la mano.

Por contraste, cuando el Príncipe Rainer y la finada Princesa Grace de Mónaco visitaron una planta de televisión de Matsushita en abril de 1981, ningún trabajador de la línea de montaje levantó la vista ni siquiera para mirarlos. En la recepción ofrecida antes de su visita, el presidente del consejo, Masaharu Matsushita dijo al Príncipe Rainer y a la princesa Grace que, aun cuando se había anticipado su visita a los trabajadores, quizá ellos estarían demasiados atentos a su trabajo para mirar a los reales visitantes. Al día siguiente, cuando Matsushita mostraba al Príncipe Rainer y a la Princesa Grace la planta de televisión quizá estuvo más orgulloso de la concentración de sus trabajadores que del equipo ultramoderno.

A menos que los lectores piensen que esto es típico, me apresuro a agregar que los trabajadores en otras compañías japonesas, en donde el trabajo no exige tanta concentración, con frecuencia saludan a los visitantes con respetuosas inclinaciones de cabeza mientras trabajan.

El trabajo de la administración es establecer los estándares y luego introducir la disciplina para que éstos se cumplan. Sólo entonces estará calificado para introducir el KAIZEN para mejorarlos.

En la mayor parte de las compañías occidentales, existe la tendencia de que la administración se apegue a algún estándar "sagrado" durante años. Sin embargo, con frecuencia es dudoso si la administración esté haciendo lo mejor para mantener la disciplina y cerciorarse de que inclusive ese estándar está siendo estrictamente observado.

Uno de los principales méritos de iniciar un programa de KAIZEN es que obliga a la administración a ponderar cuándo los estándares en curso fueron retados por última vez. Resulta un buen momento para revisar si se cumple la disciplina y si las reglas y los estándares vigentes son observados por todos los empleados.

KAIZEN a nivel de las bases

Se dice que el 95% de todas las devoluciones de automóviles se derivan de fallas mecánicas y descuidos que podrían haberse evitado si los ingenieros hubieran sido un poco más cuidadosos al diseñar los componentes o los trabajadores un poco más atentos en el maquinado o montaje de ellos en la fábrica. La administración está expuesta ahora a una ola creciente de consumismo y demandas judiciales por responsabilidad del producto y a hacer que todos estén dedicados a mantener la calidad, vital para la supervivencia de una compañía.

Pentel, un fabricante de productos de papelería, hace poco lanzó al mercado un nuevo lápiz mecánico. Una de las características distintas del lápiz es que tiene una tapa, ya que la administración pensó que esto sería popular con las personas que llevan lápices en sus bolsillos. Cuando se quita la tapa y se coloca al otro extremo del lápiz, puede empujar la mina apretándola. Además, Pentel se ha asegurado de que la mina salga y entre con un chasquido audible, Pentel no considera que el lápiz esté listo para el mercado a menos que el chasquido sea adecuado. No es necesario decir, que de todos modos el chasquido de la tapa no tiene importancia por lo que toca el funcionamiento del lápiz. Sin embargo, el chasquido hace una gran diferencia desde el punto de vista de la mercadotecnia, ya que da seguridad al usuario de que la tapa está bien colocada.

LEMAS DEL CTC EN PENTEL

Lo que sigue es una lista de los lemas de Pentel para explicar la filosofía del CTC a sus empleados:

1. Suscríbase al concepto de entrar al mercado (el cliente es primero). (Las personas en el proceso que sigue son sus clientes. Si se apega al concepto de fuera el producto, el nombre de nuestra compañía ni siquiera estará en el directorio telefónico después de mucho).
2. Esté consciente del problema en todo momento. (En donde no existen problemas no puede haber mejoramiento.)
3. La administración significa principiar con la planificación y compararla con el resultado. (Regresemos a la rueda de PHRA y cambiemos la forma en que hacemos nuestro trabajo.)
4. Está usted rodeado de montañas de tesoros. (Hay más que aprender de los problemas crónicos que de los problemas que surgen de repente.)
5. Administre el proceso por el resultado. (Rehacer el trabajo y los ajustes son problemas que se originan por falta de administración. Tratarlos no es administración sino manipulación.)
6. Mire la fábrica y administre su trabajo sobre la base de hechos. (Base sus juicios en datos. No confíe en su intuicíon o en corazonadas.)
7. Esté atento a las desviaciones. (La prioridad ésta en reducir la desviación más que en mejorar el promedio.)
8. Estratifique antes de la observación. (La clasificación lleva a un mejor entendimiento.)
9. El mejoramiento comienza en casa. (Acostúmbrese a clasificar los problemas en los que son de su propia responsabilidad y aquellos que son responsabilidad de otros y dé prioridad a los problemas propios.)
10. Elimine la causa básica y prevenga las recurrencias. (No confunda los síntomas con las causas.)
11. Construya la calidad corriente arriba. (La calidad debe construirse en el proceso. Las pruebas no hacen la calidad.)
12. Nunca deje de estandarizar. (Necesitamos dispositivos para asegurar de que perdure el buen estado.)
13. Considere siempre el desarrollo horizontal. (La pericia individual debe extenderse a la pericia de toda la compañía.)
14. La implantación del CTC involucra a todos. (Un taller agradable y significativo principia con los círculos del CC activo para la instrucción y autodesarrollo mutuos.)■

Las demandas de calidad como éstas requieren grandes esfuerzos de parte de toda la población de trabajadores. De lo contrario, el personal de inspección podría terminar desechando cada uno de los lápices producidos. Tal atención a los detalles -inclusive detalles de adorno- está llegando a ser cada vez más vital para el éxito en los mercados altamente competitivos de hoy. Con la tecnología básica para algo como lápices mecánicos ampliamente disponible, el diseño básico rara vez influye en los clientes a favor o en contra del producto. Los elementos de adorno menores pueden ser el factor determinante.

No hay duda de que factores tales como precio, desempeño y servicio son de importancia para ganar la aceptación del cliente para el nuevo producto. Sin embargo, muchos productos de hoy tienen la misma "caja negra", de manera que no se puede diferenciar su funcionamiento. Siendo este el caso, la mayor parte de los productos en el mundo mercantil, ya sean para los mercados industrial o del consumidor, están compitiendo sobre la fuerza de características puramente de adorno. Pero estas características de adorno con frecuencia son desestimadas por los diseñadores, gerentes y trabajadores por igual como sin importancia o baladíes. Los gerentes que están atentos a tales factores "triviales" y los trabajadores que cuidan de cada detalle en el lugar de trabajo pueden determinar el éxito en la venta de los productos que compran los clientes. KAIZEN presenta una técnica para que tanto los gerentes como los trabajadores participen en el logro del éxito.

4

La Práctica de KAIZEN

Hemos visto cómo se enfocan el progreso y el mejoramiento en el Japón y en el Occidente. En particular, hemos contrastado la filosofía de KAIZEN sobre el enfoque occidental en la innovación como la fuente del progreso. Un programa bien planificado de KAIZEN puede descomponerse además en tres segmentos, dependiendo de la complejidad y el nivel de KAIZEN: (1) KAIZEN orientado a la administración, (2) KAIZEN orientado al grupo y (3) KAIZEN orientado al individuo. (Véase la Fig. 4-1.) Consideremos estos tres segmentos con mayor detalle.

	KAIZEN orientado a la administración	KAIZEN orientado al grupo	KAIZEN orientado al individuo
Herramientas	Siete Herramientas Estadísticas **(véase el Apéndice E)** Siete Nuevas Herramientas Habilidades profesionales	Siete Herramientas Estadísticas Siete Nuevas Herramientas	Sentido común Siete Herramientas Estadísticas
Involucra a	Gerentes y profesionales	Miembros del círculo (grupo) del CC	Todos
Meta	Se enfoca en sistemas y procedimientos	Dentro del mismo taller	En la propia área de trabajo

Fig. 4-1 · *Tres segmentos de KAIZEN. (Continúa en la siguiente página).*

	KAIZEN orientado a la administración	KAIZEN orientado al grupo	KAIZEN orientado al individuo
Ciclo (periodo)	Mientras dure el proyecto	Requiere de cuatro a cinco meses para terminarlo	Cualquier tiempo
Realizaciones	Tantas como quiera la administración	Dos o tres por año	Muchas
Sistema de apoyo	Grupo de proyecto de línea y staff	Actividades en grupos pequeños Círculos del CC Sistema de sugerencias	Sistema de sugerencias
Costo de la implantación	En ocasiones requiere una pequeña inversión para implantar la decisión	Barato en su mayor parte	Barato
Resultado	Nuevo sistema y mejoramiento de la instalación	Procedimiento mejorado de trabajo Revisión del estándar	Mejoramiento en el sitio
Impulsador	Mejoramiento en el desempeño administrativo	Mejoramiento de la moral Participación Experiencia de aprendizaje	Mejoramiento de la moral Conciencia de KAIZEN Autodesarrollo
Dirección	Mejoramiento gradual y visible Marcada mejoría de la condición actual	Mejoramiento gradual y visible	Mejoramiento gradual y visible

Fig. 4-1   (continua)

KAIZEN orientado a la administración

El primer pilar de KAIZEN es el KAIZEN orientado a la administración. Es el pilar vital, ya que el KAIZEN orientado a la administración se concentra en los puntos logísticos y estratégicos de máxima importancia y proporciona el impulso para mantener el progreso y la moral.

Puesto que KAIZEN es trabajo de todos, el gerente debe dedicarse a mejorar su propio puesto. La administración japonesa por lo general cree que un gerente debe dedicar cuando menos el 50% de su tiempo al mejoramiento. Los tipos de proyectos de KAIZEN estudiados por la administración requieren pericia refinada en la resolución de los problemas así como conocimientos profesionales y de ingeniería, aunque en ocasiones pueden bastar las simples Siete Herramientas Estadísticas (véase el Apéndice E.) Claramente son un trabajo administrativo y con frecuencia involucran a personas de distintos departamentos trabajando juntas en problemas funcionales transversales como equipos de proyecto.

En fecha reciente visité a un fabricante europeo de electrónica y hablé con los ingenieros respecto a las oportunidades del mejoramiento en el lugar de trabajo. En la discusión, uno de los ingenieros dijo que siempre que sugería un método de operación nuevo y distinto, su jefe siempre le pedía que explicara los beneficios económicos que podrían resultar. Si no podía cuantificar el mejoramiento en términos financieros, el jefe sencillamente archivaba su sugerencia.

Las oportunidades para el mejoramiento están en todos lados. Hace poco tiempo un ingeniero japonés que visitaba una siderúrgica en los EUA se quedó pasmado al ver una pila de láminas de acero apiladas en el pasillo "como la Torre inclinada de Pisa". Quedó pasmado por dos razones, primera, el montón inclinado era una amenaza física para la seguridad de los trabajadores y segunda, el dinero atado en los inventarios era una amenaza financiera para la prosperidad de la compañía.

Las plantas japonesas tienen números de referencia marcados en una cuadrícula en el piso para que los suministros y el trabajo en proceso pueden colocarse en lugares designados. "En nuestra fábrica, iniciamos nuestros esfuerzos de KAIZEN observando la forma en que nuestro personal hace su trabajo," dice Taiichi Ohno de Toyota, "porque eso no cuesta nada". El punto de partida de KAIZEN es, por lo tanto, identificar el "desperdicio" en los movimientos del trabajador. En realidad, éste es uno de los problemas más difíciles de identificar, ya que tal desperdicio en los movimientos son parte integral de la secuencia del trabajo.

Ohno da el ejemplo de un trabajador que monta un bloque del motor en la prensa, el cual es llevado por una banda transportadora. Si existe más de un bloque del motor en la banda transportadora, el trabajador tiene que rechazarlo, el cual se apila cada vez que él queda atrás. El trabajador está muy ocupado, pero éste no es un trabajo productivo. Este trabajo improductivo se hace innecesario si la administración puede identificar este movimiento desperdiciado e introduce la forma de eliminarlo, como colocar sólo un bloque a la vez en la banda transportadora.

En forma similar, la ubicación y tamaño de los interruptores son vitales en una operación continua y cada interruptor debe estar colocado de manera que el trabajador pueda alcanzarlo de acuerdo con el flujo de su trabajo. Con frecuencia los interruptores son cambiados a interruptores de palanca para una operación más fácil. En ocasiones, los interruptores pueden colocarse en el piso para que los trabajadores cargados de trabajo puedan pisarlos para activarlos.

Con frecuencia los trabajadores no están conscientes de los movimientos innecesarios que hacen. Por ejemplo, un trabajador que atiende varias máquinas, a menudo mira hacia atrás mientras se mueve de una máquina a otra. Siempre que veía hacer esto a un trabajador en Toyota, Ohno le gritaba "¡No actúes como zorrillo!" (Se sabe que los zorrillos se detienen y miran hacia atrás de tiempo en tiempo cuando son perseguidos.) Sólo después que todos estos movimientos innecesarios son identificados y eliminados, dice Ohno, se puede pasar a la siguiente fase de KAIZEN en las máquinas y en los sistemas. El lema favorito de Ohno es: "Use su cabeza, no su dinero."

El KAIZEN orientado a la administración también toma la forma de un enfoque de grupo, tales como los equipos de KAIZEN, equipos de proyecto, y fuerzas de tarea. Sin embargo, estos grupos son por completo distintos a los círculos del CC, ya que están compuestos de la administración y el staff, y sus actividades están consideradas como parte del trabajo rutinario de la administración.

KAIZEN en las instalaciones

Cuando consideramos el KAIZEN orientado a la administración desde el punto de vista de las instalaciones, otra vez encontramos infinidad de oportunidades para el mejoramiento. Aun cuando el principal énfasis en el control de calidad ha cambiado a formar la calidad en la etapa del diseño, buscar la calidad en la etapa de la producción sigue todavía como un ingrediente indispensable del control de calidad. La administración japonesa supone que la nueva maquinaria necesitará mejoras adicionales. Puesto que la mayor parte de las máquinas son hechas a la medida, esto podría no ser necesario. Pero el personal de la fábrica toma por concedido que incluso la maquinaria mejor diseñada necesitará ser reformada y mejorada en la práctica. Como resultado, la generalidad de las fábricas tienen capacidad interna para reparar y aun construir tales máquinas.

La planta Kyoto de la Daihatsu Motor, por ejemplo, tiene 102 robots industriales en la construcción de vehículos para pasajeros. De éstos, todos excepto dos fueron construidos en la planta o comprados a fabricantes externos y remodelados por los ingenieros de Daihatsu.

Yotaro Kobayashi, presidente de la Fuji Xerox, recuerda el comentario de un profesor que visitó las plantas de montaje de Fuji Xerox antes de que la compañía iniciara el CTC. (Con posterioridad, en 1980, la compañía recibió el Premio Deming de Aplicación.) Al revisar la línea de producción, el profesor observó, "Caballeros, ésta no es una planta manufacturera. Lo que tienen aquí es una línea de montaje en una bodega."

Típicamente, se apilan tantas partes en el proceso en la planta que no se puede ver de un extremo a otro de la línea de montaje. En efecto, la bodega también se utiliza para el montaje. Por cierto, uno de los beneficios adicionales de los sistemas de *Kamban* y Justo a Tiempo es que después de su introducción, se puede ver de un extremo a otro de la línea de montaje.

Cambiar la disposición de la planta para mayor eficiencia ha sido una de las máximas prioridades y los esfuerzos de KAIZEN siempre han sido dirigidos a reducir las bandas transportadoras o a eliminarlas por completo. Esta es la razón de que un grupo de hombres de negocios japoneses estuvieran tan desencantados al ver las anticuadas bandas transportadoras todavía en uso en una planta que el grupo visitó en Europa.

En el seminario sobre el *kamban*, control de calidad y administración de la calidad patrocinada por la Cambridge Corporation en Chicago, Illinois, en 1983, Graham Spurling, Director Gerente de la Mitsubishi Motors, Australia, hizo las siguientes observaciones:

Mitsubishi se hizo cargo de la Chrysler Company en Australia en 1980. En 1977 y 1978, la Chrysler Australia perdió cerca de $50 millones. Ahora es del conocimiento común que la Mitsubishi Motors Australia es lucrativa y eficiente. Creemos que tenemos el nivel más alto de productividad en la industria de automóviles de Australia y que podemos hacer un producto de la mejor calidad.

Si bien es justo decir que este programa de mejoramiento se inició antes de que Mitsubishi se hicera cargo y que esto se ha logrado con un equipo hecho en casa, la continua prosperidad de nuestra compañía se debe mucho a las lecciones de administración que hemos aprendido de nuestras compañías japonesas.

De acuerdo con Spurling, Mitsubishi pudo lograr esto con una inversión mínima introduciendo una serie de mejoramientos tales como la reducción de inventarios y el cambio de la disposición de la planta. Por ejemplo, la antigua disposición había sido diseñada para ajustarse al edificio, pero Mitsubishi invirtió este concepto y diseñó el edificio para ajustarlo a una disposición óptima. Como resultado, fue posible lograr una reducción del 80% en material en la línea y un 30% de aumento en el desempeño del trabajador.

El exceso de inventario oculta muchos problemas y Mitsubishi encontró que minimizando el nivel del inventario se exponían muchos problemas ocultos y la compañía podía tratarlos uno por uno.
Dice Spurling:

> La disposición de la planta fue dictada por los contenedores, así que dijimos, "Si necesitamos un almacén, tengamos un almacén y hagamos una buena fábrica." Fue cuando nos dimos cuenta de que los contenedores debían ser hechos para adaptarse a la disposición. Mejor que eso, librarnos de ellos totalmente si era posible. El resultado fue dramático. Eliminando los contenedores pudimos reducir la línea de producción y lograr así dar otro paso más hacia el inventario mínimo.

Como beneficio lateral, se colocaron mesas de pingpong en el espacio vacío resultante.

Sobre la base de esta experiencia, Spurling cree que la administración de la planta puede empeñarse en los cinco objetivos de fabricación siguientes:

1. Lograr la máxima calidad con la máxima eficiencia.

2. Mantener un inventario mínimo.

3. Eliminar el trabajo pesado.

4. Usar las herramientas e instalaciones para maximizar la calidad y eficiencia y minimizar el esfuerzo.

5. Mantener una actitud de mente abierta e inquisita para el mejoramiento continuo, basado en el trabajo de equipo y en la cooperación.

Agrega Spurling:

> Estoy firmemente convencido de que el trabajador japonés no es más sumiso o más dedicado que su contraparte australiana, sino que está mejor conducido, mejor manejado. Ha experimentado una administración de mejor calidad, la espera y respeta. Mejor administración le proporciona mejor motivación y mejor entrenamiento, de lo cual viene mejor prosperidad y mejor calidad del producto.

Un grupo de 12 gerentes de la 3M's Data Recording Products Division escucharon a Graham Spurling, Taiichi Ohno y a otros conferencistas. Reconociendo una buena cosa cuando la veían, decidieron poner a trabajar el control de calidad en la planta de Weatherford (Oklahoma), en donde la 3M procesa productos de disquetes. El grupo de la planta de Weatherford decidió implantar una nueva política en toda la planta de nunca pasar productos defectuosos a la siguiente etapa y detener la línea si era necesario para mantener la calidad. Algunas de las medidas introducidas en Weatherford incluían la eliminación de pasos, equipo, producción, etc., innecesarios, y mover las inspecciones en la línea para una retroalimentación más rápida.

Pero no fue fácil obtener apoyo para este esfuerzo. Cuando visité la planta de Weatherford en el otoño de 1983 y discutí el envolvimiento y dedicación personal como la clave para KAIZEN, el gerente de la planta de pronto me detuvo y dijo, "Es tan alentador para mi hablar con usted, Sr. Imai. Es casi como si estuviera hablando con mi madre, a quien no he visto durante meses".

Los esfuerzos para el mejoramiento y la reducción del inventario han llevado a los siguientes cambios en Weatherford,

Planificación de capacidad refinada.
Cambios en la disposición.
Cambios en la filosofía de la planificación.
Consolidación del proceso y modificación del equipo.
Autoridad para detener la línea.
Cambios en la filosofía del sistema.

Como resultado de estos esfuerzos, el inventario en proceso se ha reducido en forma dramática: a una cuarta parte del nivel general de hace algunos meses y a un dieciseisavo del antiguo nivel en una línea de producto.

En la actualidad, los espacios para almacenar el material en proceso están definidos con precisión y las carretillas que llevan el material en proceso deben permanecer dentro de las áreas designadas. Si no hay espacio para otra carretilla, se detiene la producción. En vez de usar el término de *kamban*, el grupo usa el término "muy reñida" para describir su concepto de justo a tiempo.

La líder del grupo de mejoramiento de la calidad de Weatherford es estimada como jefa de animadores por la forma en que ha estado despertando el entusiasmo y envolvimiento para poner en marcha el KAIZEN. Una vez que el personal ha pasado por la excitación de KAIZEN y visto los resultados, ha encontrado que este entusiasmo ha pasado de persona a persona incluso sin la jefa de animadores. En Weatherford usan el término "sarampión" para describir la infección de KAIZEN, ya que debe tenerla usted mismo antes de que pueda pasarla a ningún otro. A la fecha, prácticamente todos en Weatherford han tenido sarampión.

Cuando visité la planta de Weatherford otra vez en 1984, la persona que me servía de guía en su taller me presentó con la persona que iba a mostrarme el siguiente taller como su "cliente". Era claro que había contraído el sarampión de KAIZEN. En mi última visita a Weatherford en 1985, encontré que la administración había instalado un nuevo sistema de fabricación con el salón limpio más grande de los EUA. Si bien la instalación de este nuevo sistema podría ser considerado como una innovación, los esfuerzos de KAIZEN estaban visibles en todos lados. Por ejemplo, el piso estaba diseñado de manera que las unidades de procesamiento pudieran moverse cuando cambiaban las necesidades de la producción. Se estimulaba a los trabajadores para que proporcionaran sugerencias para un arreglo óptimo y los gerentes me dijeron que había sido cambiada la disposición de la maquinaria casi cada semana en tanto agregaban nuevas líneas de producción a la nueva planta.

También observé un cambio en la percepción del CC en la planta. En la actualidad, la calidad se considera como trabajo de todos y el trabajo del personal del CC es definido como el de un facilitador, informador, entrenador y formador de confianza.

Producción justo a tiempo: Un ejemplo del KAIZEN orientado a la administración

La planta Motomachi de Toyota tiene una larga línea de camiones esperando fuera de la planta con cargamentos completos de partes de automotores y componentes para la línea de montaje. Tan pronto como un camión sale por un extremo de la planta, otro entra. No hay bodega para estas partes. Los asientos tapizados, por ejemplo, son llevados directamente a la línea de producción desde la parte de atrás del camión.

El sistema de producción de Toyota está atrayendo ahora gran atención en el Japón y en el extranjero, ya que Toyota es una de las pocas compañías que han sobrevivido a la crisis del petróleo y todavía mantiene un elevado nivel de rentabilidad. Existe mucha evidencia en apoyo del éxito de Toyota. Por ejemplo, Toyota está completamente libre de deudas. De hecho, las utilidades de Toyota equivalen a las del principal banco japonés.

El primero en recibir el codiciado Premio de Control de Calidad de Japón en 1966, Toyota es bien conocida por su notable sistema de control de calidad. A la fecha, sólo otras siete compañías han sido galardonadas con este premio. Toyota también es famosa por su sistema de sugerencias del trabajador. El sistema de producción de Toyota, en ocasiones llamado sistema de *kamban*, es ampliamente aclamado como superior al sistema de Taylor de la administración científica y el sistema de Ford de líneas de montaje de producción en masa.

El hombre que fue el pionero en el sistema único de Toyota, Taiichi Ohno, afirma que nació de la necesidad de desarrollar un sistema para fabricar pequeñas cantidades de muchas clases distintas de automóviles. Este método está en contraste directo con la práctica occidental de producir un gran número de vehículos similares. Al mismo tiempo, Ohno estaba determinado a eliminar todas las formas de desperdicio. Para eso, clasificó el desperdicio incurrido en el proceso de producción en las siguientes categorías:

1. Sobreproducción.
2. Desperdicio del tiempo dedicado a la máquina.
3. Desperdicio involucrado en el transporte de unidades.
4. Desperdicio en el procesamiento.
5. Desperdicio en tomar el inventario.
6. Desperdicio de movimientos
7. Desperdicio en la forma de unidades defectuosas.

Ohno creía que la sobreproducción era el enemigo central que llevaba al desperdicio en otras áreas. Para eliminar el problema del desperdicio, Ohno ideó un sistema de producción en dos principales características estructurales: (1) el concepto Justo a Tiempo, y (2) *jidohka* (autonomatización).

El concepto de "Justo a Tiempo" significa que el número exacto de las partes requeridas se lleva a cada etapa sucesiva de producción en el momento adecuado. Llevar este concepto a la práctica significa lo inverso del proceso del pensamiento normal. Por lo general, las unidades se transportan a la siguiente etapa de producción tan pronto como están listas. Sin embargo, Ohno invirtió esto, de manera que se requería que cada etapa regresara a la etapa anterior a recoger el número exacto de las unidades necesarias. Esto dio como resultado una declinación de importancia en los niveles del inventario.

Aun cuando después de que Ohno abordó el concepto de *kamban* y lo inició como ensayo en el trabajo de maquinado y montaje en 1952, tomó casi 10 años para su adopción total en todas las plantas de Toyota. Una vez que el concepto estuvo bien establecido en Toyota, Ohno comenzó a extenderlo a los subcontratistas de Toyota. En los primeros días, invitó a los subcontratistas a recorridos de su planta y envió a sus ingenieros a consulta con los subcontratistas. La entrega de unidades que llegaron "justo a tiempo" para las operaciones de montaje es el resultado de los esfuerzos conjuntos de Toyota y sus subcontratistas.

Kamban, significando letrero o etiqueta, se utiliza como herramienta de comunicación en este sistema. Un *kamban* está fijado a cada caja de partes a medida que van a la línea de montaje. Debido a que estas partes se canalizan a la línea cuando es necesario, el *kamban* puede regresarse después que las partes han sido utilizadas, para servir tanto como registro del trabajo hecho y como un pedido para nuevas partes. La belleza de este sistema es que el *kamban* también coordina el influjo de partes y componentes a la línea de montaje, minimizando los procesos y haciendo posible, por ejemplo, que el bloque del motor llevado a la planta en la mañana sea ya un automóvil terminado en el camino por la tarde. En esta forma, el sistema *kamban* es sólo una herramienta usada en el sistema de producción de Toyota. De ninguna manera es un fin en sí mismo.

El concepto de Justo a Tiempo tiene las siguientes ventajas: (1) acortamiento del tiempo de entrega, (2) reducción del tiempo dedicado a trabajos de no procesamiento, (3) inventario reducido, (4) mejor equilibrio entre diferentes procesos, y (5) aclaración de problemas.

La característica estructural básica del sistema de producción de Toyota es *jidohka* (automatización) —que no debe ser confundida con automatización—. *Jidohka* es una palabra acuñada para máquinas diseñadas para detenerse automáticamente cuando se presente un problema. Todas las máquinas en Toyota están equipadas con mecanismos de paro automático. En el sistema de Toyota, cada vez que se produce un trabajo defectuoso, la máquina se detiene y todo el sistema deja de trabajar. Debe hacerse un ajuste cuidadoso para impedir que se presente el mismo error; los ajustes de primera mano son insuficientes. Ohno afirma que esto ha producido un adelanto revolucionario en el concepto de la producción. El trabajador no tiene que atender a la máquina cuando ésta está funcionando en forma adecuada, sólo cuando se detiene. Jidohka logra que un trabajador se haga cargo de muchas máquinas a la vez, mejorando así mucho su productividad.

Debido a que los empleados supervisan muchas máquinas a la vez, este sistema lleva a una significativa expansión de las responsabilidades y habilidades del trabajador. Por su parte, los trabajadores deben estar dispuestos a desarrollar tal multiplicidad de habilidades. Este método también proporciona mayor flexibilidad en la disposición de las máquinas y procesos de producción. Este concepto ha sido ampliado al trabajo manual de montaje, en donde el empleado está facultado a detener la línea siempre que encuentre algo equivocado.

El peligro de la moderna automatización es la sobreproducción de partes sin tomar en cuenta los requisitos de los otros procesos. Además, debido a que la maquinaria automática moderna carece de un mecanismo de autodiagnóstico, un simple mal funcionamiento puede dar como resultado todo un lote de partes defectuosas. Los dispositivos de paro automático están integrados en todas las máquinas de Toyota para prevenir tales ocurrencias.

En todas las plantas de Toyota, el visitante observará grandes letreros colgando del techo. Cuando se ha detenido una máquina individual, el número de identificación de la máquina se enciende en un tablero, de manera que el operador sabe qué máquina necesita atención.

El sistema de producción de Toyota está proyectado para mantener un flujo continuo de producción para diferentes unidades durante el año, evitando así cargas excesivas en cualquier momento dado, tales como las de fin de mes. Parece que este sistema está mejor equipado para enfrentarse a los requisitos de un mundo cambiante caracterizado por el crecimiento lento y demanda diversificada del consumidor.

Como se puede imaginar, el sistema de producción de Toyota está basado en el KAIZEN y el CTC. A menos que se mantenga la calidad en el nivel más alto en todas las etapas de producción, incluyendo a los subcontratistas, las máquinas se estarán deteniendo continuamente. No es coincidencia que cinco de los ocho galardonados con el Japan Quality Control Prize hayan sido compañías del Grupo de Toyota.

Toyota ha logrado el KAIZEN en áreas tales como disposición de la planta, producción por lote con respecto a la producción continua, ajustes frecuentes y postura del trabajador. Para decirlo en otra forma, los conceptos de *Kamban* y Justo a Tiempo representan el resultado de los esfuerzos por el mejoramiento de todas estas áreas, esfuerzos que culminan en el mejoramiento en el inventario. Los esfuerzos de Toyota para el KAIZEN en estas áreas vitales resultaron en su logro de una relación de rotación de capital de hasta 10 veces el de los fabricantes de automóviles de los EUA.

Zenzaburo Katayama, subgerente del Toyota Motor's TQC Promotion Department, dice:

El sistema de producción de Toyota es, en pocas palabras, un sistema que se cerciora de que el número requerido de partes y componentes sean fabricados y remitidos a la línea de montaje final, de manera que éste no se detenga. Es un sistema que todavía está sufriendo cambios y mejoramiento todos los días.

La gente en ocasiones se refiere al sistema de producción de Toyota como un "sistema sin reservas". Sin embargo, esto no es correcto, siempre tenemos *algún* material en existencia, ya que necesitamos un cierto nivel de inventario para producir el número necesario de productos en un momento dado. . .

Se fija una tarjeta al frente de la carrocería de cada automóvil en la línea de montaje. Basado en los números y códigos en esta tarjeta, el automóvil recibe distintas partes y componentes cuando se está montando. Se puede decir que cada automóvil tiene información fijada a él que dice, "Quiero convertirme en el automóvil tal y tal".

Por ejemplo, el automóvil puede necesitar un volante de dirección del lado izquierdo o una transmisión automática. El trabajador en la línea de montaje recoge la parte basado en las instrucciones de la tarjeta. A esto en ocasiones se le llama administración visible. Dicho de otra manera, puede controlar el proceso del trabajo mirando la tarjeta.

Los conocimientos y las ideas del trabajador están incorporados para hacer un mejor sistema de producción. Por ejemplo, se usan distintos colores en la tarjeta fijada en la carrocería del automóvil para evitar equivocaciones. Esta idea vino inicialmente de los trabajadores. Para que el sistema trabaje, se necesita una fuerza de trabajo entrenada y disciplinada.

Otra característica de este sistema es que se perderá dinero adoptándolo a menos que la calidad de las partes sea satisfactoria. Cada vez que pase una parte de calidad inferior, la línea se detendrá.

En Toyota, detenemos toda la línea cuando encontramos una parte defectuosa. Como están coordinadas todas las actividades de la planta, eso quiere decir que cuando una planta se detiene, el efecto repercute en los procesos anteriores y al final, la planta de Kamigo, que fabrica los motores, también se detiene. Si el paro se prolonga, todas las plantas cesan de operar.

La detención de la planta es un serio golpe para la administración. Pero nos atrevemos a pararla porque creemos en el control de calidad. Una vez que hemos sufrido la molestia de detener la operación de la planta, tenemos que cerciorarnos de encontrar la causa de la dificultad y adoptar una medida preventiva de manera que nunca ocurra la misma dificultad.

Por ejemplo, un trabajador de la planta de Tsutsumi puede presionar el botón de detención porque encuentra que los motores que vienen de la planta de Kamigo están defectuosos. No tiene que detener la línea, pero tiene derecho a presionar ese botón cuando encuentra algo extraño.

Si es detenida la línea, los ingenieros y el supervisor se apresurarán a ver lo que está mal y encontrarán que la causa del paro son los motores defectuosos. Si los motores están en realidad defectuosos, los ingenieros de la planta de Kamigo se apresurarán a ir a la planta de Tsutsumi para estudiar el problema.

Mientras tanto, todas las plantas están paradas y ningún automóvil sale de la planta. Sin embargo, no importa lo que suceda, debemos encontrar la causa. Una de las características del control de calidad japonés es que construye buenos procesos de producción.

Otra característica del sistema de producción de Toyota es la forma en que se procesa la información y se utiliza. Si la computadora resulta deficiente en el control y programación de la producción, utilizamos medios tales como el *Kamban* y las tarjetas fijadas en las carrocerías de los automóviles en la planta de montaje.

Bajo circunstancias normales, los productos (las partes) y la información están separadas. En Toyota, cada producto (parte) lleva su propia información y señales.

Esperamos que nuestros trabajadores usen la cabeza para leer e interpretar la información y las señales en las tarjetas de *kamban*, y esperamos que contribuyan a refinar el sistema proporcionando nuevas ideas.

Bajo este sistema, incluso si el trabajador comete un error y monta una parte equivocada, será un error de una sola vez y éste no avanzará a operaciones subsecuentes.

Cuando se almacena fruta y carne, se coloca en congeladores y refrigeradores para que no se descompongan. En cierto sentido, el acero también se descompone. Debido a los desarrollos tecnológicos, ocurren cambios en el diseño y una pieza de acero de un diseño antiguo es lo mismo que una fruta podrida. Ninguna de las dos es buena.

Yo sugeriría que la información también se pudre. La información que se reúne y que no se usa en forma adecuada se pudre con rapidez. Todo gerente que no reexpida la información a las partes interesadas y cualquier gerencia que no cuente con un sistema para utilizar la información, está causando un grave mal a la compañía y creando un desperdicio masivo en la forma de oportunidades perdidas y desperdicio del tiempo ejecutivo.

Sin embargo, la dificultad con los gerentes es que consideran la información como la fuente de su autoridad, y tratan de controlar a sus subordinados monopolizándola. Con frecuencia, hacen esto a riesgo de sacrificar la efectividad de la organización. Los gerentes pueden ser totalmente ignorantes del valor de la información y de la contribución que ésta puede hacer en manos de la gente adecuada en el momento preciso.

Incluso si el gerente tiene un interés genuino en compartir la información con otros ejecutivos, esto suele ser difícil debido a la separación geográfica. Este es el problema que han encontrado muchas multinacionales y compañías de los EUA. Por ejemplo, ¿cómo se comparte la información para el desarrollo de un producto nuevo si las oficinas de ventas están en Denver, Colorado, la oficina del ingeniero de diseño en Rte. 128 en Massachusetts y la planta manufacturera en Schaumbur, Illinois? Esto no sólo es un problema de la distancia física. La distancia psicológica de las personas en estos diferentes lugares puede ser un obstáculo inclusive más grande y debe ser tratado con ecuanimidad por cualquier administración que intente introducir el KAIZEN en la forma en que se reúne la información, se procesa y utiliza.

Mejoramiento de sistemas

La administración debe dirigir sus esfuerzos al mejoramiento de los sistemas como una de las tareas de más importancia del KAIZEN orientado a la administración. El mejoramiento de los sistemas concierne a las áreas vitales de la administración tales como planificación y control, procesos de toma de decisiones, organización y sistemas de información. Entre los nuevos conceptos administrativos que han emergido para satisfacer estas necesidades está la administración funcional trasversal, despliegue de la política y despliegue de la calidad. Es bastante natural que el grupo de las "Nuevas Siete" herramientas para el CTC hayan sido utilizadas para los proyectos relacionados con el mejoramiento de la administración de los sistemas.

En donde la administración ha fracasado al establecer tal sistema y en cambio ha dirigido sus esfuerzos al azar y en fragmentos a áreas tales como sugerencias y círculos del CC, con frecuencia el éxito ha sido de corta vida. Esta es la razón de que el cometido de la alta administración sea indispensable cuando se introducen el CTC y KAIZEN.

KAIZEN cubre el espectro total de los negocios, principiando con la forma de operar del trabajador en el taller, moviéndose hacia la maquinaria e instalaciones y por último efectuando mejoras en los sistemas y procedimientos, KAIZEN es ubicuo y ésa es la razón de que muchos altos ejecutivos japoneses creen que KAIZEN es el 50% del trabajo del gerente.

KAIZEN orientado al grupo

KAIZEN en el trabajo de grupo, como un método permanente, está representado por los círculos del CC, los grupos de JK (Jishu Kanri) y otras actividades de grupos pequeños que usan varias herramientas estadísticas para resolver los problemas. El método permanente también requiere todo el ciclo de PHRA y exige que los miembros del equipo no sólo identifiquen las áreas problema sino que también identifiquen las causas, las analicen y ensayen nuevas medidas preventivas y establezcan nuevos estándares y/o procedimientos.

En el método permanente, los miembros pasan por los procesos de solución de problemas y toma de decisiones. Esta es la razón de que se diga que el ciclo de PHRA tenga su propio ciclo de PHRA en la etapa de "Hacer" (véase la Fig. 4-2). Las actividades de los círculos del CC y de otros grupos están confinadas a los problemas que se originan en su propio taller, pero se mejora la moral por las actividades de KAIZEN, ya que todos dominan el arte de resolver los problemas inmediatos.

Cuando el trabajo de grupo es el método temporal, las sugerencias son proporcionadas por grupos *ad hoc* de empleados formados para resolver tareas determinadas. Si bien los miembros de estos grupos *ad hoc* con frecuencia están entrenados en el uso de herramientas estadísticas y analíticas, los grupos se desbandan cuando se alcanza la meta.

Tanto en el KAIZEN orientado al individuo como en el KAIZEN orientado al grupo, es esencial que la administración entienda en forma

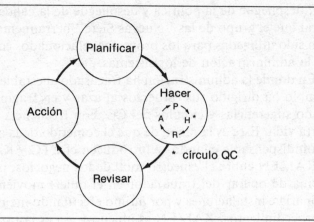

Fig. 4-2   PHRA dentro del ciclo de PHRA.

adecuada la función de los trabajadores en KAIZEN y aprovechen todas las oportunidades para ayudarlos. En este contexto, Naomi Yamaki, presidente de Mitsubishi Space Software, dice:

> Los trabajadores actuales no parecen estar satisfechos con los trabajos convencionales repetitivos pese a las compensaciones monetarias que reciben. Quieren que sus trabajos comprendan áreas tales como pensar y decidir por sí mismos como debe ejecutarse el trabajo.
>
> Por lo tanto, es importante que la administración pueda rediseñar el trabajo de los obreros para que éstos puedan sentir que su trabajo tiene valor. La gente necesita trabajar tanto con sus mentes como con sus cuerpos.
>
> Tal diseño del trabajo significa que es necesario revisar el pensamiento convencional en las funciones del gerente y trabajador. Bajo la distinción convencional, se supone que los gerentes hacen planes, administran y controlan, y los trabajadores sólo se supone que lo ejecutan. Esto ha significado que el gerente planificó lo que tenía que hacerse y cómo, y que dio a los trabajadores instrucciones detalladas en su trabajo. A su vez, de los trabajadores se esperaba que lo hicieran exactamente sin pensar lo que se les decía.
>
> Sin embargo, los trabajadores de hoy desean trabajar tanto con sus mentes como con sus cuerpos, utilizando sus capacidades tanto mentales como físicas. Como resultado, de acuerdo con la diferenciación revisada, se supone que el trabajador hace planes, y controla, y la administración se encarga de motivar a los

trabajadores para una productividad más alta. En esta forma, la función de la administración ha llegado a ser la de planificar, dirigir y controlar, y un gerente es responsable de dirigir y apoyar a sus trabajadores.

La filosofía básica del nuevo diseño del trabajo es delegar tanta planificación y control como sea posible a los trabajadores, motivándolos así para una productividad y calidad más altas.

La planta japonesa típica tiene un espacio reservado en un ángulo de cada taller para publicar las actividades que suceden en el lugar de trabajo, tales como el nivel actual de las sugerencias y las recientes realizaciones de los grupos pequeños. En ocasiones, se exhiben herramientas que han sido mejoradas como resultado de las sugerencias de los trabajadores, para que éstos en otras áreas de trabajo puedan adoptar las mismas ideas de mejoramiento.

En la Mitsubishi Electric, a estos lugares se les llama Esquinas de KAIZEN y allí se colocan varias máquinas y herramientas para que los trabajadores las utilicen al poner en práctica los mejoramientos generados ya sea por otros individuos o grupos pequeños.

Existen varios "Hombres de KAIZEN" en cada planta de la Mitsubishi Electric. Son trabajadores veteranos de cuello azul que han sido relevados temporalmente de sus deberes rutinarios y se le ha ordenado que recorran la planta buscando oportunidades para el mejoramiento. Las asignaciones de los Hombres de KAIZEN son rotativas entre los trabajadores veteranos de cuello azul más o menos cada seis meses.

Debido a que las actividades de los grupos pequeños, incluyendo los círculos del CC, han representado un papel tan vital en la estrategia de KAIZEN en el Japón, en las secciones que siguen se explicarán las actividades e implicaciones de los grupos pequeños para la administración.

Actividades de los grupos pequeños

Las actividades de los grupos pequeños pueden definirse como grupos pequeños de voluntarios, informales, organizados dentro de la organización para ejecutar tareas específicas en el taller. Las actividades de los grupos pequeños toman muchas formas, dependiendo de sus metas: grupos de "hermanos mayores", grupos de "hermanas mayores", círculos del CC, movimientos de CD, movimientos de ningún error, movimientos de nivelación, JK, minitanques de pensamientos, grupos de sugerencias, grupos de seguridad, comités de productividad, grupos de administración por objetivos y grupos de pláticas de taller. Estos pequeños grupos fueron formados inicialmente para el propósito de estimular el desarrollo transversal entre sus miembros.

Dos temas se han convertido en el frenesí de la comunidad comercial en el Japón. Uno es el CTC y el otro son las actividades de los grupos pequeños. Estos temas han llegado a ser tan populares entre los hombres de negocios japoneses que se dice que cualquier libro ya sea con estas palabras en su título está garantizado para vender por lo menos 5000 ejemplares. Virtualmente en todas las librerías se pueden encontrar exhibiciones de los últimos libros con estos temas.

Durante los últimos 30 años, las compañías japonesas han trabajado febrilmente para mejorar la calidad. Han empleado virtualmente todos los medios disponibles tales como las herramientas estadísticas, el CTC y los círculos de la calidad. Los hombres de negocios japoneses están muy convencidos de que la misión de la compañía es primero y ante todo producir productos de calidad que satisfagan las necesidades del mercado.

Por ejemplo, los círculos de calidad fueron iniciados cuando se estableció una nueva revista sobre el control de calidad en 1962, capacitando a los capataces y trabajadores a estudiar juntos y adquirir los últimos conocimientos y técnicas sobre el control de calidad. En tanto los círculos del CC principiaron como grupos de estudio, después cambiaron su énfasis a la solución de los problemas del taller, aplicando las técnicas adquiridas en sus estudios anteriores. Partiendo del control de calidad tradicional orientado a la inspección, la administración japonesa cambió al desarrollo del control de calidad en las áreas de los procesos de producción y de desarrollo de nuevos productos. Ahora el concepto ha llegado a incluir a los proveedores y subcontratistas. Si bien el control de calidad en un principio estuvo orientado hacia los procesos de producción e ingeniería, un número creciente de compañías ha dirigido sus esfuerzos a otras áreas, tales como el trabajo de oficina, ventas y servicios.

Quizá uno de los descubrimientos más grandes hecho por los gerentes japoneses durante los últimos 30 años es que el control de calidad proporciona beneficios. Han encontrado que no sólo mejora la calidad sino que también aumenta la productividad y disminuye los costos. Y porque la calidad mejorada de los productos impone precios elevados. En pocas palabras, tratar de maximizar la satisfacción de cliente mejorando la calidad del producto lleva automáticamente al mejoramiento de la productividad y a un desempeño administrativo más elevado. No es extraño que la administración japonesa rinda culto ante el altar del CTC. En la actualidad, el control de calidad no es sólo otra técnica de producción e ingeniería. Ha tomado la forma de una herramienta completa que involucra a toda la compañía, desde la alta administración hasta los empleados inferiores.

Si bien el interés principal de la administración puede ser la productividad, el control de calidad es una preocupación común tanto para los trabajadores como para la administración. Cuando la administración pide a los trabajadores que aumenten la productividad, la respuesta de éstos es, "¿Por qué? ¿No significa esto que tenemos que trabajar más duro? ¿Qué hay en ello para nosotros?" Sin embargo, nadie puede objetar cuando la administración pide la colaboración de los trabajadores diciendo, "Hablemos respecto de la calidad". Después de todo, la calidad es la única forma de permanecer competitivo y servir al cliente. La administración japonesa ha encontrado que sus esfuerzos para mejorar la calidad llevan en forma automática al mejoramiento de la productividad. Sin este cimiento del control de calidad superior, hubiera sido imposible introducir nuevos y revolucionarios conceptos de producción, tal como el sistema de producción de *kamban* de Toyota.

Existen dos dimensiones en las relaciones industriales: (1) confrontación con respecto a la cooperación y (2) la organización formal con respecto a la organización informal. Esto se muestra en la Fig. 4-3. Las actividades de los grupos pequeños representan una forma no confrontacional e informal de resolver los problemas e introducir mejoramientos. Por contraste, la negociación colectiva al estilo occidental es confrontacional y formal.

Las ventajas de las actividades del grupo pequeño pronto resultan evidentes después de su iniciación:

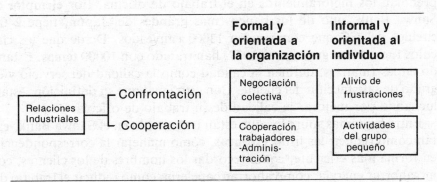

Fig. 4-3   Estructuras formanl e informal para el progreso corporativo.

1. Estableciendo los objetivos del grupo y trabajando para su realización fortalece el sentido del trabajo en equipo.
2. Los miembros del grupo comparten y coordinan mejor sus funciones repetitivas.
3. La comunicación entre los trabajadores y la administración, así como entre trabajadores de distintas edades se mejora.
4. La moral se mejora mucho.
5. Los trabajadores adquieren nuevas habilidades y conocimientos y desarrollan actitudes más cooperativas.
6. El grupo se sustenta así mismo y soluciona los problemas que en caso contrario se dejarían a la administración.
7. Se mejoran mucho las relaciones entre la administración y los trabajadores.

Aun cuando las actividades de los grupos pequeños principiaron como organizaciones informales y voluntarias, ahora han llegado a ocupar una posición legítima y respetada ante los ojos de la administración y de la compañía en general.

Actividades del grupo pequeño: Círculos del CC

La 19a. Conferencia Anual de Líderes de Círculos del CC tuvo lugar en Tokio en noviembre de 1980. Hubo 124 informes sobre las actividades de los círculos del CC en varias compañías, que se presentaron en la conferencia de tres días.

La mayor parte de los informes estaban relacionados con la producción. Por ejemplo, un líder de la Kobayashi Kose habló sobre la forma en que el círculo de calidad trató la tarea de eliminar los agujeros en la superficie del lápiz labial. Pero también había informes que comprendían los mejoramientos en el trabajo de oficina. Por ejemplo, el Sanwa Bank, uno de los bancos más grandes del Japón, tiene 2400 círculos del CC que comprenden 13000 empleados. Desde que los círculos fueron inaugurados en 1977, han tratado con 10000 temas. Estando en las finanzas, definen la calidad como la calidad del servicio y el grado de satisfacción del cliente. Con esto igual que su definición, están luchando por mejorar la calidad de su trabajo de oficina.

Entre los temas sobre los que están trabajando en el Sanwa Bank, están cómo reducir las listas erróneas, cómo manejar la correspondencia en forma más eficiente, cómo recordar los nombres de los clientes, cómo ahorrar energía, cómo ahorrar papelería, cómo reducir el trabajo de horas extra, cómo aumentar la frecuencia de las visitas del cliente, cómo ganar nuevas cuentas y cómo mejorar la familiarización de los empleados con los servicios que el banco proporciona. Todos estos temas están siendo tratados por los empleados ordinarios del banco, tales como cajeros y empleados.

El líder del círculo de calidad del Kanzanji Royal Hotel, un típico hotel de aguas termales, explicó la forma en que el círculo del CC del hotel abordó el problema sobre cómo servir calientes los camarones a la tempura a 500 huéspedes . El círculo del CC tuvo tanto éxito que el camarón a la tempura caliente se ha convertido en una de las principales atracciones del hotel. (Puesto que el platillo tiene que prepararse con anticipación para los grupos grandes, es común que los principales hoteles lo sirvan frío.)

Sachiko Kamata, de la Bridgestone Tire relata sobre cómo había formado el ''Círculo de la Abeja Reina'' con otras cuatro dibujantes (la más joven de 19 años de edad) en el departamento de ingeniería a fin de mejorar los procedimientos de dibujo para las plantillas y herramientas en la hechura de neumáticos. Celebrando juntas de dos horas cada semana para obtener y analizar la información pertinente, encontraron que había mucha redundancia en su trabajo de dibujo y que podía resolverse el problema recurriendo a una aplicación especial de las máquinas de fotocopiado. ''Como resultado del nuevo procedimiento,'' dijo, ''hemos podido reducir el tiempo de dibujo un 60%. En tanto teníamos un promedio de dos horas extra de trabajo todos los días, hemos podido eliminar el trabajo de horas extra''.

Tareas tales como el mejoramiento de la consistencia del lápiz labial, servir calientes los tempura y reducir el tiempo de dibujo son consideradas como tareas administrativas en Occidente y están asignadas a los ingenieros de producción o a los ingenieros industriales. Sin embargo, la característica notable de todos estos informes era que los temas eran considerados y tratados por los trabajadores por su propia iniciativa, si bien con la aprobación de la administración y que los trabajadores llegaban a soluciones exitosas rindiendo productividad y calidad mejoradas.

De acuerdo con JUSE (el sindicato japonés de ingenieros y científicos), una organización que coordina el movimiento del círculo del CC en toda la nación y ayuda a su expansión, hubo más de 170000 círculos del CE registrados oficialmente con JUSE y tal vez el doble de esa cantidad que opera independientemente de JUSE. Puesto que el círculo típico tiene de seis a diez miembros, se calcula que cuando menos hay 3 millones de trabajadores en el Japón involucrados de un modo directo en alguna clase de actividad oficial del círculo del CC.

Existen ocho organizaciones locales de los círculos del CC en el Japón, cada una de las cuales celebra juntas regionales en donde los líderes del círculo reportan y comparten sus experiencias. Alrededor de 100 de tales juntas regionales son celebradas cada año. Además, hay una media docena de juntas nacionales de varias clases que se celebran cada año, como la Conferencia Anual de Líderes de los Círculos del CC.

En esta forma, las actividades del círculo del CC están interconectadas en una cadena nacional y los miembros de los círculos del CC tienen fácil acceso a lo que otra gente hace en otras industrias. Hay más de 1000 líderes voluntarios del CC en el Japón cooperando en la organización de estas juntas locales y nacionales para promover el flujo de información entre los miembros.

En la actualidad, el movimiento de los círculos del CC inclusive se ha ampliado para incluir a los empleados de los subcontratistas. Esto se hizo con el fin de resolver los problemas comunes a la compañía subcontratista y a los subcontratistas. En donde muchas amas de casa están empleadas en tiempo parcial, los círculos invitan con frecuencia a estas trabajadoras para que se unan a fin de elaborar soluciones para los problemas que las afectan. Es probable que más de la mitad de las compañías japonesas han introducido las actividades del círculo del CC.

Los círculos del CC se iniciaron en 1962 bajo los auspicios de JUSE con el fin de formar lugares de trabajo alegres y significativos. Los círculos del CC no se formaron con el propósito de mejorar la productividad o el control de calidad. Por lo contrario, los círculos se formaron por los empleados, por su propia voluntad, para hacer su trabajo más significativo y valioso. Cuando se formaba tal grupo, se encargaba de un asunto en turno inmediatamente, tal como la forma de organizar el trabajo y mantener la seguridad y continuar en forma gradual con tareas más retadoras. La productividad y calidad mejoradas son sólo dos medidas del éxito de sus esfuerzos.

Puesto que las actividades del círculo del CC son voluntarias, las administración no obliga a los empleados. Los círculos se pueden reunir ya sea en las horas regulares de trabajo o después de éste. Cuando se reúnen después del trabajo, la administración puede pagar o no tiempo extra. En algunos casos, la administración concede comidas gratuitas a los participantes en la cafetería de la compañía.

Una vez que están bien encaminadas las actividades del círculo del CC, la administración puede ayudar a los miembros del círculo proporcionándoles dirección y puede expresar su aprecio cuando las actividades del círculo han sido fructíferas. De hecho, muchas compañías otorgan menciones u otras recompensas a los círculos del CC que han hecho contribuciones notables a la compañía.

De acuerdo con los "Principios Generales del Círculo del CC" publicados por JUSE, el círculo del CC está definido como un grupo pequeño que desempeña actividades para el control de calidad en forma voluntaria dentro del taller en el que trabajan los miembros, desempeñando su trabajo el grupo pequeño de manera continua como parte de un programa de control de calidad en toda la compañía, autodesarrollo, desarrollo mutuo, control del flujo y mejoramiento en el taller. Dedicándose a las actividades del círculo del CC los miembros obtienen una valiosa experiencia al comunicarse con sus colegas, trabajando juntos para resolver los problemas y compartir los resultados no sólo entre ellos sino con otros círculos en otras compañías.

ACTIVIDADES DEL GRUPO PEQUEÑO EN KOMATSU

Hace poco recibí una carta de un estudiante de administración comercial estadounidense, la cual decía: "Los gerentes en los EUA no parecen dispuestos a aceptar el hecho de que sus empleados puedan aportar ideas constructivas." Esto me obligó a pensar respecto a la función del gerente. En la definición clásica, el trabajo del gerente es ver que se haga un determinado trabajo. Se supone que hace planes, toma decisiones, dice a los trabajadores qué deben hacer y ver que lo hagan. Sin embargo, como las dimensiones de los negocios se han convertido en más complejas, los gerentes han empezado a darse cuenta de que no siempre tienen todos los hechos y cifras necesarias para hacer esta planificación, instrucción y supervisión a nivel operativo.

Puesto que son los trabajadores los que desempeñan las operaciones cada día, ellos están mucho más cerca de estos problemas y con frecuencia están mejor capacitados para encontrar soluciones de lo que está un gerente. Las soluciones del trabajador también tienen el efecto adicional de incrementar la moral. Sin embargo, los gerentes deben ser receptivos a tales soluciones de los trabajadores.

Obtener ideas productivas de parte de los empleados no es tanto asunto de tener empleados creativos, sino el de tener una administración que los apoye. Si un gerente no puede hacer que los trabajadores aporten ideas productivas, lo más probable es que *él* sea el problema, no los trabajadores.

Una de las principales características del movimiento japonés del CC es que ha involucrado a los empleados en todos los niveles. Recor-

(KOMATSU—Continua)

dando cómo se iniciaron las actividades del círculo del CC en Komatsu Ltd., Jisaku Akatsu, gerente general de la división extranjera, dice, "Creo que tuvimos éxito al introducir el movimiento del CC en Komatsu porque fue iniciado en un momento en que todos reconocíamos que la compañía se estaba enfrentando a una crisis". El movimiento del CC en Komatzu fue iniciado en 1961 a raíz del anuncio de la Caterpillar que estaba formando una empresa conjunta con Mitsubishi Heavy Industries, Ltd., en el Japón. En aquel tiempo, Komatsu era de más o menos la décima parte de la Caterpillar en términos de rotación anual y todos nos dimos cuenta de que quizá no podría sobrevivir la compañía a menos que sus productos fueran competitivos en desempeño y precio con los de la Caterpillar. Para alcanzar esta meta, Komatsu inició su campaña de Maru-A para ser competitiva y fue introducido el CTC como la parte vital de la campaña de Maru-A.

El CTC depende ante todo de comprometer a todos los empleados en las prácticas para el CC. En Komatsu, cinco instructores de tiempo completo se reportan al gerente del CC. Durante los primeros años, el staff del CC de Komatsu acostumbraba asistir a seminarios de entrenamiento en CC patrocinados por JUSE. Sin embargo, ahora estos instructores internos están plenamente calificados para conducir todos los cursos de CC para los empleados.

Todos en Komatsu deben tomar los cursos de CC. Por ejemplo, los miembros del consejo deben asistir al curso de 16 h del director. Los gerentes de departamento y sección deben tomar cursos de 32 h. Los empleados nuevos deben tomar un curso introductorio de 8 h. Y el personal seleccionado de todo trabajo técnico o de oficina deben asistir a cursos básicos que duran de 10 a 20 días. Esta educación es considerada esencial para el buen funcionamiento de los círculos del CC.

Aunque la administración de Komatsu estima que los círculos del CC representan sólo la décima parte de todo el esfuerzo del CTC, los círculos del CC han sido un medio efectivo para estimular a todos los empleados para que presenten ideas productivas. Komatsu tiene personal de CC que ayuda a los círculos del CC en cada una de las unidades de trabajo. Todo incluido existen 300 personas de staff de CC, o una de cada 10 en la mano de obra directa. Ellos consultan, aconsejan, distribuyen libros de texto y escuchan lo que los trabajadores tienen que decir.

El primer círculo del CC fue iniciado en Komatsu en 1963. En la actualidad, Komatsu cuenta con más de 800 círculos del CC en las manufacturas y 350 en ventas y servicio. La participación es del 95% en manufacturas y 89% en ventas y servicio. Cada círculo proporciona un promedio de 4.2 ideas nuevas por año.

(KOMATSU—Continua)

Una vez que el CTC estuvo bien establecido en la compañía, Komatsu extendió sus esfuerzos tanto vertical como horizontalmente. En forma vertical, el CTC se extendió a las subsidiarias, afiliadas y subcontratistas de Komatsu y de manera horizontal a la red de distribuidores en el extranjero y a las plantas fabriles de Brasil y México. El gerente de CC de Komatsu dedica más de la mitad de su tiempo visitando las plantas y a los distribuidores en el extranjero y ayudándolos a introducir el CTC. No sin razón, Komatsu encuentra que la mejor forma de hacer que los afiliados y distribuidores en el extranjero inicien el CC es convencer a la alta administración de que el CC conviene a las finanzas.

Cuando Ryoichi Kawai, presidente del consejo de la Komatsu visitó a China en 1977, subrayó la importancia del CTC a los funcionarios de alto rango del gobierno chino. Como resultado, se inició una planta como modelo en Pekín bajo la guía de los ingenieros de Komatsu. Los resultados han sido tan alentadores que Deng Xiaoping decidió extender el CTC por todo el país y se informa que más de 100000 ejemplares de los manuales de Komatsu están ahora en uso en China. Muy aparte de los beneficios para la industria China, esto sólo puede incrementar la imagen de Komatsu en China.

Con base en la homogeneidad de la gente japonesa y de la afinidad entre la administracion y los trabajadores en el Japón, Komatsu ha encontrado posible, aunque no siempre fácil, hacer que los trabajadores de nivel inferior participaran en los círculos del CC. Sin embargo, Komatsu había tenido experiencias un tanto distintas en otros países. Por ejemplo, encontró en muchos casos que en el extranjero es mejor iniciar los esfuerzos del CC con los gerentes de nivel medio e inferior antes de incluir a los trabajadores. Aun cuando los trabajadores del sudeste de Asia y del Oriente Medio aceptan el concepto de los círculos del CC en forma bastante positiva, es mucho más difícil lograr que los gerentes se involucren en los EUA y en otros países industrializados, ya que con frecuencia no reconocen que el CC es una nueva filosofía administrativa y suponen que es una técnica que ellos ya conocen. En tanto que los trabajadores japoneses están dispuestos a aprender y están interesados en adquirir nuevos conocimientos y habilidades, en otras partes los trabajadores tienden a estar más interesados en ver que sus esfuerzos den frutos. Otros factores que deben tomarse en cuenta en el extranjero son la alta rotación del personal y el deseo de reconocimiento material por la productividad mejorada.

Sin embargo, los trabajadores en otros países también encuentran satisfactorio que se les dé oportunidad de participar y de ver que sus sugerencias sean puestas en prácticas. Algunos trabajadores incluso

(*KOMATSU—Continua*)

han comentado que anhelan llegar al trabajo todos los días y que ahora están más involucrados en sus tareas.

Todos los miembros del consejo de Komatsu asisten a las asambleas anuales del CC en donde los líderes de los círculos informan sobre su trabajo y compiten por los premios. Los miembros de las compañías afiliadas y los subcontratistas también son invitados a informar sus progresos. Los trabajadores de tiempo parcial en las plantas, en su mayoría amas de casa, con frecuencia se unen a los círculos del CC y a estas mujeres también se les da oportunidad de que informen en la asamblea anual.

Dice Akatsu, "El CC. . . ha llegado a ser la causa de cada trabajador y todos estamos buscando nuevas ideas y mejores formas de satisfacer las exigencias del mercado".

En esta época de incertidumbre me parece que cada compañía debe considerarse así misma en un crucero crítico y es duro ver que cualquier gerente pueda ser indiferente a las posibilidades de este nuevo experimento en administración. ∎

ACTIVIDADES DEL GRUPO PEQUEÑO EN NISSAN CHEMICAL

¿Puede usted pensar en la oportunidad de una inversión que produzca un ROI anual de 500% ¿Y una en la cual no tenga que iniciar un nuevo negocio o introducir un nuevo producto? En apariencia los gerentes de la Nissan Chemical han encontrado justo esa inversión: las actividades del grupo pequeño. Desde 1978, han estado practicando un sistema de sugerencias en toda la compañía basado en los grupos pequeños y su inversión agregada de ¥200 millones, ha producido ahorros en los costos de mil millones.

La Nissan Chemical emplea 2500 personas y produce fertilizantes y productos farmacéuticos′ agrícolas e industriales y otras sustancias químicas. Es una compañía química típica, con una gran inversión en planta y equipo. Los operadores en la planta trabajan tres turnos y están acostumbrados a trabajar en grupos pequeños.

Enfrentada con una declinación en las utilidades en 1977, la administración de la compañía decidió "activar" su fuerza de trabajo y mejorar la productividad con la introducción de un sistema de sugerencias. En los primeros seis meses, el movimiento produjo más de 3000 ideas de los trabajadores. Sin embargo, la mayor parte de estas

(*NISSAN-CHEMICAL—Continua*)

ideas eran nociones individuales e insinuaciones carentes de comprobación real.

Como resultado, la administración inició una amplia campaña en toda la compañía en 1978 llamada el movimiento de "IT". IT representa *ideas* de *todos* los miembros, pero las siglas en inglés también quieren decir en japonés "amor" y suena como las palabras inglesas "oye" y "I" (ai). La campaña está orientada a estimular a todos para que aporten ideas con espíritu de amor fraternal, queriendo decir que es un movimiento por y para los mismos trabajadores y que deben estar alertas a nuevas oportunidades para ejercer este espíritu.

En la formulación de esta campaña, la administración decidió que las sugerencias de los trabajadores debían estar relacionadas con sus propios trabajos. También, en vez de ser justo una idea, cada sugerencia debía incluir una proposición concreta que pudiera ser implantada. Otra de las principales características del movimiento de IT es que está basado en las actividades del grupo. Los trabajadores en el mismo taller forman grupos IT y prometen sugerencias específicas a la administración relacionadas con su trabajo y pueden ser aplicadas en el taller.

El comité central del movimiento de IT se reúne en la oficina central de la compañía y es presidida por el director gerente a cargo del personal. El secretario general para el comité central está ubicado en el departamento de personal en la oficina central y está presidida por los gerentes de plantas y cada sección de personal de la planta sirve como secretaría para su comité. Además, cada sección de la planta tiene un comité seccional encabezado por un jefe de sección.

El comité central promueve las actividades en toda la compañía, edita el *Ai News*, conduce las ceremonias anuales de premiación y patrocina seminarios especiales para los líderes de los grupos de IT. El comité a nivel de planta publica su propio *Plant Ai News*, solicita sugerencias, otorga premios, conduce varios seminarios a nivel de planta y da orientación a las diferentes secciones. Los comités a nivel de sección reciben y revisan las sugerencias y dan ayuda a todos los grupos de IT. Se proporciona un *cuaderno de notas IT* a cada taller para que los miembros puedan anotar cualesquier ideas y sugerencias que puedan tener mientras trabajan.

Por lo general, cada grupo de IT sostiene dos juntas por semana. Es común que el líder del grupo es el miembro de más antigüedad. Sin embargo, los ingenieros de la planta dan consulta siempre que el grupo necesita ayuda técnica.

El grupo típico de cinco o seis miembros produce un promedio anual de tres sugerencias que son en realidad implantadas en el taller.

(NISSAN-CHEMICAL—Continua)

En algunos casos, puede tomar hasta un año para terminar un solo proyecto. Cada sugerencia formal debe incluir no sólo los datos de apoyo y estadísticas, sino también un plan completo para su implantación, con estimaciones del costo así como también estimaciones del esperado mejoramiento en la productividad y ahorro en los costos.

El movimiento de IT ha producido, por un lado, una notable mejoría en la moral del trabajador. Los trabajadores en la planta por lo general eran apáticos si no es que antagónicos, y pocos intentaban mejorar las instrucciones. En las juntas regulares con sus gerentes de sección, con frecuencia presentaban quejas y largas listas de solicitudes mejoramiento que debían hacer la administración, poniendo así al gerente a la defensiva. A su vez, el gerente siempre tenía que explicar por qué no podían hacerse determinadas cosas debido a las restricciones del presupuesto. Desde que se inició el IT, las actividades de grupo, han fomentado un comité conjunto entre todos los miembros.

Antes de que se iniciaran las actividades de grupo, los trabajadores acostumbraban dedicar sus descansos al medio social. Ahora dedican gran parte de su tiempo hablando seriamente sobre la forma de hacer los mejoramientos. Por lo general, los ingenieros están renuentes a tocar las máquinas o hacer cambios, porque no han tenido antes contacto con ellas. Pero los trabajadores de cuello azul que utilizan las máquinas día con día con frecuencia pueden hacer sugerencias fructíferas que en realidad dan resultado. El movimiento de IT ha reducido en forma drástica el número de "espectadores pasivos" y de los "críticos de sillón" en el taller.

Shiro Kashiwagi, representante del gerente de personal dice:

> En realidad, estos trabajadores están volviendo a redactar los manuales. Constantemente llegan con nuevas sugerencias y sus proposiciones suelen llevar a un nuevo y distinto modo de utilizar las máquinas. Cuando las sugerencias dan resultado en una planta, son adoptadas también en otras plantas. En efecto, los procedimientos y manuales de trabajo con frecuencia son vueltos a redactar con la ayuda de las sugerencias de los trabajadores.
> Los ingenieros no siempre saben lo que está sucediendo en el taller. Los manuales en uso a menudo son anticuados o por lo menos no lo bastante prácticos desde el punto de vista del trabajador. Inclusive si los manuales están al día, los trabajadores resienten tener que obedecerlos. Sin embargo, después que han tomado la iniciativa en la nueva redacción de los manuales y hacerlos suyos, están satisfechos al seguirlos.

(*NISSAN-CHEMICAL—Continua*)

Varias veces al año se celebran sesiones de entrenamiento de tres días para los líderes de grupo y facilitadores. Se reúnen todos los participantes y hablan de cosas tales como la forma de definir los temas y de estimular a participar a los miembros menos activos. En términos generales, comparten sus experiencias personales. El mayor beneficio es que se dan cuenta de que todos los compañeros atacan objetivos comunes y que no son ellos los únicos que tienen problemas en el taller. Los gerentes con frecuencia se unen a ellos en tales sesiones.

La Nissan Chemical ha sido afectada seriamente con los costos crecientes de la energía y de los materiales. El vapor, electricidad y petróleo pesado han llegado a ser renglones vitales en los costos. Como resultado de las actividades de los grupos pequeños, los trabajadores han llegado a estar muy conscientes de los costos. "Habiendo estado sumamente involucrados en varios programas para la reducción de costos," dice Kashiwagi, "cada trabajador en el taller conoce los costos del petróleo pesado, electricidad y agua".

Para citar un ejemplo de tales programas, existen varios miles de motores de alto voltaje en uso en la planta y la necesidad de mantener la resistencia en el aislamiento significa que debe mantenerse una corriente de bajo nivel aun cuando estos motores no estén en uso. A nadie le importaba el costo hasta que un grupo de IT decidió estudiar este problema en busca de la forma de reducir el rápido aumento de los costos de la electricidad.

El grupo reunió los datos de un año, tomando en cuenta todos los factores que afectaban a los motores, incluyendo aislamiento, resistencia, humedad e inclusive el clima. Después de analizar los datos, el grupo llegó a la conclusión de que los motores todavía mantendrían el necesario nivel de resistencia en el aislamiento con una corriente intermitente. Como resultado de este descubrimiento, la planta ha podido ahorrar ¥ 3.8 millones (U.S. $15 200) al año en electricidad. Aun cuando el nuevo sistema requirió trabajo adicional y más frecuentes inspecciones por parte de los trabajadores, éstos todavía están felices con el cambio, ya que fue el resultado de sus propias sugerencias. Como hice notar en el Cap. 1 al narrar la historia del té ahorrado a la hora del almuerzo, estas actividades del CC dan a la administración la oportunidad de mostrar su aprecio tanto para el espíritu como para los resultados.

Las sugerencias son proporcionadas en una forma que incluye espacio para un boceto, los beneficios esperados del mejoramiento y del costo estimado de la implantación. El informe anexo a la sugerencia en ocasiones tiene 100 páginas de extensión. Algunas de estas sugerencias son tan fundamentales que debieron haber sido pensadas por el staff de ingeniería de la oficina central.

(NISSAN-CHEMICAL—Continua)

Estas sugerencias se estudian y evalúan de acuerdo con factores tales como sus efectos, orginalidad y esfuerzos requeridos. Las sugerencias implantadas caen en tres categorías generales: (1) ahorros en energía y recursos (48%), (2) mejoramiento en los procedimientos de trabajo y eficiencia (25%), y (3) ahorros en reparaciones y gastos (27%).

Durante los tres primeros años (1978-1980), el movimiento de IT produjo 928 sugerencias y ahorros totales de ¥ 600 millones (U.S. $2.4 millones). El costo de apoyar esta campaña ha sido de ¥125 millones (U.S. $500 000). En 1981, se implantaron 987 sugerencias, llevando a ahorros en los costos de ¥630 millones (U.S. $2.5 millones). El costo del movimiento ese mismo año fue de ¥160 millones (U. S. $640 000), incluyendo el costo de hacer los mejoramientos basados en las sugerencias. El objetivo de la administración para 1982 es para ahorros de ¥1 mil millones (U.S. $4 millones) con una inversión de ¥200 millones (U.S. 800 000) en el movimiento de IT. ∎

ACTIVIDADES DEL GRUPO PEQUEÑO: CAMPAÑAS AD HOC EN HITACHI

Hitachi Denshi, uno de los principales miembros del grupo Hitachi, fabrica artículos tales como cámaras de video y TV, sistemas de radiodifusión y equipos de transmisión y retransmisión. Esta compañía, que emplea a 1580 personas, tiene un único movimiento que abarca a toda la compañía llamado ''Rete a la Cumbre''. El movimiento se inició en 1979 como un medio de activar a la organización y mejorar la productividad.

El movimiento Rete a la Cumbre tiene tres pilares: las actividades del grupo pequeño, un sistema de sugerencias y campañas internas. Los más de 100 grupos pequeños que se han formado en la compañía están activos en el control de calidad y en el desarrollo de los recursos humanos, y el sistema de sugerencias ha aportado un promedio de 22 sugerencias por empleado en 1980.

Las actividades de la campaña interna están conducidas con el fin de captar el ''humor'' de los empleados y generar mejor la comunicación y moral. La administración cree que es importante que las campañas se lleven a cabo constantemente para mantener la moral y el interés del empleado. Shigetsugu Yasumoto, secretario en jefe del movimiento, sostiene juntas anuales con los gerentes seccionales de los principales departamentos para discutir los asuntos de la campaña.

(HITACHI—Continua)

Estas campañas están listadas en cuatro amplias categorías:

1. Crear un taller agradable.
2. Mejorar la salud.
3. Ahorros y reducción de costos.
4. Encontrar soluciones a los problemas existentes.

A diferencia de las actividades de los grupos pequeños, que son conducidas dentro de grupos separados, las actividades de la campaña Reto a la Cumbre están abiertas a todos los empleados que deseen participar. Una vez que ha sido determinado el tema de la campaña por el secretariado de la campaña, se anuncia a toda la compañía a base de juntas regulares cada semana. Además, se fijan boletines de la camña en paredes y en folletos distribuidos a la entrada. En ocasiones, los gerentes de la campaña entregan personalmente los volantes a los trabajadores que llegan a la entrada, permaneciendo junto a los activistas sindicales que están entregando los volantes del sindicato.

Se han conducido más de 50 campañas, que cubren una amplia gama de asuntos, desde que la idea de la campaña se inició por primera vez en 1979 y por lo general, hay más de dos campañas por mes. Los resúmenes que siguen son típicos.

1. Existen más de 2000 luces fluorescentes en la planta. Cada interruptor de pared enciende varias luces, pero con frecuencia sólo se necesitan una o dos luces. Una campaña para instalar un cordón interruptor en cada luz fue iniciada para disminuir este desperdicio de electricidad. Después de que se instalaron los cordones interruptores, los hombres de la campaña formaron patrullas de dos hombres para el receso del almuerzo. Los trabajadores se sorprendieron y se divirtieron al ver a los patrulleros portando carteles con lemas urgiéndolos a apagar las luces no necesarias. Después de repetidos patrullajes y de la colocación de recordatorios en donde no eran apagadas las luces, en realidad los trabajadores se preocuparon más por la conservación. Como resultado de esta campaña, algunos talleres pudieron disminuir su consumo de electricidad en un 30% o más.

2. Se inició una campaña para mejorar la habilidad del trabajador para escribir caracteres chinós. (En el Japón se usan tanto los alfabetos chinos como los japoneses.) Preguntas sobre los caracteres chinos se colocaron en los "boletines murales", con las respuestas cubiertas con un trozo de papel que podía levantarse. El examen re-

(HITACHI—Continua)

sultó ser un pasatiempo favorito en las horas libres para los trabajadores.

Después, muchos empleados aceptaron de buena gana el reto de contestar las 250 preguntas respecto a los caracteres chinos, en una prueba especial de 45 min ofrecida a todos los empleados interesados. Algunas de las respuestas incorrectas más divertidas eran mostradas en el boletín mural. Por ejemplo, existe la expresión japonesa "tan pequeño como la frente de un gato (*hitai*)", pero un trabajador la escribió "tan pequeño como el cuerpo de un gato muerto (*shitai*)."

Al final de la campaña, el secretario hizo arreglos para los empleados interesados para la compra de diccionarios con descuento y se recibieron 648 pedidos (en una fábrica que emplea a 1580).

3. La administración decidió ampliar el presupuesto disminuyendo los nuevos pedidos de papelería. Se inició una campaña para recolectar la papelería no usada y reciclarla para quienes la necesitaran. Más de 3000 artículos fueron reunidos, entre ellos lápices, papel membretado, sobres, carpetas para archivero y borradores, con un total de ¥100000. Algunos gerentes se mostraron satisfechos con este resultado, en tanto que otros estaban molestos al ver que, para comenzar, había mucha papelería aprovechable en la planta. Pero todos se mostraron contentos de ver que la campaña hiciera que muchas personas asearan sus escritorios.

4. Se inició una campaña para hacer que los empleados participaran en una caminata de 43 km. Esta campaña fue un éxito y el secretariado de la campaña procedió a organizar una "excursión a la luz de la Luna" un viernes en la noche con luna llena. Más de 20 empleados llegaron a caminar toda la noche en las montañas cercanas. La excursión resultó muy efectiva para incrementar la solidaridad del grupo y ayudar a los miembros a hacer planes anticipados.

5. Otra campaña exitosa fue la venta de garaje celebrada cada invierno en la planta. Se incitaba a los empleados para que llevaran artículos no necesarios para ponerlos a la venta en la entrada de la planta durante el festival *o-bon dance* de la planta, en el verano que está abierto a la comunidad local. El dinero de estas ventas se dona a la organización para el bienestar local. Estas campañas han sido premiadas con cartas de reconocimiento y otras menciones, las cuales se fijan en las paredes de la compañía.

6. Dos de los medios de comunicación más efectivos para las actividades de las campañas han sido los carteles y boletines murales. Se muestran varios temas de interés, oportunos tales como las últimas

(HITACHI—Continua)

encuestas públicas, estadísticas del gobierno y desarrollos técnicos explicados en lenguaje común.

Algunos temas, como el examen sobre caracteres chinos, son publicados en serie, se incluyen cartones, caricaturas y otras ilustraciones para hacer más interesantes las publicaciones.

7. En una campaña, se sugirió que los documentos por escrito, lo bastante cortos para ajustarse a una hoja de papel, ahorrarían tiempo tanto a los escritores como a los lectores, y también ahorrarían papel y espacio de almacenamiento. Los líderes de la campaña prepararon un manual para ayudar a los trabajadores a mejorar su redacción. Como resultado de esta campaña, se instaló en la conciencia de cada trabajador "el memorándum de una página".

El líder de la campaña, Shigetsugu Yasumoto, dice que una campaña exitosa debe tener las siguientes cualidades:

■ La información debe proporcionarse con regularidad mediante juntas, boletines, volantes y carteles. Las noticias de la compañía deben llevarse con regularidad en el boletín de la compañía. Los líderes de la campaña también necesitan publicar sus propias actividades en una hoja noticiosa por separado.

■ Los resultados de las encuestas y otras actividades de la campaña deben reportarse de inmediato. Usar muchas fotografías para hacerlos interesantes.

■ La campaña debe llevarse en una forma divertida y agradable . Usar cartones, caricaturas y otras ilustraciones tanto como sea posible.

■ Los temas de actualidad deben quedar incluidos. Esto quiere decir que los líderes de la campaña siempre deben estar al corriente de las nuevas historias, anuncios y editoriales que aparezcan en los medios masivos. ■

KAIZEN orientado al individuo

Como lo indica la Fig. 4-1, el tercer nivel es el KAIZEN orientado al individuo, que se manifiesta en la forma de sugerencias. El sistema de sugerencias es un vehículo para llevar a cabo el KAIZEN orientado al individuo y cumplir la máxima de que uno debe trabajar con más habilidad si es que no con más ahínco.

El mejoramiento orientado al individuo tiene oportunidades casi infinitas. Por ejemplo, en las oficinas que utilizan teléfonos con extensiones, un trabajador podría sugerir pintar todos los teléfonos del mismo número con el mismo color por conveniencia. En Canon, un trabajador que estaba utilizando un papel un tanto costoso para limpiar lentes encontró que las torundas de algodón que vendían en el supermercado podián hacer un trabajo mejor y más barato. Muchos de los dispositivos a prueba de tontos en las máquinas se instalaron como resultado de las sugerencias de los trabajadores. En la planta Tochigi de Hitachi, se fija la placa en la máquina en donde se ha instalado un dispositivo a prueba de tontos con el nombre del trabajador y la fecha de su sugerencia para registrar su contribución para la posteridad.

El punto de partida de KAIZEN es que el trabajador adopte una actitud positiva hacia el cambio y mejoramiento de la forma en que trabaja. Si el trabajador trabaja sentado en una máquina y cambia su comportamiento y se coloca de pie ante la máquina, esto es una mejora, ya que gana flexibilidad y puede manejar más de una máquina.

Cuando Taiichi Ohno, el ejecutivo que inició el kamban y "Justo a Tiempo" en Toyota, se convirtió en asesor de la Toyota Shokki (un fabricante de telas para automóviles), encontró que las mujeres desempeñaban sus trabajos sentadas en sus máquinas de coser. De inmediato inauguró un proyecto de mejoramiento e ideó características especiales para cada máquina de coser de manera que se detuviera automáticamente tan pronto como la operación fuera terminada.

Luego se estableció un ciclo para cada trabajadora de manera que pudiera manejar varias máquinas de coser en un ciclo. Esto significó que tenía que cambiar el comportamiento de las trabajadoras, de manera que estuvieran de pie ante sus máquinas y moverse de una máquina a otra con el flujo del trabajo. En la actualidad , una trabajadora cuida de una docena de máquinas, caminando de una máquina a la siguiente, vestida con un cómodo traje deportivo. En las compañías del grupo Toyota, una trabajadora puede manejar hasta 80 máquinas distintas en un ciclo. Tales asignaciones múltiples de trabajo son posibles debido a que la administración ha logrado cambiar el comportamiento de las trabajadoras.

Con frecuencia el KAIZEN orientado al individuo es considerado como un apoyador de la moral y la administración no siempre busca resultados económicos inmediatos de cada sugerencia. La atención y respuesta de la administración son esenciales si los trabajadores se van a convertir en "trabajadores pensantes", buscando siempre una mejor forma de ejecutar su trabajo.

Sistemas de sugerencias

El sistema de sugerencias es una parte integral del KAIZEN orientado al individuo. La alta administración debe implantar un plan bien diseñado para asegurar que el sistema de sugerencias sea dinámico.

Es bien conocido que los conceptos iniciales del control de calidad estadístico y sus implicaciones administrativas fueron llevados al Japón por pioneros tales como Deming y Juran en los años posteriores a la guerra. Menos bien conocido es el hecho de que el sistema de sugerencias fue llevado al Japón más o menos al mismo tiempo por el EDI (Entrenamiento dentro de las Industrias) y la Fuerza Aérea de los EUA. Además, muchos japoneses ejecutivos que visitaron los EUA justo después de la guerra, se enteraron del sistema de sugerencias y lo iniciaron en sus compañías.

El sistema de sugerencias al estilo estadounidense pronto abrió paso al sistema estilo japonés. En tanto el estilo estadounidense enfatizaba los beneficios económicos de las sugerencias y proporcionaba incentivos financieros, el estilo japonés enfatizaba los beneficios para levantar la moral en la participación positiva de los empleados. Con los años, el sistema japonés ha evolucionado en dos segmentos: las sugerencias individuales y las sugerencias de grupo, incluyendo aquellas generadas por los círculos del CC, los grupos de JK (Jishu Kanri o administración voluntaria), los grupos de CD (Cero Defectos), y otras actividades basadas en grupos.

En la actualidad están en operación sistemas de sugerencias en la mayor parte de las grandes compañías manufactureras, y en más o menos la mitad de las compañías pequeñas y de tamaño medio. De acuerdo con la Japan Human Relations Association, los principales temas para sugerencias en los sistemas de sugerencias de las compañías japonesas son (en orden):

Mejoramientos en el trabajo propio.
Ahorros en energía, material y otros recursos.
Mejoramientos en el entorno de trabajo.
Mejoramientos en las máquinas y procesos.
Mejoramientos en artefactos y herramientas.
Mejoramientos en el trabajo de oficina.
Mejoramientos en la calidad del producto.
Ideas para los nuevos productos.
Servicios para y relaciones con el cliente.
Otros.

Matsushita superó las listas de todas las compañías japonesas en el número de sugerencias con más de 6 millones de ellas en 1985. El mayor número de sugerencias hechas en una compañía en un año por un individuo fue de 16821.

Hasta después de ser destronada por Matsushita en 1985, Hitachi ha sido la número uno durante cinco años consecutivos y fue la segunda en 1985 con 4.6 millones de sugerencias. Lejos de desalentarse por caer al segundo lugar, Hitachi dice que esto se debe a haber cambiado su énfasis del número de sugerencias a la calidad de éstas.

Kenjiro Yamada, director gerente de la Japan Human Relations Association, dice que el sistema de sugerencias debe pasar por tres etapas. En la primera etapa, la administración debe hacer toda clase de esfuerzos para ayudar a los trabajadores a proporcionar sugerencias, no importa lo primitivas que sean, para el mejoramiento del trabajo y del taller. Esto ayudará a los trabajadores a observar la forma en que ejecutan sus tareas. En la segunda etapa, la administración debe poner el énfasis en la educación del empleado de manera que los trabajadores puedan proporcionar mejores sugerencias. A fin de que éstos las puedan proporcionar deben estar equipados para analizar los problemas y el entorno. Esto requiere educación. Sólo en la tercera etapa, después que los trabajadores están tanto interesados como educados, debe preocuparse la administración por el impacto económico de las sugerencias.

Esto significa que la administración debe considerar el sistema de sugerencias en términos de un espacio de cinco a diez años. Yamada señala que las dificultades que encuentran la mayor parte de las compañías occidentales se derivan del hecho de que por lo general tratan de ahorrar las etapas una y dos, y se mueven de manera directa a la tercera etapa.

De acuerdo con Yamada, el número promedio de sugerencias por año osciló alrededor de cinco por año hasta mediados de la década de 1950. Desde entonces, el número de sugerencias ha ido aumentando poco a poco. Hoy, el promedio en el sector privado se ha elevado a 19 sugerencias por empleado por año. Este aumento en el número de sugerencias ha sido el resultado de dos desarrollos principales. Primero, se combinó el esquema de sugerencias con las actividades del grupo pequeño. Segundo, los supervisores de primera línea fueron autorizados a estudiar e implantar las sugerencias del trabajador.

En la actualidad, las mayor parte de las sugerencias que tienen impacto económico provienen de grupos, en tanto que las basadas individualmente sirven como apoyadoras de la moral y experiencias educativas.

Yamada cree que el número de sugerencias es más alto en donde las instrucciones de trabajo son rígidas y en donde los trabajadores no rinden toda su capacidad para el trabajo. Dicho de otra manera, las sugerencias sirven para llenar el vacio entre la capacidad de los trabajadores y el trabajo. En consecuencia, las sugerencias son un signo de que el trabajador tiene más habilidad de la que se requiere para el trabajo.

Además de hacer a los empleados conscientes del KAIZEN, los sistemas de sugerencias proporcionan a los trabajadores la oportunidad de hablar con sus supervisores y entre ellos mismos. Al mismo tiempo, proporcionan la oportunidad de que la administración ayude a los trabajadores a tratar con los problemas. De este modo, las sugerencias son una oportunidad valiosa para la comunicación bidireccional tanto en el taller como para el autodesarrollo del trabajador.

Hablando en términos generales, los gerentes japoneses tienen más margen al implantar las sugerencis de los trabajadores que sus contrapartes occidentales. Los gerentes japoneses están dispuestos a ir con el cambio, si éste contribuye en alguno de los objetivos siguientes:

Facilitar el trabajo.
Eliminar la monotonía del trabajo.
Eliminar lo fastidioso del trabajo.
Hacer más seguro el trabajo.
Hacer más productivo el trabajo.
Mejorar la calidad del producto.
Ahorrar tiempo y costos.

Esto está en agudo contraste con la preocupacion casi exclusiva de los gerentes occidentales con el costo del cambio y sus resultados económicos.

EL CASO DE AISIN-WARNER

"La participación positiva en el plan de sugerencias," dice Haruki Sugihara, director gerente de Aisin Warner "hace a cada trabajador consciente del problema y lo ayuda a hacer un trabajo mejor". De acuerdo con Sugihara, la administración debe fomentar la participación haciendo que los trabajadores se sientan libres para hacer toda clase de sugerencias que no cuesta mucho poner en práctica. Puesto que los trabajadores no están acostumbrados a poner por escrito sus ideas, necesitan estar estimulados y entrenados a expresar sus ideas en un trozo de papel (la forma para sugerencias) hasta que se convierte en un hábito. En Aisin-Warner (fabricante de transmisiones automáticas,

(AISIN-WARNER—Continua)

convertidores de torsión y sistemas de sobremarcha), el número promedio de sugerencias por trabajador fue de 127 en 1982. Sobre la base de toda la compañía, esto significa que hubo 223986 sugerencias. De éstas, el 99% fueron realmente implantadas en el lugar de trabajo. Esto está muy por arriba del promedio nacional del 76%.

En 1982, las sugerencias sometidas por los empleados de Aisin-Warner concernían:

Reducción en horas-hombre	39.0%
Mejoramiento de la calidad	10.6
Seguridad	10.5
Mejoramiento y mantenimiento de las instalaciones	8.4
Ambiente e higiene	7.6
Ahorro de materiales	3.9
Mejoramiento del trabajo de oficina	1.7
Otras	18.6

Si la sugerencia de un trabajador no puede ser implantada, la administración explica rápidamente la razón. Las principales categorías de ''sugerencias'' que no están consideradas dentro del marco del sistema de sugerencias son las quejas o demandas dirigidas a la administración, la repetición de temas que ya han sido arreglados o implantados en el lugar de trabajo y las declaraciones de hechos, prácticas, axiomas y trivialidades bien conocidas. La administración considera como responsabilidad del capataz estimular a los trabajadores para que presenten sugerencias basadas en el sistema diseñado por la misma. Esta responsabilidad sube por la línea hacia el supervisor del capataz (jefe de sección) y así sucesivamente. La administración de Aisin-Warner se da cuenta de que el sistema no puede operar con efectividad a menos que el capataz esté dedicado a ayudar y motivar al personal que trabaja bajo sus órdenes. En consecuencia, a cada capataz se le hace responsable del número de sugerencias que genera su personal. Incluso hay competición para la mayor parte de las sugerencias y los capataces con frecuencia dan consultas personales a los trabajadores con una tasa baja de participación.

La administración estimula tanto las sugerencias personales como las de grupo y las primeras representan más de la mitad de todas las sugerencias en la Aisin-Warner en la actualidad. Siempre que el trabajador tiene una sugerencia, la pone por escrito en una forma proporcionada en el lugar de trabajo y la deposita en un buzón. No hay necesidad de entregarla a su capataz en persona.

(AISIN-WARNER—Continua)

Muchas sugerencias pasan tanto por un estudio primario como por otro secundario en su camino para ser aceptadas o no. El estudio primario es conducido por un grupo de capataces y gente de staff en el lugar de trabajo y el estudio secundario lo hace un grupo de los gerentes de departamento y sección.

Como el número de sugerencias aumentó mucho, la administración encontró cada vez más difícil estudiarlas, tomar decisiones y notificar de inmediato a cada individuo. Sabiendo que la atención rápida es esencial para mantener el interés de los empleados en el sistema de sugerencias, Aisin-Warner cambió al procesamiento por computadora en 1978 cuando el procesamiento manual comenzó a tardar dos o tres meses.

Cuando es proporcionada una sugerencia, pasa de inmediato por el primer estudio. Para las sugerencias evaluadas con un valor menor a ¥ 3000 (aproximadamente U.S. $12), la persona que la proporcionó recibe un premio una semana después de ser sometida. Si una sugerencia se valuá con un valor mayor de ¥ 3000, pasa a un estudio secundario y se proporciona el reconocimiento un mes después de haber sido sometida. Todas las sugerencias son procesadas por computadora para calcular el premio. La Fig. 4-4 muestra la forma para las sugerencias utilizada en Aisin-Warner.

Las sugerencias son evaluadas primero asignando puntos a cada sugerencia de acuerdo con el siguiente programa:

Consideración	Puntuación
Creatividad u originalidad	___ entre 20
Esfuerzo en intentar un método nuevo	___ entre 20
Adaptabilidad (¿Es posible el despliegue horizontal?)	___ entre 10
Efecto indirecto (Contribución al mejoramiento de la calidad, seguridad, etc.)	___ entre 10
Efecto económico (Contribución directa al acortamiento de los procesos de trabajo, ahorro de recursos, etc.)	___ entre 40
Puntuación total	___ entre 100

Nombre del individuo o nombre del círculo del CC:	Puesto: Cuellos azul, de oficina, líder de banca, supervisor, capataz o superior	Tema de la sugerencia:

Dibujo esquemático (antes):

Dibujo esquemático (después):

Método antes del mejoramiento:

Problema:

Método después del mejoramiento:

Efecto:

E. Punto:

Cálculos del efecto económico:

Valuación:	Ligera	Regular	Considerable	Mucha	Grande
A. Creatividad	0 1	2 4 6	8 10 12	14 16	18 20
B. Originalidad	0 1	2 4 6	8 10 12	14 16	18 20
C. Adaptabilidad	0 1	2 3	4 5	6 7	8 10
D. Efecto indirecto	0 1	2 3	4 5	6 7	8 10

F. Pertinencia al puesto		Trabajador de cuello azul	De oficina	Líder de banco	Supervisor y superior
Sitio de trabajo propio	Grande	–	0.5	0.5	0.3
	Mediano	1.0	0.8	0.7	0.5
	Pequeño	1.0	0.9	0.9	0.7
Otro sitio de trabajo		1.1	1.0	1.0	0.9

Puntos totales: (A + B + C + D + E) × F =

Comentario del revisor:

Firma:

Fig. 4-4 Forma para las sugerencias de Aisin-Warner.

Total de puntos	Premio	Efecto económico anual
	*	*

Resultado del estudio:
1. Adoptada
2. Considerada
3. Abstenida
4. Rechazada

Evaluación:
1. Premio del Presidente
2. Premio del Presidente del Comité
3. Premio por la idea
4. Premio A
5. Premio B
6. Premio C

Fecha	Clave del sitio de trabajo	Clave del nombre y del círculo del CC

Clasificación:
1. Fecha de ejecución
2. No ejecutada (fecha de programación)

Mira de la sugerencia:
1. Reducción en horas-hombre
2. Ahorro de material
3. Mejoramiento de la calidad y el desempeño
4. Mejoramiento del trabajo de oficina
5. Higiene del ambiente
6. Seguridad
7. Mantenimiento y mejoramiento de la instalación
8. Otros

Autoevaluación por el individuo: * _____

Fig. 4-4 (continuación).

(AISIN-WARNER—Continua)

Obsérvese que se usan tanto los criterios P como los criterios R para los propósitos de la evaluación y que están asignados valores numéricos a cada concepto, significando su importancia vista por la administración.

Esta puntuación se multiplica entonces por la posición múltiple, que varía del 1.1 a 0.3, según se muestra en la forma para las sugerencias. A continuación se otorgan los premios. La tabla que sigue muestra, el nombre, puntuación y monto del premio para cada categoría.

Nombre y categoría del premio	Puntuación	Premio (¥)	Premio ($)
Premio del Presidente	Más de 56	30 000-300 000	120-1 200
Premio del Presidente de Comité	36-56	7 000-20 000	28-80
Premio por la idea	Creatividad + Esfuerzo = más de 32	Recuerdo con valor 5000	Recuerdo con valor de 20
Premio Grado A	19-35	1500-5000	6-20
Premio Grado B	7-18	500-1000	2-4
Premio Grado C	1-6	200-300	0.80-1.20

Suponiendo que la sugerencia haya sido hecha por un trabajador de cuello azul, que su puntuación total haya sido 40 y que su sugerencia tenga una aplicación media en su propio lugar de trabajo, su puntuación será multiplicada por 1.0. Por otra parte, si esta misma sugerencia fue hecha por un líder de banco, la puntuación se multiplicaría por 0.7

En Aisin-Warner, el sistema de sugerencias ha sido ampliado para incluir también a las familias de los empleados. De vez en cuando se conducen campañas para fomentar las sugerencias de los miembros de las familias respecto a los mejoramientos en el hogar. Muchas de estas sugerencias son ideas deliciosas para hacer más divertida la vida familiar. Las sugerencias presentadas en fecha reciente incluyen una de uno de cuatro años de edad, reescrita por su madre. La administración ofrece premios simbólicos a estas sugerencias familiares que

(AISIN-WARNER—Continua)

se cree son en especial merecedoras y éstas se exhiben en el salón de juntas de la compañía, junto con las sugerencias de los empleados, para que puedan compartirse.

Otra característica del sistema de sugerencias de la Aisin-Warner es que los resultados de las sugerencias son desplegadas horizontalmente a otras compañías del grupo Aisin que abastecen de productos a la Toyota Motor. Las compañías del grupo Aisin publican con regularidad la revista *Idea*, que informa de las sugerencias hechas en las compañías del grupo y da ejemplos específicos de mejoramiento y programas para las campañas promocionales. También hay juntas regulares de enlace para discutir el sistema de sugerencias (para un mutuo esclarecimiento) y eventos patrocinados por el grupo, tales como recabar ideas para carteles y lemas (a fin de aumentar la solidaridad entre los empleados). ▪

EL SISTEMA DE SUGERENCIAS DE CANON

Según se muestra en la gráfica de la estructura del SCP (Sistema Canon de Producción) en el Apéndice G, el sistema de sugerencias, junto con las actividades del grupo pequeño, las actividades de "limpie su taller" y convenciones y juntas de informes, es un instrumento integral para alcanzar las metas del SCP. El sistema de sugerencias de Canon se extiende a todos los empleados y trabajadores temporales, con exclusión de los gerentes. También se estimulan las sugerencias conjuntas y de grupo.

Cualquier sugerencia para mejorar el lugar de trabajo es bien recibida, ya sea que la sugerencia se relacione directamente o no al propio taller. Sólo son rechazadas las siguientes clases de sugerencias:

1. Sugerencias para nuevos productos (Canon tiene un plan distinto de sugerencias para manejar éstas).
2. Sugerencias con respecto a la administración de personal y condiciones de trabajo.
3. Quejas y agravios.
4. Sugerencias sobre cosas que deben hacerse a nivel superior.
5. Sugerencias demasiado vagas o imposibles de implantar.
6. Plagios.

(CANON—Continua)

En 1983, los empleados de Canon proporcionaron un total de 390 000 sugerencias con un valor estimado de ¥ 19.3 miles de millones (U.S. $84 millones). El total de gastos en el sistema de sugerencias fue de ¥250 millones (U.S. $1.08 millones), significando que el beneficio fue de 77 veces. El ahorro total anticipado del SCP fue de ¥24 mil millones (U.S. $100 millones) en 1983. Sin embargo, debe observarse que existe cierto traslape entre los efectos de las sugerencias y los ahorros del SCP, ya que los dos sistemas representan formas distintas de considerar los ahorros logrados.

El empleado presenta su sugerencia por escrito en la forma para sugerencias (véase la Fig. 4-5), que cuenta con espacio hasta para cinco sugerencias. Esta sencilla forma para las sugerencias fue adoptada en 1978 para facilitar a los trabajadores la presentación de sus sugerencias y el número de ellas por trabajador ha aumentado en forma considerable desde su adopción.

El capataz estudia la forma y de inmediato toma las medidas necesarias para implantar las ideas por abajo del Grado E. Con frecuencia, la sugerencia se hace de manera verbal y se presenta por escrito después de que ha sido implantada. Puesto que la sugerencia se relaciona con el taller, el capataz puede ver con facilidad las implicaciones de ésta. Al día siguiente o tres días cuando más tarde, el capataz inicia la forma y la regresa al individuo para que la presente.

Si la idea es clasificada como D o más, el empleado la vuelve a escribir en la forma para sugerencias avanzadas (véase la Fig. 4-6) y la presenta otra vez para el estudio del comité departamental y del comité de toda la planta. Después, la sugerencia se remite al comité central para la evaluación anual. Los Grados E e inferiores son manejados por el comité seccional (departamental).

Las categorías llevan premios en efectivo:

Puntuación	Grado	Premio (¥)	Premio($)
5	A	50 000	200
4	B	20 000	80
3	C	10 000	40
2	D	5 000	20
1	E	2 000	8
0.33	F	1 000	4
—	G	500	2

Depto./Sección

Nombre y clave

☐ Trabajador
☐ Supervisor o superior

Núm.

Tema:

Fecha:

Núm.

Amerita la forma de colocación avanzada	Premio E (¥ 2 000)	Buena (¥ 1 000)	Regular (¥ 500)	Adoptada	No adoptada	Pendiente	Implantada / No implantada aún	Firma del revisor

Premio de CANON por la participación en las sugerencias

Cupón ¥ 150

Firma del secretario de la sección

Fig. 4-5 *Forma de las sugerencias de Canon (forma simplificada).*

Horas anuales ahorradas:

Antes del mejoramiento (E) — Después del mejoramiento (E) = _____ Horas

Esta sección debe ser llenada por la persona a cargo del sistema de sugerencias.

Se usó el presupuesto de ahorro de labor. Sí ___ No ___

1. Esta sugerencia va a ser implantada como el _____
2. Costo estimado de implantar esta sugerencia: ¥ _____
3. Comentarios:

Cálculo del costo (Secciones de Ingeniería y Contabilidad):

Practicabilidad (Secciones de Ingeniería, Diseño de Máquinas, y otras):

Si es adoptada su sugerencia, le será otorgado el premio que sigue:

Premio A (¥ 50 000) Premio D (¥ 5 000)
Premio B (¥ 20 000) Premio E (¥ 2 000)
Premio C (¥ 10 000)

Fig. 4-6 Forma para las sugerencias de Canon - Colocación avanzada (para el mejoramiento del trabajo).

Fecha:

Sección:		☐ Trabajador ☐ Administración	Nombre y clave

Tema:

Razón para la sugerencia (¿Por qué se requiere la sugerencia? ¿Cuál es el procedimiento actual?)

Sugerencia:

Efectos esperados de la sugerencia:

	Categoría	Antes del mejoramiento	Después del mejoramiento
A.	Días de trabajo al año	días	días
B.	Personal/día	personas	personas
C.	Horas de trabajo/día	horas	horas
D.	Total de horas de trabajo (B x C)	horas	horas
E.	Horas de trabajo al año (A x D)	horas	horas

* Para los conceptos que no pueden expresarse en horas, sírvase anotar el mejoramiento de la calidad, prevención de accidentes, eliminación de partes, etc.

Fig. 4-6 (Continuación)

(CANON—Continua)

Aun cuando la sugerencia sea rechazada, el empleado recibe el cupón con valor de ¥ 150 (originalmente fijado como el precio de un paquete de cigarrillos), que puede utilizar para comprar mercancía en la cooperativa de la compañía. Algunos empleados se han administrado para comprar líneas completas de aparatos eléctricos presentando cientos de sugerencias cada año.

Con el fin de promover la participación activa del trabajador, los gerentes y supervisores de Canon siguen varias guías:

1. Mostrar siempre una respuesta positiva a las sugerencias para el mejoramiento.
2. Ayudar a los trabajadores a escribir con facilidad y darles sugerencias útiles sobre su trabajo.
3. Tratar de identificar incluso la más ligera incoveniencia para los trabajadores. (Esto requiere una comunicación muy buena entre superior y el -subordinado.)
4. Aclarar muy bien la meta. Por ejemplo: ¿Cuántas sugerencias necesitamos este mes? ¿En que área (calidad, seguridad, etc.) necesitamos trabajar ahora?
5. Usar competencias y juegos para despertar el interés, tales como exhibición de cédulas de logros individuales.
6. Implantar las sugerencias aceptadas tan pronto como sea posible. Entregar los premios antes del día de pago.

Otra característica exclusiva del sistema de sugerencias de Canon es el sistema de premios vitalicio acumulativo. A cada sugerencia se le da un determinado número de puntos y cada año se otorga el Premio del Presidente a las 20 personas que han acumulado más puntos desde la instalación del sistema. Cada beneficiario recibe ¥ 300 000 (U.S. $1 350) y una medalla de oro. Como esto puede ser un poco repetitivo, también hay premios del Presidente para los máximos puntos en un año dado. Las primeras 30 personas reciben ¥ 100 000 (U.S. $450) y medallas de plata.

Cada empleado de Canon recibe un cuaderno de notas del SCP, un libro de bolsillo de 55 páginas que explica el SCP, la forma de establecer las metas de KAIZEN y el sistema de recompensas. Estos cuadernos de notas del SCP también tienen páginas especiales tituladas "Mis metas de autodesarrollo -método, herramientas e inversión" para ser llenadas por el trabajador.

El Apéndice G proporciona más detalles sobre la forma en que el Sistema Canon de Producción estimula el KAIZEN. ∎

5

Administración de KAIZEN

La administración funcional transversal y el despliegue de la política son dos conceptos administrativos clave que apoyan a la estrategia del CTC. Como se mencionó con anterioridad, en el pensamiento del CTC, el trabajo de la administración se divide en dos áreas: (1) mantenimiento administrado del desempeño actual del negocio para lograr resultados y utilidades y (2) "administración de KAIZEN" para el mejoramiento de procesos y sistemas. La administración de KAIZEN se relaciona tanto con la administración funcional transversal como con el despliegue de la política.

La administración funcional transversal se relaciona con la coordinación de las diferentes unidades para realizar las metas funcionales transversales de KAIZEN, y el despliegue de la política con las políticas de implantación para el KAIZEN.

En muchas compañías, administrar significa en primer lugar lograr que la política de la alta administración se filtre hacia la organización de línea, como se muestra en el lado del mantenimiento de la Fig. 5-1. Si existe un conflicto entre unidades en asuntos tales como calidad y costo, con frecuencia se arregla por las políticas internas. En el CTC, las metas funcionales transversales del CCP (Calidad, Costo y Programación) están claramente definidas como superiores a las funciones de línea tales como diseño, producción y mercadotecnia. En consecuencia, la posición de las metas funcionales transversales como metas de rango superior necesita un nuevo enfoque de sistemas para la toma de decisiones. Es para satisfacer esta necesidad que se han desarrollado los conceptos y prácticas tanto de la administración funcional transversal como del despliegue de la política. Dentro de este contexto, "calidad" concierne a la construcción de un mejor sistema para el aseguramiento de la calidad; el "costo" concierne a la construcción de un sistema para identificar los factores del costo y a la reducción de los costos; la "programación" se refiere a la construcción de un sistema mejor tanto para la entrega de pedidos como para la cantidad.

Como se muestra en el lado de KAIZEN de la Fig. 5-1, la meta de KAIZEN es conducida a las organizaciones de línea (funcionales) mediante el despliegue de la política en dos formas: de manera directa a través de los gerentes de línea o indirecta a través de las organizaciones funcionales transversales.

Las actividades del grupo pequeño (tales como los círculos del CC) y los planes para fomentar las sugerencias individuales apoyan las actividades de KAIZEN a nivel del lugar de trabajo y los objetivos de estas actividades son fijadas por el despliegue de la política.

La dedicación de la administración a los conceptos clave de manejo de la administración funcional transversal y el despliegue de la política está expresado en las direcciones proporcionadas por la alta administra-

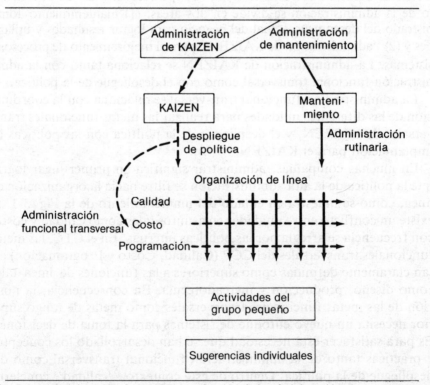

Fig. 5-1 Administración de KAIZEN en función de la administración de mantenimiento.

ción. Esta por lo general formula sus políticas o metas anuales al principio del año sobre la base de los planes y estrategias a largo plazo. Tal formulación también abarca dos principales categorías de metas: (1) las metas relacionadas con factores tales como utilidades, y productos y (2) las metas relacionadas con los mejoramientos generales en los distintos sistemas y actividades funcionales transversales de la compañía.

En el Japón, el término "política" se usa para describir las orientaciones de alcance largo y medio así como las metas u objetivos anuales. En consecuencia, la palabra política, como se usa en el CTC se refiere tanto a los objetivos de largo alcance como a las metas anuales.

Otro aspecto de importancia de la política es que está compuesta tanto de objetivos como de medidas, tanto de fines como de medios. Las metas por lo general son cifras cuantitativas establecidas por la alta administración, tales como las metas para las ventas, utilidades y participación en el mercado. Por otra parte, las medidas son programas de acción específicos para alcanzar estas metas. Una meta que no esté expresada en términos de tales medidas específicas es sólo un lema. Por lo tanto, es imperativo que la alta administración determine tanto las metas como las medidas y luego las "despliegue" en toda la organización.

Aun cuando alcanzar las metas de resultados por lo general tiene prioridad como el principal objetivo para los gerentes, la meta de fortalecer y mejorar la organización y sus sistemas no es de menos importancia. El primero es una respuesta de la compañía a los requisitos externos, tales como las presiones de los accionistas por las utilidades; la última por lo común es un movimiento autogenerado para el mejoramiento en la cultura, química y competitividad general de la compañía. En la estrategia del CTC, estas dos metas principales de utilidades y KAIZEN están entrelazadas, y el ciclo de PHRA se aplica tanto en el despliegue de la política como en la administración funcional transversal. Ambos de estos conceptos administrativos son formulados (planificados), desplegados (hechos y revisados) y auditados (ejecutados para el mejoramiento).

Administración funcional transversal

Una empresa está organizada en funciones verticales, tales como IyD, producción, ingeniería, finanzas, ventas y servicios administrativos. A través de tal organización por funciones, se delegan responsabilidades y se buscan las utilidades.

Entre los objetivos del CTC no sólo está incrementar las utilidades sino también los mejoramientos generales en áreas tales como educación del empleado, satisfacción del cliente, servicios al cliente, seguridad de la calidad, control de costos, volumen, control de las entregas y desarrollo de nuevos productos. Estos objetivos requieren esfuerzos funcionales transversales que corten en forma horizontal toda la organización. En la actualidad es casi un estereotipo decir que el departamento de control de calidad o de aseguramiento de la calidad no puede por sí solo obtener la calidad deseada. Todos los departamentos funcionales deben estar involucrados. Por lo tanto, la administración funcional transversal es una de las principales herramientas para realizar el mejoramiento de los objetivos del CTC.

Muchos altos gerentes dicen que la misión de su compañía es proporcionar productos de calidad que satisfagan las necesidades de sus clientes. Pero incluso si aceptamos éstos en su valor nominal, ¿qué tan alto debe estar la calidad en la jerarquía de las varias metas organizacionales? La compañía tiene muchas metas que alcanzar, como la de maximizar las utilidades de los accionistas, proporcionar empleo a su personal, producir bienes y servicios para satisfacer las necesidades del cliente, y servir a la comunidad en la cual opera. Por el lado interno, la administración de línea y el staff son responsables de llevar a cabo las misiones de sus respectivos departamentos, como ingeniería, producción, mercadotecnia y administración.

¿Dónde debe colocarse la calidad entre estos objetivos internos y externos en ocasiones conflictivos? La jerarquía de las varias metas administrativas respecto a las metas funcionales transversales fue descrita con claridad por Shigeru Aoki, principal director gerente en Toyota Motor, al explicar la filosofía empresarial de Toyota:

La meta final de la compañía es obtener utilidades. Suponiendo que ésta es autoevidente, entonces la siguiente meta de "orden superior" de la compañía deben ser las metas funcionales transversales tales como calidad, costo y programación (cantidad y entrega). Sin la realización de estas metas, la compañía quedará detrás de la competición debido a la calidad inferior, encontrará sus utilidades erosionadas por costos más elevados y será incapaz de entregar sus productos a tiempo a los clientes. Si se realizan estas metas funcionales transversales, las utilidades seguirán.

En consecuencia, debemos considerar todas las demás funciones administrativas como que existen para servir a los tres objetivos de orden superior de CCP (Calidad, Costo y Programación). Estas funciones administrativas auxiliares incluyen la planificación del producto, diseño, producción, compras y mercadotecnia, y deben considerarse como medios secundarios para realizar la CCP.

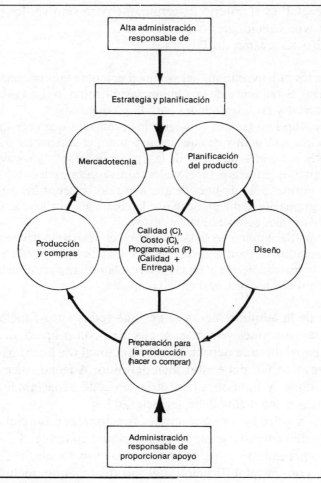

Fig. 5-2   La rueda de CCP.

La Fig. 5-2 muestra la relación entre las actividades funcionales transversales y otras actividades funcionales. Como lo muestra este diagrama, estamos tratando con una rueda de PHRA para el mejoramiento, giran-
do siempre con CCP* en el centro. La estrategia y la planificación de la
compañía preceden a las metas funcionales transversales y se ejecutan
otras actividades funcionales para servir a estas metas. Otro aspecto de

*En el Japón, el término CCE se usa con frecuencia en vez de CCP, la E significando entrega,
pero el compromiso del volumen a los clientes es incluido a menudo en la entrega para hacer los
dos términos virtualmente intercambiables. Aunque los términos son válidos por igual, la CCP se
usa a través de este libro para evitar confusiones.

la rueda de CCP es el criterio determinante para resolver los problemas administrativos funcionales transversales.

Zenzaburo Katayama de Toyota dice:

> Cubrir los objetivos tanto del volumen como de la programación de las entregas es tan parte de la administración como lo son las personas, el capital y las instalaciones para la producción.
>
> Si los clientes no pueden conseguir los productos que necesitan en el volumen que necesitan y cuando los necesitan, el sistema ha fracasado. Este es el significado pleno de la "programación", y todavía se requieren grandes esfuerzos funcionales transversales para cubrir las metas de la misma. Sólo después de que han sido resueltos los problemas de la programación debe preocuparse la compañía por los factores competitivos tales como calidad y costos.
>
> Así como debe mantenerse la calidad en el desarrollo del producto, en los preparativos para la producción, en las compras, en la producción, en la mercadotecnia y en el servicio, la programación debe mantenerse en todos los procesos en la compañía.

El trabajo de la administración es ver que todas estas funciones transversales y las funciones verticales se ejecuten con propiedad. Aoki afirma que el papel de cada departamento funcional (de línea) para cumplir los objetivos de CCP debe estar bien definido. Además, dice que la clase de actividades y funciones necesarias en cada departamento de línea para alcanzar estas metas debe ser aclarada.

La relación entre las organizaciones funcionales y funcionales transversales pueden entenderse mejor con la matriz en la Fig. 5-3. Las líneas verticales representan varios departamentos funcionales (de línea) que principian con la planificación del producto, que incluye diseño, compras, manufactura y ventas. Las líneas horizontales representan las principales metas funcionales transversales de calidad, costo y programación. Estas actividades funcionales cruzadas cortan a través de todos los departamentos de línea con diversos grados de impacto.

Es natural que los gerentes de departamento tiendan a colocar la prioridad en las funciones de sus propios departamentos. Sin metas funcionales transversales, los departamentos con voz más alta tienden a ganar las negociaciones interdepartamentales, sin tomar en cuenta el impacto de las metas de toda la compañía. Por ejemplo, en el caso de la introducción de un producto nuevo, el personal de ingeniería prepara las especificaciones y los dibujos basado en la información obtenida de su personal de mercadotecnia (si es que no de su propia imaginación) y luego las plantan al personal de producción, quienes dicen que no

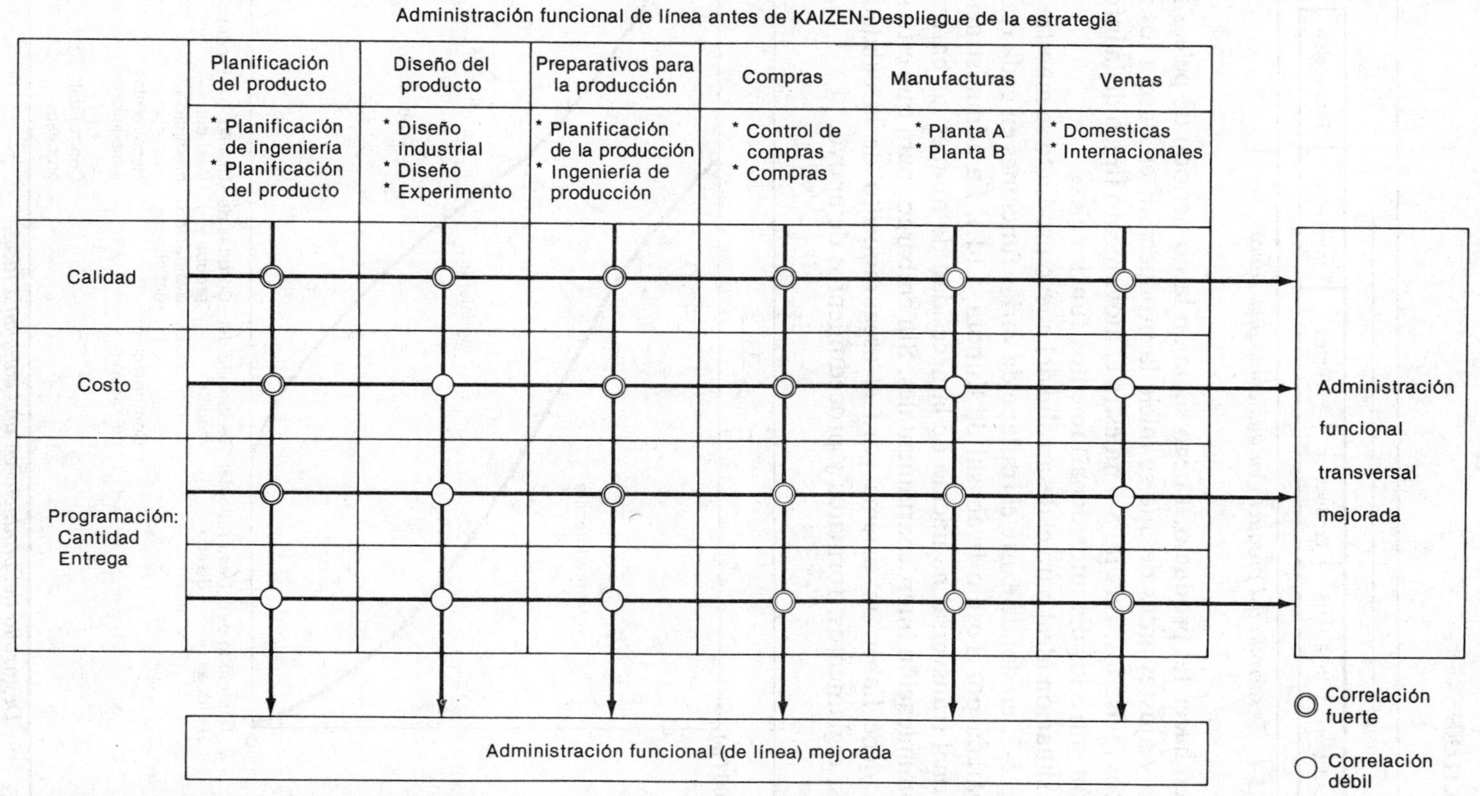

Administración funcional de línea antes de KAIZEN-Despliegue de la estrategia
Planificación del producto
* Planificación de ingeniería
* Planificación del producto
Diseño del producto
* Diseño industrial
* Diseño
* Experimento
Preparativos para la producción
* Planificación de la producción
* Ingeniería de producción
Compras
* Control de compras
* Compras
Manufacturas
* Planta A
* Planta B
Ventas
* Domesticas
* Internacionales
Calidad
Costo
Programación: Cantidad Entrega
Administración funcional transversal mejorada
Administración funcional (de línea) mejorada
Correlación fuerte
Correlación débil

Fig. 5-3 Matriz funcional con respecto a la funcional transversal.

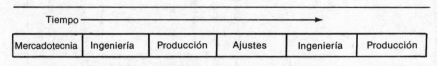

Tiempo ⟶

| Mercadotecnia | Ingeniería | Producción | Ajustes | Ingeniería | Producción |

Fig. 5-4 Desarrollo del producto en una compañía típica.

pueden hacer tal producto. Luego sigue un largo periodo de peleas internas y ajustes antes de que se inicie la producción, en base a los requisitos revisados. La Fig. 5-4 muestra el movimiento típico de la información entre los distintos departamentos funcionales.

La situación ideal para el desarrollo del nuevo producto se muestra en la Fig. 5-5, en donde existe el traslape de varias funciones en cada etapa (preparada por Toshio Iwahashi de Kubota, Ltd.). La administración funcional transversal ha nacido de la necesidad de romper las barreras de comunicación interdepartamentales. Sin embargo, para que esto suceda, debe haber un sistema para el aseguramiento de la calidad y reglas, reglamentos, formatos y procedimientos de apoyo.

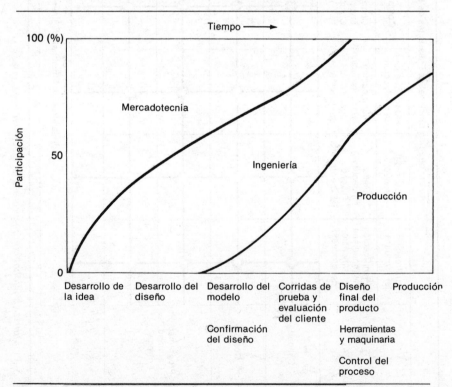

Fig. 5-5 Desarrollo del producto en una compañía ideal.

En esta forma, la introducción de las metas funcionales transversales ayuda a los gerentes a mantener un equilibrio adecuado en su trabajo, con la meta final de CCP. Si las metas funcionales transversales se establecen como metas de orden superior en la compañía, se comprende que las varias metas de la compañía deben ser determinadas en el orden que sigue:

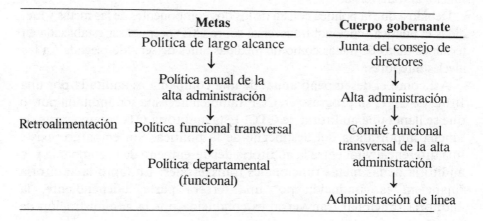

	Metas	**Cuerpo gobernante**
	Política de largo alcance ↓	Junta del consejo de directores ↓
	Política anual de la alta administración ↓	Alta administración ↓
Retroalimentación	Política funcional transversal ↓	Comité funcional transversal de la alta administración
	Política departamental (funcional)	↓
		Administración de línea

Las metas funcionales transversales deben ser determinadas *antes* de determinar las metas departamentales. La alta administración o el comité funcional transversal deben determinar las metas para cada función transversal de calidad, costos y programación. Este comité está organizado a nivel de la alta administración y su papel es establecer metas funcionales transversales y medidas. Temas tales como el desarrollo del nuevo producto, instalaciones, producción y ventas también se tratan según se relacionen con CCP.

En Toyota, todos los miembros del comité funcional transversal son miembros del consejo que representan a los departamentos involucrados en una función cruzada en particular, como la calidad. Las metas y medidas determinadas en la junta del comité llevan casi el mismo peso que las que salen de la junta del consejo, ya que el comité funcional transversal es segundo en importancia después del consejo. Existen unos 10 miembros en cada comité y cada uno está encabezado por un funcionario principal designado por el presidente.

En otras compañías, el comité funcional transversal suele ser encabezado por el presidente o por su segundo o tercero en el mando. Por lo general, las juntas se celebran cada mes. Dependiendo del tamaño de la compañía y del número de miembros del consejo, el comité funcional transversal en ocasiones está compuesto tanto de miembros del consejo como de gerentes departamentales. Con frecuencia, el departamento de CTC o el departamento de aseguramiento de la calidad actúan como secretarías para el comité funcional transversal.

La administración funcional transversal se ocupa en la formación de un buen sistema para la calidad, costos y programación. Esta última se refiere a cumplir con las metas de volumen y entrega. El trabajo de cada departamento funcional es operar de acuerdo con las metas establecidas por el comité funcional transversal.

Debido a que la política consta de los dos componentes de las metas y medidas la política funcional transversal sobre CCP necesita ser establecida en términos tanto de metas como de medidas antes de ser "desplegada" a los niveles inferiores.

Así como el desempeño anual de una compañía es auditada por una firma de CPT, su progreso en CCP también necesita ser auditada por lo que se llama una auditoría de CTC. Esta auditoría CTC es una parte de mucha importancia del despliegue de la política. Sin embargo, existe una diferencia vital entre la auditoría del desempeño de la compañía y la auditoría de las metas funcionales transversales. En tanto la auditoría financiera es conducida por una tercera parte independiente, la auditoría funcional transversal es conducida por la administración de línea.

Una auditoría funcional transversal principia con la auditoría de las divisiones por la alta administración, después de lo cual los gerentes divisionales practican la auditoría a sus subordinados. Este proceso de practicar la auditoría del progreso hecho para alcanzar las metas funcionales transversales debe tener lugar en todos los niveles a través de la organización.

La administración funcional transversal se ha convertido en parte integral del CTC en el Japón y es activamente promovida por todas las compañías japonesas que han introducido el CTC. En forma básica, la razón de ser de la administración funcional transversal es buscar formas de mejorar las actividades de la compañía, tanto vertical como horizontalmente.

ADMINISTRACION FUNCIONAL TRANSVERSAL EN TOYOTA

Toyota fue la primera en el Japón con administración funcional transversal, la cual emergió en 1962 por las dos necesidades siguientes: (1) la necesidad de que la alta administración aclarara sus metas de la calidad y las desplegara a todos los empleados en todos los niveles, y (2) la necesi-

(TOYOTA—Continua)

dad de establecer un sistema de estrecha coordinación entre los distintos departamentos.

Shigeru Aoki de Toyota dice:

> El concepto del control de calidad estadístico es algo que puede ser aplicado en forma independiente en cada departamento, como el departamento de inspección y el departamento de manufactura. Sin embargo, el CTC es una campaña que abarca a toda la compañía, que involucra a todo departamento dentro de la compañía para que realice metas en forma directa. Por ejemplo, en el caso de la calidad, el departamento de ventas aclara la calidad que satisface a los clientes. El departamento de diseño incorpora la calidad en el diseño y luego, el trabajo de realizar la calidad pasa a través de etapas tales como la preparación de la producción, compras y manufactura. En otras palabras, todos estos departamentos funcionales están coordinados para realizar la meta funcional transversal de la calidad. El propósito de la administración funcional transversal es alcanzar estas metas en forma efectiva.

En Toyota, tanto la calidad como el costo están considerados como metas primarias de la administración. Como herramientas para las actividades funcionales transversales, Toyota ha desarrollado reglas detalladas tanto para el aseguramiento de la calidad como para el control de costos.

Toyota divide el flujo de las actividades funcionales transversales, desde la planificación del producto hasta las ventas en los ocho pasos siguientes:

1. Planificación del producto.
2. Diseño del producto.
3. Preparación para la producción.
4. Compras.
5. Producción a plena escala.
6. Inspección.
7. Ventas y servicios.
8. Auditoría de la calidad.

En cada uno de estos ocho pasos, las reglas indican los departamentos funcionales (de línea) que están involucrados y qué personal es el responsable del control de costos o del aseguramiento de la calidad en esa etapa en particular. Las reglas también anotan los conceptos específicos que deben asegurarse y designa las actividades específicas que deben seguirse para el control de costos y el aseguramiento de la calidad.

La forma en que se usan estas reglas se explica a continuación tomando ejemplos del aseguramiento de la calidad. De manera que todos en la compañía lo entiendan de la misma manera, las reglas definen el asegura-

(*TOYOTA—Continua*)

miento de la calidad como "el asegurar que la calidad del producto sea satisfactoria, confiable y al mismo tiempo económica para el cliente". Toyota ha desarrollado una lista de actividades para el AC que deben desempeñarse en cada departamento funcional (véase la Fig. 5-6). La Fig. 5-7, que está anexada a las reglas, da la muestra de una lista de actividades para el aseguramiento de la calidad en la etapa de planificación del producto. Observe que tanto el personal a cargo de cada etapa y los conceptos que deben revisarse están anotados. La meta dominante es nunca causar inconveniencias a los clientes corriente abajo.

Existe una creencia fundamental en Toyota de que cualesquier defectos serios en el sistema de administración tienden a mostrarse en la calidad. Otros problemas funcionales transversales tales como costo, pueden ocultarse por algún tiempo antes de que sean conocidos. Sin embargo, no hay forma de ocultar la mala calidad resultante de la mala administración.

De acuerdo con Aoki, cada departamento funcional tiene varias responsabilidades funcionales transversales y cada función cruzada atraviesa varios departamentos. En forma similar, como regla, varios miembros del consejo están involucrados en las mismas actividades funcionales transversales y cada miembro del consejo, a cargo de una función particular, tiene varias responsabilidades funcionales transversales.

Los comités funcionales transversales de los directores a cargo forman el núcleo de la administración funcional transversal en Toyota. De hecho, éstas son las únicas organizaciones oficiales que tratan con la administración funcional transversal y sólo tratan con la planificación (la verdadera implantación estando a cargo de cada departamento de línea).

Cada comité tiene unos 10 miembros y está encabezado por el director principal más interesado en la función transversal particular. Por ejemplo, el comité funcional transversal en calidad está encabezado por el director a cargo del aseguramiento de la calidad.

Típicamente, las metas funcionales transversales son fijadas después de que las metas anuales de la compañía han sido determinadas para conceptos tales como el número de automóviles que serán producidos y la tasa de utilidades.

Los principales temas que se tratan en el comité son:

1. Establecimiento de la meta.
2. Planificación de las medidas para alcanzar la meta.
3. Planificación de nuevos productos, instalaciones, producción y ventas.
4. Otros temas de importancia presentados a la atención del comité.

(*TOYOTA—Continua*)

Paso	Persona responsable del AC	Principales actividades de la SC	Contribución a la calidad
Planificación del producto	Gerente General, Depto. de Ventas.	Pronóstico de la demanda y participación en el mercado.	*
	Ingeniería, Oficina de Planificación del Producto	Procurar la calidad requerida por el mercado. • Establecer y distribuir las metas de calidad y costos óptimos • Prevenir la recurrencia de los principales problemas de la calidad.	***
Diseño del producto	Gerente General, Oficina de Planificación del Producto	Diseño de prueba. • Evaluar la adaptabilidad a las metas de calidad.	***
	Gerentes Generales, Deptos. de Ingeniería	• Probar y estudiar el desempeño, función y confiabilidad.	**
	Ingeniero en Jefe, Oficina de Planificación del Producto	• Diseño de producción (confirmar las condiciones necesarias para el AC).	**
Preparativos para la producción	Gerente de Ingeniería de Producción	Formular procesos que satisfagan la calidad del diseño.	***
	Gerente General del AC	Preparar pruebas automovilísticas óptimas.	**
	Gerentes de Inspección (Planta)	Evaluar el modelo de prueba.	**
	Gerentes del Depto. de Producción	Estudiar y sugerir el plan inicial y del control del proceso de rutina. Asegurar la capacidad del proceso.	* ***

Fig. 5-6   Lista de actividades funcionales transversales del AC para cada departamento.

(TOYOTA—Continua)

Paso	Persona Responsable del AC	Principales actividades del AC	Contribución a la calidad
Compras	Gerentes de Compras	Confirmar la capacidad cualitativa y cuantitativa de los proveedores.	*
	Gerente General de AC		
	Depto. de Inspección, Gerente General (Planta)	Revisar la acción de la calidad de la manufactura probando los abastos iniciales.	*
	Gerente General de AC	Ayudar a los proveedores a fortalecer sus sistemas de AC	*
Producción	Gerente General, Depto. de Producción	Mantener un nivel óptimo de calidad de manufactura para satisfacer los estándares de la calidad.	**
	Gerente, Asuntos Generales de la Planta	Procurar el control del proceso bajo un nivel óptimo. Mantener la capacidad del proceso y de máquinas.	**
Inspección	Gerente General de AC	Revisar la calidad de la manufactura probando los productos iniciales.	**
	Gerentes de Inspección de Planta Gerente General de AC	Determinar si se debe o no entregar el vehículo.	***
Ventas y Servicios	Gerente General, Depto. de Ventas	Empaque, mantenimiento, prevención del deterioro de la calidad durante el embarque.	**
	Gerente General, Depto. de Servicios	Educación y RP sobre el uso y mantenimiento adecuados.	*
		Prueba de los vehículos nuevos.	*
		Análisis y retroalimentación de la información sobre calidad.	***

*** Importancia crítica e imposible alteración corriente abajo.
** Influyente, pero es factible la atención corriente abajo.
* De pocas consecuencias.

Fig. 5-6 (Continuación).

(TOYOTA—Continua)

Paso: Planificación del producto (I)	Conceptos de aseguramiento de la calidad	Operaciones para el aseguramiento de la calidad	Persona responsable del aseguramiento de la calidad
I-1 Planificación General	Efectividad general de la planeación del nuevo pro- ducto	1. Proyección de la demanda y participación	Gerente General, Depto. de Ventas
		1. Proyección de la estra- tegia del competidor 2. Planificación y evaluación de los planes a largo plazo de la compañía	Gerente General, Oficina de Coordi- nación General
I-2 Planificación general a largo plazo del nuevo producto	Efectividad ge- neral de la pla- neación de la línea de producto	1. Estudio de la propiedad de la línea del producto contra las proyecciones de la demanda y la necesidad del nuevo producto	Gerente General, Depto. de Ventas
		1. Coordinación entre las proyecciones tecnológicas y los con- ceptos de IyD	Gerente General, Oficina de Planifica- ción de Ingeniería
		2. Estudio del efecto del cam- bio de modelo sobre la actual participación en el mercado	Ingeniero en Jefe, Oficina de Planifi- cación del producto
		3. Estudio del equilibrio ge- neral de las capacida- des de desarrollo del nuevo producto	
I-3 Plan individual del nuevo producto	Propiedad de la mira a la fluctuación de la demanda	1. Confirmar la adaptabilidad a las fluctuaciones de la demanda	Gerente General, Depto. de Ventas
		2. Confirmar la competividad del precio	Gerente General, Oficina de Planifica- ción de Ingeniería
		1. Estudio de la competitividad tecnológica	Gerente General, Oficina de Planifica- ción de Ingeniería

Fig. 5-7 Lista de actividades del AC en la etapa de planificación del producto.

(TOYOTA—Continua)

Paso: Planificación del producto (I)	Conceptos del aseguramiento de la calidad	Operaciones para el aseguramiento de la calidad	Persona responsable del aseguramiento de la calidad
I-3 (Cont.)		2. Confirmar los resultados de I y D	Ingeniero en Jefe, Oficina de Planificación del Producto
		3. Confirmar las capacidades de desarrollo del nuevo producto	
		4. Confirmar la propiedad de la meta de vida útil programada	
		5. Establecer metas de costo	
I-4 Plan básico para nuevos productos individuales	Procurar la calidad requerida para el mercado	1. Establecer metas de calidad óptima 2. Confirmar las capacidades de producción y de IyD 3. Planificar el calendario de desarrollo 4. Distribuir los costos proyectados 5. Prevenir la recurrencia de problemas importantes de la calidad (línea de vehículos iguales o similares)	Ingeniero en Jefe, Oficina de Planificación del Producto

Fig. 5-7 (Continuación).

Aoki señala que los miembros del consejo deben estudiar muy seriamente antes de que puedan participar en forma activa en las discusiones sobre temas funcionales transversales, y que su participación en la conferencia les da una excelente oportunidad para entender las implicaciones de la calidad, costos y programación para la compañía. Con frecuencia un miembro del consejo sólo representa una división o un departamento en particular en el que la compañía tiene una estrecha perspectiva y la discusión sobre temas funcionales transversales le abre los ojos.

El Profr. Masao Kogure, del departamento de ingeniería de la Tamagawa University, dice que en una compañía en donde el CTC apenas ha sido iniciado, debe ser designado un miembro prominente de la admi-

(TOYOTA—Continua)

nistración que todavía no haya sido "conectado" al CTC para encabezar uno de los comités funcionales transversales. Señala que esto resultará una educación éxcelente en el CTC y que esa persona es probable que se convierta en un partidario entusiasta del movimiento en tanto llega a estar involucrado en la implantación de los conceptos del CTC. ■

ADMINISTRACION FUNCIONAL TRANSVERSAL EN KOMATSU

En Komatsu, los comités funcionales transversales están colocados bajo el comité de CTC y divididos en tres áreas de administración de la utilidad (costos), aseguramiento de la calidad y administración de la cantidad (volumen). El papel del comité funcional transversal sobre el aseguramiento de la calidad en Komatzu está definido como sigue:

1. Se intenta que este comité mejore el *sistema* de aseguramiento de la calidad desde la planificación del producto hasta la venta y servicios, y mejorar así el nivel de aseguramiento de la calidad.
2. Con el fin de alcanzar la meta anterior, este comité estudia conceptos e informes sobre lo siguiente para el comité de CTC:
   a) Planificación para el aseguramiento de la calidad en toda la compañía.
   b) Determinación de los siguientes conceptos:
      i. Planes para el mejoramiento de los sistemas.
      ii. Conceptos para el mejoramiento de los sistemas y de los departamentos responsables de ellos.

El comité de aseguramiento de la calidad está encabezado por el miembro del consejo a cargo del aseguramiento de la calidad y sus miembros son designados por el presidente. Otros miembros del comité son miembros del consejo que representan varias funciones relacionadas, pero el comité también incluye a uno o dos miembros del consejo que no están directamente interesados en el aseguramiento de la calidad. Dependiendo de la naturaleza del tema, también se organizan equipos de trabajo en los niveles inferiores, como en las plantas, para ayudar al comité.

Puesto que cada comité funcional transversal está involucrado con el mejoramiento del sistema, trata de identificar cualquier mal funcionamiento en él y hace recomendaciones para los mejoramientos. Por ejemplo, el comité puede encontrar que el mal funcionamiento se origina

(KOMATSU—Continua)

de las reglas inadecuadas. En ese caso, el comité hace recomendaciones a los departamentos interesados sobre la revisión de las reglas.

Si el comité de administración de las utilidades encuentra que la meta de utilidades no se ha realizado, estudia el porqué no se realizó la meta inicial e identifica las áreas para el mejoramiento. Aun cuando es trabajo de la administración de línea lograr la meta de utilidades, el comité funcional transversal refuerza a los departamentos de línea dándoles dirección para el mejoramiento del sistema.

Un proyecto tomado en fecha reciente por el comité de aseguramiento de la calidad de Komatsu tenía que revisar los puntos de control corrientes de aseguramiento de la calidad y revisar la lista de puntos de control. El comité estableció los criterios para los puntos de control de manera que, (1) su efecto es medible en el lugar del mercado en términos de satisfacción del cliente y de la calidad y (2) los criterios hicieron posible administrar las actividades de aseguramiento de la calidad en cada paso.

Como resultado de esta revisión, el comité identificó primero 110 puntos de control. Luego redujo su número a 41 sobre la base de importancia, facilidad de la identificación del problema y facilidad de adquisición de datos. Además, el comité decidió que las revisiones semestrales en el sitio debían ser hechas en todas las unidades comerciales para estudiar el grado de realización, problemas encontrados y adopción de medidas preventivas. También se decidió que los resultados de estas revisiones en el sitio fueran reportados al comité y que los resultados de las revisiones en el sitio sobre los 16 conceptos de más importancia fueran reportados a la junta del consejo.

Como resultado de estas medidas, resultó más fácil para la administración entender los problemas corrientes y adoptar medidas para el aseguramiento de la calidad. Quizá de más importancia, todos en la compañía, desde la alta administración hasta los trabajadores del taller, han llegado a un entendimiento común del aseguramiento de la calidad.

En Komatsu, la oficina de coordinación y planificación en cada planta cuida de la coordinación funcional transversal para esa planta y el jefe de esta oficina es el segundo en el mando en ella. Tres gerentes se reportan a él: los gerentes a cargo de del aseguramiento de la calidad, de loscostos y de laprogramación.

Cuando se presenta un asunto importante sobre la calidad por parte del comité de aseguramiento de la calidad el gerente de AC en la oficina principal transmite el mensaje a la oficina de planificación y coordinación de la planta, y el gerente de ésta está facultado para actuar de inmediato a través del gerente de aseguramiento de la calidad que se reporta a él. En esta forma, el gerente de aseguramiento de la calidad de la planta no sufre problemas de status al hablar con otros gerentes en la planta.

(KOMATSU—Continua)

Todos los meses, el gerente de la planta preside las juntas durante todo el día sobre el aseguramiento de la calidad, costos y programación. A cada junta asisten *todos* los gerentes para revisar el progreso en sus actividades funcionales transversales.

La Fig. 5-8 muestra a la organización de las actividades del CTC en Komatsu. El Comité de CTC está presidido por el presidente y otros miembros del consejo ejecutivo que automáticamente se convierten en miembros de éste. Como regla, las juntas del Comité de CTC se celebran cada mes. El Comité de CTC establece planes anuales para las actividades basadas en la política anual, revisa el nivel de progreso en cada departamento y determina la programación de la auditoría. También supervisa otras actividades del comité.

Organización	Departamento responsable de la administración
Comités de CTC	Departamento de aseguramiento de la Calidad
—Comité de CTC divisional	Oficina de implantación del CTC Divisional
—Comité Funcional Transversal	
—Administración de Utilidades (Costos)	Depto. de Planificación de la Compañía
—Aseguramiento de la Calidad	Depto. de Aseguramiento de la Calidad
—Administración de la Cantidad	Depto. de Control de Producción
—Comité de Premios de CC en Komatsu	Depto. de Aseguramiento de la Calidad
—Compañías Afiliadas	Depto. de Compañías Afiliadas
—Compañías Cooperativas	Depto. de Compras
—Distribuidores	Depto. Comercial de Distribuidores
—Subsidiarias extranjeras	Depto. de Planificación de Negocios en el extranjero
—Comité de Educación	Depto. de Personal

Fig. 5-8 Organización de las actividades de CTC en Komatsu.

Despliegue de la política

El despliegue de la política se refiere al proceso de introducir las políticas para KAIZEN en toda la compañía, desde el nivel más alto hasta el más bajo. Como se mencionó antes, en el Japón el término política describe las metas u orientaciones anuales tanto de alcance medio como de largo alcance.

Las metas anuales de utilidades y de KAIZEN son establecidas sobre la base de metas de la compañía a plazo largo y a plazo medio. Varios meses antes de que los altos gerentes se reúnan para formular estas metas anuales, existe una consulta vertical preliminar entre la alta administración y los gerentes divisionales y entre los gerentes divisionales y de departamento. La información va de un lado a otro entre las partes interesadas hasta que los detalles han sido elaborados. Es inútil decir, el desempeño del año pasado y los patrones para medir el mejoramiento son tomados en consideración en la formulación de las nuevas metas.

Otro aspecto de importancia que debe considerarse antes de que se establezcan las nuevas metas y medidas cada año es la lista de todos los problemas corrientes en cada unidad comercial. El grado de éxito al realizar la meta del año anterior es evaluado a la luz de los problemas existentes antes de que se determinen las nuevas metas.

Una vez que han sido determinadas las nuevas metas anuales de la alta administración, se "despliegan" en todos los niveles inferiores de la administración. Las metas que fueron declaradas como abstractas por la alta administración, se convierten en forma creciente en concretas y específicas a medida que se despliegan hacia abajo. A menos que las políticas (metas) de la alta administración sean puestas en uso práctico por los gerentes de nivel inferior, éstas serán inútiles. No importa lo bello que estén descritas, las políticas artísticamente compuestas a nivel de la alta administración con frecuencia no son mejores que los castillos en el aire.

Un importante aspecto del despliegue de la política es su prioridad. El establecimiento de la prioridad es una parte inherente del diagrama de Pareto, con frecuencia utilizado en las actividades del círculo del CC y este mismo concepto se aplica también en el despliegue de las metas.

Debido a que son limitados los recursos que pueden movilizarse, es esencial que se asignen prioridades. Una vez que se ha hecho esto, puede desplegarse una lista cada vez más clara y específica de las medidas y planes de acción en los niveles inferiores de la administración.

Típicamente, la declaración de la política se formula en forma distinta en los diferentes niveles de administración:

Alta administración:	Declaración general de la dirección para el cambio (cualitativa).
Administración divisional:	Definición de la declaración de la alta administración (cuantitativa).
Administración media:	Metas específicas (cuantitativas).
Supervisores:	Acciones específicas (cuantitativas).

A medida que las metas se abren paso hacia abajo, las declaraciones de la política de la alta administración son reenunciadas como metas cada vez más específicas y orientadas a la acción, convirtiéndose al final en valores cuantitativos precisos. Así, el despliegue de la política es un medio para que el cometido de la alta administración sea realizado por los niveles inferiores.

Existen varios requisitos previos para el despliegue de la política:

1. Debe haber un entendimiento claro del papel de cada gerente para lograr el resultado comercial predeterminado y mejorar los procesos (KAIZEN).
2. Los gerentes de distintas categorías deben tener un entendimiento claro de los puntos de control y de revisión establecidos para realizar las metas.
3. El sistema rutinario de la administración (mantenimiento) debe quedar bien establecido en la compañía.

En tanto la política administrativa en la mayor parte de las compañías japonesas está categorizada en dos áreas de la política de KAIZEN (funcional transversal) y política departamental (funcional), la política administrativa en Japan Steel Works está categorizada en tres áreas:

1. Política del producto: la meta es el despliegue estratégico del producto y se relaciona a KAIZEN en calidad, costo y entrega de los productos principales, así como con el desarrollo de nuevos productos.
2. Política de KAIZEN (funcional transversal): La meta es KAIZEN en la cultura de la compañía, que se relaciona con las tareas funcionales transversales tales como el AC (Aseguramiento de la Calidad), reducción de costos, cumplimiento con la meta de entrega y administración del proveedor.
3. Política funcional (departamental): La meta es lo que cada departamento debe hacer y lograr en base a la política del producto y a la política de KAIZEN. La política funcional está estrechamente engranada a la realización de las metas financieras.

Para ilustrar la necesidad del despliegue de la política, consideremos el siguiente caso: El presidente de una línea aérea declara que cree en la seguridad y que la meta de su compañía es asegurar que la seguridad se mantenga en toda la compañía. Esta declaración está caracterizada de manera prominente en el informe trimestral de la compañía y en su publicidad. Supongamos además que los gerentes departamentales también juran una firme creencia en la seguridad. El gerente abastecedor dice que cree en la seguridad. Los pilotos dicen que creen en la seguridad. Las tripulaciones de vuelo dicen que creen en la seguridad. Todos en la compañía practican la seguridad. ¿Cierto? ¿O todos podrían estar hablando sobre la idea de la seguridad?

Por otra parte, si el presidente declara que la seguridad es la política de la compañía y trabaja con sus gerentes divisionales para desarrollar un plan para la seguridad que defina sus responsabilidades, todos tendrán un tema muy específico para discutir. La seguridad se convertirá en una preocupación real. Para el gerente a cargo de los servicios de abastecimiento, la seguridad podría significar mantener la calidad de los alimentos para evitar el descontento o enfermedad de los clientes. En ese caso, ¿cómo asegura que el alimento es de máxima calidad? ¿Qué clase de puntos de control y de revisión establecerá? ¿Cómo asegura que no hay deterioro en la calidad de los alimentos en el vuelo? ¿Quién revisa la temperatura de los refrigeradores o la condición de la estufa cuando el avión está en el aire?

Sólo cuando la seguridad se traslada a acciones específicas con puntos específicos de control y revisión establecidos para el trabajo de cada empleado, se puede decir que la seguridad ha sido en verdad desplegada como política. El despliegue de la política requiere que todos interpreten la política a la luz de sus propias responsabilidades y que todos elaboren criterios para revisar su éxito al ejecutar la política.

Esto se puede explicar en un diagrama de fines/medios como el de la Fig. 5-9. Para la alta administración, la política es un fin. Al mismo tiempo *un* fin requiere medios específicos para realizarlo. Tales medios se convierten en los fines de los gerentes del siguiente nivel, quienes a su

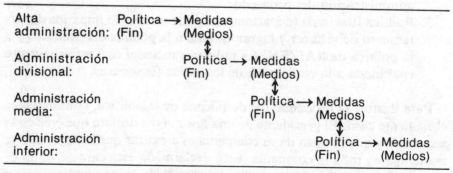

Fig. 5-9   Gráfica de fines/medios para el despliegue de la política.

vez tienen que desarrollar medios para realizar sus fines. Tanto los fines como los medios difieren en cada nivel administrativo y lo que es un medio para una persona se convierte en un fin para otra.

Puntos de control y puntos de revisión

El concepto del despliegue de la política tiene su paralelo en el CC estadístico. Y debido a que las actividades del CC estadístico tiene sus raíces en el uso de gráficas de control, bien podemos aquí tratar de definir el papel de la administración en el contexto de la gráfica de control.

El punto de partida es el concepto de un *margen manejable.* En su *Guía para el Control de Calidad* Kaoru Ishikawa dice:

El propósito de hacer una gráfica de control es determinar, sobre la base de los movimientos de los puntos, qué clase de cambios han tenido lugar en el proceso de producción. En consecuencia, para usar efectivamente la gráfica de control, tenemos que fijar los criterios para evaluar lo que consideramos una anormalidad. Cuando un proceso de producción está en un estado controlado, significa que:

1. Todos los puntos se encuentran dentro de los límites del control, y
2. El agrupamiento de puntos no adquiere una forma en particular.

En consecuencia, sabríamos que se ha desarrollado una anormalidad si (a) algunos puntos están fuera de los límites del control, o (b) los puntos adquieren alguna clase de forma determinada, aun cuando todos estén dentro de los límites del control.*

Cuando encontramos puntos fuera de los márgenes especificados, debemos averiguar los factores responsables de las anormalidades y corregirlos de manera que no se presenten otra vez los mismos problemas. (Véase la Fig. 5-10.) Dicho de otra manera, la gráfica de control es útil para revisar *con* los resultados, identificar la causa de las anormalidades y después elaborar formas para eliminar estas causas. Al usar las gráficas de control en el control de calidad estadístico, vamos de los resultados al origen y corregimos o eliminamos los factores que han causado los problemas.

*Asian Productivity Organization, Tokio, 1976, Pág. 76. Reimpreso con autorización del editor.

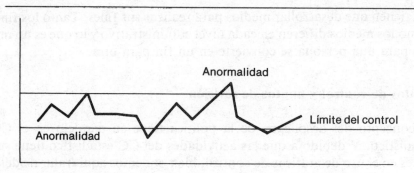

Fig. 5-10 *Uso de gráficas de control para revisar las anormalidades.*

Por analogía, los puntos de control y los puntos de revisión también pueden usarse en la administración. El Prof. Yoji Akao, del departamento de ingeniería de la Tamagawa University, emplea el ejemplo que sigue para explicar los puntos de control y los puntos de revisión en la administración. En el tratamiento térmico de un metal en aceite, es importante mantener un cierto rango de temperatura para asegurar sus propiedades después del tratamiento. Esto significa que la temperatura del aceite debe revisarse para ver si está dentro de la gama prescrita. Puede haber varios factores que afectan la temperatura del aceite, que incluyen el volumen de aceite y el flujo del gas desde el quemador. Si suponemos que es trabajo del capataz en el taller de tratamiento térmico controlar el nivel de la temperatura del aceite, que el volumen del aceite y el flujo del gas son los dos factores principales que afectan la temperatura y que estos dos últimos trabajos son responsabilidades de sus trabajadores, el capataz sólo tiene que revisar el volumen del aceite y el flujo del gas para saber si el trabajo se está haciendo en forma adecuada.

Desde el punto de vista del capataz, el nivel de la temperatura representa su punto de control. El punto de control es algo que revisa con el resultado. Revisa la gráfica de control que muestra las fluctuaciones en el nivel de la temperatura. Revisa el resultado para ver si se están manteniendo las mismas condiciones en el proceso de producción. Por otra parte, el volumen del aceite y el flujo del gas representan los puntos de revisión del capataz. Estos son los factores que revisa por su efecto en los resultados. Diciéndolo en otra forma, el punto de control es algo que él maneja con los datos y el punto de revisión es algo que controla a través de sus subordinados. Por ejemplo, puede ver el nivel de temperatura en la gráfica de control. Si encuentra una anormalidad puede aplicar una acción correctiva ajustando un punto de revisión —por ejemplo, haciendo que sus subordinados aprieten la boquilla—. El capataz debe observar sus puntos de revisión de tiempo en tiempo para mantener su punto de control.

Ya para ahora, el lector puede haberse dado cuenta de que el punto de control representa un criterio R y el punto de revisión un criterio P. (Véase la Fig. 5-11.)

Este mismo concepto puede extenderse al papel del gerente. Cada gerente tiene puntos de control (criterios R) y puntos de revisión (criterios P) en su trabajo. En un nivel administrativo superior, los puntos de control son las metas de la política y los puntos de revisión son las medidas de la política. Cuando estos puntos específicos de control y de revisión se establecen entre superiores y subordinados, se establece una serie de metas y medidas, con enlaces entre gerentes a diferentes niveles.

Son precisamente estos puntos de control y puntos de revisión los que se usan en el despliegue de las políticas en el CTC. Para que tal sistema opere con eficacia, es esencial que cada gerente sepa con exactitud cuáles son sus criterios R (puntos de control) y cuáles son sus criterios P

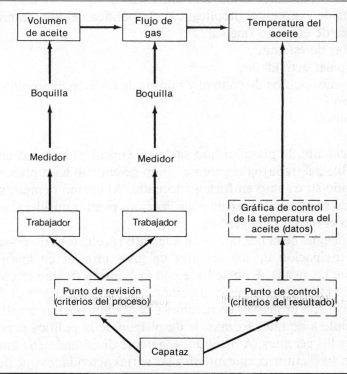

Fig. 5-11   Puntos de control y puntos de revisión.

(puntos de revisión), y que sus puntos de revisión estén bien entendidos como puntos de control de sus subordinados.

Cada meta debe estar acompañada de medidas para realizarla. Sin tales medidas, todo lo que un gerente puede decir a sus subordinados es "Confío en que pondrán su mejor esfuerzo" o "Trabajen más duro". Cuando el gerente y los subordinados han desarrollado medidas específicas para alcanzar la meta, puede ser más específico que sólo "¡Hagan lo mejor que puedan!" o "¡Trabajen más duro!"

Aquí, "meta" se refiere al punto de control y las "medidas" a los puntos de revisión. La meta está orientada a los resultados y las medidas están orientadas al proceso. En el proceso de despliegue de la política, cada gerente trabaja en forma de despliegue de la política, en la cual especifica las metas y medidas. Discute esta forma tanto con sus superiores como con sus subordinados. Típicamente, tal forma incluirá los puntos que siguen:

Política y estrategia de largo alcance de la alta administración.
Política anual de la alta administración.
Política departamental del año anterior.
Grados de éxito en el despliegue de la política del año anterior.
Política de este año (metas).
Medidas de este año.
Principales actividades.
Principales puntos de control y puntos de revisión expresados numéricamente.
Programa.

En occidente, la planificación suele ser considerada como una parte inseparable del trabajo del gerente. Si un gerente no hace planes, no está haciendo su trabajo en forma adecuada. Al mismo tiempo, si un subordinado se une en la fase de planificación, puede considerarse que invadiendo el terreno del gerente.

El despliegue de la política es un adelanto revolucionario porque invita la participación de los gerentes de nivel inferior en la fijación y despliegue las metas. Esto se hace con la creencia de que es esencial el trabajo conjunto para lograr la dedicación a la realización de la meta.

En la oficina principal, en ocasiones la administración mantiene una lista completa de tales formas de despliegue de la política presentadas por todos los gerentes. A menudo, el gerente divisional tiene una forma matriz en su escritorio, que muestra las varias actividades que deben ser conducidas por sus subordinados según lo acordado a través del proceso de despligue de la política. En ocasiones, las principales políticas de la alta administración están anotadas con números de serie para que los gerentes de nivel inferior pueden relacionar lo que están haciendo con las políticas de la alta administración con el mismo número de serie.

Puesto que las políticas de la alta administración tienen una injerencia tan directa en lo que cada gerente debe estar haciendo, la alta administración hace un gran esfuerzo para transmitir su mensaje a todos los gerentes. Esto se hace a través del proceso de despliegue de la política a los gerentes del siguiente nivel.

Auditoría de la política

El despliegue de las política, como hemos visto, representa el despliegue entre la metas (puntos de control o criterios R) y las medidas (puntos de revisión o criterios P), principiando desde la alta administración y continuando hacia abajo hasta los supervisores y trabajadores del taller. Cuando la red que une las administraciones orientadas a los resultados y las orientadas a los procesos, el despliegue de la política ofrece oportunidades para discusiones significativas entre los gerentes de distintos niveles y asegura que todo gerente entienda claramente las metas que deben alcanzarse y esté dedicado a éstas. Siempre que se presenta una anormalidad (en la forma de desviación de la meta acordada), pueden averiguarse las causas en una *auditoría de la política* y emprender una acción correctiva.

Puesto que el término ''auditoría'' tiene la connotación de ''inspección'', algunas personas prefieren el término ''diagnosis de la política''. Aun cuando la auditoría del CTC asociada con el Premio Deming es bien conocida, existen dos auditorías del CTC en todos los niveles de la administración en el Japón, principiando con la auditoría practicada por la alta administración y que se extiende a la auditoría de los gerentes divisionales. Estas auditorías son practicadas para revisar si las políticas (o metas) que han sido desplegadas entre los distintos niveles de la organización han sido adecuadamente ejecutadas.

Las auditorías o diagnosis son practicadas no para criticar los resultados sino para señalar los procesos que han conducido a los resultados y así ayudar al personal a reconocer las deficiencias de sus esfuerzos. Dicho de otra manera, las auditorías son practicadas para identificar *qué* está equivocado, no *quién* está equivocado.

El presidente de una compañía que ha introducido el CTC practica auditorías una o dos veces al año en todas las divisiones principales de la compañía. Cuando visita una planta, típicamente dedica la mañana con los gerentes de la planta revisando el progreso hecho al ejecutar las políticas funcionales transversales desplegadas. Por la tarde, caminará por los talleres, al parecer al azar y hablará con los capataces, supervisores y trabajadores para comprobar que entienden el CTC en lo que se relaciona a sus trabajos. Con frecuencia, pedirá ver los informes y gráficas tan esenciales para el CTC.

Todas las desviaciones, tanto positivas como negativas, son manejadas con igual celo y sus causas son estudiadas en el proceso de auditoría. En el caso de desviaciones negativas, tales como no cubrir la norma de producción o producir más partes defectuosas que las anticipadas, es comprensible que la administración haga toda clase de esfuerzos para averiguar las causas. Pero incuso si la producción excede a la meta o si las cifras de ventas son mucho mejores de lo esperado, la administración trata de identificar las causas de tan agradables sorpresas, ya que, en la forma de pensamiento del CTC, esto representa desviaciones. Sin embargo, en este caso, las causas de la desviación deben ser identificadas no para que puedan aplicarse medidas correctivas sino más bien para que las causas de la desviación positiva puedan ser aplicadas en las operaciones subsecuentes.

DESPLIEGUE Y AUDITORIA DE POLITICA EN KOMATSU

En Komatsu, un fabricante de vehículos industriales y maquinaria de construcción, se le proporciona a cada empleado una libreta de apuntes tamaño bolsillo al principiar cada año. La primera página de esta libreta lleva la política del presidente para el año. La política para 1983 del presidente declara, entre otras cosas, que Komatsu debe desarrollar sus capacidades generales para próducir artículos competitivos en costo equipados con características únicas, utilizando las últimas técnicas de producción y conocimientos.

La política continúa para enfatizar que si la capacidad general de Komatsu para planificar y desarrollar nuevos productos va a incrementarse, deben ser identificadas las necesidades del cliente a través del departamento de ventas y que las nuevas ideas se deben incubar y desarrollarse a través de los esfuerzos de IyD. Los departamentos tales como ventas, IyD, diseño y producción deben mejorar su pericia con el fin de avanzar el estado del arte en la construcción de maquinaria, preparar nuevos materiales para el ingreso al mercado y desarrollar recursos humanos calificados para apoyar un sistema fuerte de desarrollo de nuevos productos.

(KOMATSU—Continua)

La segunda página de esta libreta de notas está reservada para la política del gerente de producción. Por ejemplo, en la planta, la política del gerente de la planta es distribuida a los empleados en hojas de respaldo adhesivo que puede pegarse en el espacio en blanco de la segunda página. En su política, el gerente de la planta ha subdividido la política del presidente en una docena de metas específicas que deben ser realizadas por la planta. Los requisitos para construir un sistema para el desarrollo del nuevo producto señalados en la política del presidente son "traducidos" a submetas específicas, tales como una distribución más precisa de los conceptos de costo en el desarrollo de los nuevos productos, la introducción de nueva tecnología de producción para los dibujos de diseño y poner mucha atención a los requisitos del cliente en el desarrollo de los nuevos productos.

La tercera página de esta libreta está otra vez en blanco, excepto por el encabezado "Política del Gerente del Departamento". Aquí, la política del gerente del departamento es "desplegada" de nuevo a cada nivel departamental y explicada en términos todavía más específicos. Se fijan tareas específicas para cada departamento, correspondientes a las políticas del gerente de la planta para realizar distribuciones más precisas de costo para los nuevos productos.

Por ejemplo, en el Departamento de Adquisiciones, la política del gerente de la planta a fin de lograr una subdivisión de costos más precisa para el desarrollo de un nuevo producto incluye: (1) establecer una MV (meta de valor) para usarla en la conceptualización y diseño de un nuevo producto y mostrar esta meta a las firmas subcontratistas, (2) identificar y usar las tecnologías desarrolladas por los subcontratistas y (3) unirse a los subcontratistas que se enfocan sobre el análisis de la MV y la productividad. Cada departamento idea sus propias medidas específicas para realizar las metas señaladas en la política del gerente de la planta.

La cuarta página de la libreta está destinada para que cada trabajador de la planta la use para anotar la política de su supervisor inmediato. Esta política se decide en consultas privadas entre cada trabajador y su supervisor.

En esta forma, la política de la alta administración es manejada primero por el gerente divisional y luego por los gerentes medios e inferiores. En tanto baja por la línea, se transforma en medidas muy específicas y concretas. La política es señalada a toda la jerarquía organizacional en una manera sistemática. El sistema permite que cada gerente identifique con rapidez lo que necesita hacerse para cada meta correspondiente a la política que ha formulado. ■

DESPLIEGUE Y AUDITORIA DE LA POLITICA EN KOBAYASHI KOSE

En Kobayashi Kose, un fabricante de cosméticos, la política del gerente de la planta se subdivide en cuatro principales categorías: (1) aseguramiento de la calidad, (2) volumen y entrega, (3) reducción de costos y (4) entrenamiento y educación. Cada una de estas categorías se subdivide a su vez en conceptos específicos tales como, en el caso del aseguramiento de la calidad: (a) procesos de producción mejorados, (b) calidad mejorada de los suministros, (c) confiabilidad mejorada y (d) procedimientos de inspección mejorados para el aseguramiento en la calidad.

En septiembre, cada departamento comienza a elaborar planes básicos para el próximo año. Los gerentes de planta coordinan los planes del departamento en noviembre, con el fin de elaborar una política general para la administración de la planta, la cual es entregada a la alta administración. Las políticas de la alta administración, que ya han sido elaboradas, son coordinadas con las políticas de la administración de la planta y se traza la política final. Las medidas específicas de cada departamento sirven como guía para el desempeño del departamento.

Para practicar la auditoría, el despliegue y ejecución de las políticas en Kobayashi Kose, se coloca la política desplegada en cada nivel en el eje vertical de una matriz. En el eje horizontal de esta matriz se anotan los criterios de medición, tales como el número de las quejas del cliente, escasez de suministros y productividad per cápita.

Cada gerente o supervisor en Kobayashi Kose tiene una hoja de comprobación en su bolsillo titulada "Mis Indices de Criterios". Por ejemplo, una supervisora que tiene bajo sus órdenes a una docena de trabajadores en la línea de producción, tiene una lista de comprobación que expresa criterios tales como la proporción de partes defectuosas producidas, la tasa de ausentismo, el índice de producción en la línea de producción y el número de sugerencias hechas por los trabajadores.

Aun cuando la auditoría preliminar a la entrega del famoso Premio Deming es quizá la de más fama, toda compañía japonesa que ha declarado usos vigorosos del CTC, usa despliegues de política y auditorías internas como partes inseparables de sus actividades para el CTC.

Típicamente, tales auditorías se inician con una auditoría practicada por la alta administración. El presidente y otros directivos visitan cada división y dedican todo el día en juntas con la administración de la planta para discutir el progreso de las políticas a nivel de la planta. Especialistas de las principales universidades pueden también ser invitados para unirse a la auditoría. Asimismo el presidente dedica parte de su tiempo para escuchar las presentaciones de varias actividades de KAIZEN en esta planta en particular. Una auditoría del gerente de la planta es conducida a continuación de la auditoría semestral de la alta administración. La auditoría se repite en cada nivel organizacional para evaluar el desempeño respecto a las políticas, medidas y puntos de control que hayan sido acordados.

Un gerente de planta me dijo, "Las juntas de auditoría son muy rudas y muchos gerentes detestan asistir, pero al final encontramos que son muy efectivas". Las experiencias en tales juntas de auditoría son tomadas en cuenta cuando el gerente comienza a trabajar en los planes del próximo año y en tanto se acostumbra al despliegue de la política y a la auditoría, también se dice que mejora la calidad de su planificación; es decir, su planificación se acerca cada vez más a la realidad año tras año. En esta forma, tanto el despliegue de la política como la auditoría se cree que son una oportunidad excelente para entrenar las habilidades de planificación y administración. ■

Despliegue de la calidad

Uno de los problemas de la administración en la actualidad es que los empleados han llegado a aceptar estándares inferiores para los artículos que producen. Esto sucede porque los empleados trabajan en partes y componentes muy alejados del producto final y del cliente. Un lema ganador de un premio por Mark Basich, un trabajador de la Quasar Plant de Matsushita en los EUA es indicativo de esta tendencia: "¿Es usted lo bastante orgulloso para comprar lo que hace?"

Se ha abusado bastante del concepto de la obsolescencia planificada hasta el grado de que el personal de la fábrica comienza a aceptar un nivel de inferior calidad en el nombre del NCA (Nivel de Calidad Aceptable). Todavía peor, los vendedores en algunas compañías han sido reducidos a vender productos que saben que son defectuosos y cuando no tienen éxito son acusados de no trabajar lo bastante duro.

Visité hace poco al gerente de aseguramiento de la calidad de un fabricante europeo de equipo de telecomunicaciones, quien me dijo que sus problemas no eran los de la década de 1980 sino los de la de 1970. Al explicarme qué quería decir con problemas de la década de 1970, dijo que la mayor parte del tiempo de su personal estaba dedicado a tomar las quejas de los clientes e identificar las causas de los problemas en la etapa de producción. Puesto que el equipo de la firma estaba diseñado para durar muchos años, la mayoría de estas quejas se remontaban a los problemas de producción encontrados en la década de 1970.

Por ejemplo, una de las causas más comunes era la no conformación a las especificaciones, y la gente del CC estaba tratando de averiguar por qué no se seguían las especificaciones. Estaban encontrando que en ocasiones se usaban distintos materiales porque costaban menos o que las especificaciones del diseño eran cambiadas de manera arbitraria en el taller. Lo que era peor, las normas y especificaciones utilizadas para producir el equipo con frecuencia se perdían y no existe en la actualidad quién supiera cómo eran las especificaciones en aquellos días. Las soluciones a los problemas eran con mucha frecuencia muy difíciles de reunir, al igual que un rompecabezas.

Esto está en agudo contraste con el enfoque de muchas compañías japonesas. En la actualidad, el principal énfasis del CTC está en construir la calidad en el diseño y la producción cuando se está desarrollando un nuevo producto. Esto principia con la obtención de información del mercado y la identificación de las necesidades del cliente, e implica desplegar estos descubrimientos en los requisitos de ingeniería y diseño, en los preparativos para la producción, en las compras, etc. Puesto que toma muchos años desarrollar nuevos productos, es seguro decir que muchas compañías japonesas ahora están tratando de entenderse no con los problemas de la década de 1970 sino con los problemas de fines de la de 1980 y los de 1990.

De acuerdo con los Profs. Masao Kogure y Yoji Akao de la Tamagawa University, hay dos métodos para satisfacer las necesidades del cliente en el control de calidad:

El método tradicional ha sido buscar la causa de los problemas y luego tratar de prevenir que las causas se repitan.

A este método se le llama enfoque analítico. En el CTC, este enfoque ha sido firmemente establecido, como es evidente por el amplio uso de herramientas como el análisis de Pareto y el diagrama de causa y efecto.

Sin embargo [estas herramientas], pueden no ser efectivas en el desarrollo de nuevos productos —un proceso que requiera un enfoque distinto—. Para los nuevos productos, se necesita un método de diseño para encontrar los medios para lograr los objetivos específicos del producto.

Este enfoque del diseño requiere que las compañías vuelvan a trabajar desde los objetivos a los medios de realizar estos objetivos.*

*Quality Progress Magazine, Octubre de 1983, publicado por la ASQC (American Society for Quality Control).

El problema de desarrollar un nuevo producto es que en ocasiones los ingenieros de diseño no entienden las necesidades del mercado, ya que los clientes e ingenieros suelen hablar idiomas diferentes. Por ejemplo, cuando una ama de casa dice, "Quiero una crema facial que no se derrita si salgo en un verano cálido", usa su propio lenguaje para expresar su deseo. Sin embargo, el lenguaje en sí del cliente no basta para desarrollar un nuevo producto, ya que tiene que ser "desplegado" a lenguaje técnico que pueden entender los ingenieros de diseño. Por ejemplo, "una crema facial que no se derrita en el calor del verano de Japón" debe traducirse a un punto específico de fusión para la crema facial, que puede requerir una propiedad especial de la arcilla usada como base.

En su artículo, los Profs. Kogure y Akao, citan el ejemplo del despliegue de la calidad de la Dynic Corporation para la conexión entre los carros del *shinkansen* "tren bala" de la Japanese National Railway. Uno de los requisitos de los clientes es la protección de los pasajeros. Esto puede desplegarse en requisitos secundarios tales como (a) que no haya fugas, (b) que no sufra cambios por presión atmosférica en los túneles, (c) que no haya tirones bajo presión y así sucesivamente. Si es necesario, los requisitos secundarios pueden desplegarse más en requisitos terciarios. Luego estos requisitos se despliegan en las contrapartes características que puedan entender los ingenieros, tales como resistencia a la tensión o al desgarre, proporción de la extensión y resistencia anticontractiva. (Véase la Fig. 5-12.) En esta forma, las características de calidad requeridas por el cliente son desplegadas en características de la contraparte en forma de matriz. Luego las características de la contraparte se despliegan aún más en requisitos técnicos y de producción.

A través de este proceso, es posible identificar varios cuellos de botella de ingeniería que existen al desarrollar los nuevos productos. El tratamiento de estos cuellos de botella se llama ingeniería de cuello de botella. Si los cuellos de botella son identificados cuando el nuevo producto está siendo desarrollado y si enfrentarse a ellos requiere una estrategia de alto nivel de la compañía, la administración puede decidir si debe hacer la inversión necesaria para resolver estos problemas o recurrir a otras alternativas, tales como hacer un compromiso con la calidad del producto.

Uno de los beneficios del despliegue de la calidad es mejorar la comunicación entre el personal de ventas y mercadotecnia, y entre el personal de diseño y producción. Típicamente, el personal de ventas y mercadotecnia, a pesar de su conocimiento de primera mano de las necesidades

Etapa	No.	Primaria	No.	Secundaria	No.	Terciaria	Importancia	Espesor	Peso	Resistencia a la tensión	Resistencia al desgarre	Proporción de la extensión	Resistencia anticontractiva	Resistencia a la presión del agua
Costura	1	Fácil de coser	11	Fácil de medir y cortar	111	Ligero	C		O					
					112	No se adhiere	B							
			12		121	Fácil de trabajar en máquina de coser	B							
					122	El recubrimiento superficial no se desprende	B							
			13	Puede usar adhesivos	131	Soporta solvente orgánico	C							
Uso	2	No se perfora, no se rasga	21	No permite que la lluvia se filtre	211	No se agujera, no se rasga	A			O	O	O		
			22	No cambia la presión atmosférica en túneles	221	Hermético (sin poros)	A						O	O
			23	No se rasga bajo presión	231	No se rasga bajo presión	A			O	O			
					232	No se rasga por golpes internos	A			O	O	O		
					233	No se rasga por choques de arranque y parada	A			O	O	O		

Calidad requerida · Características de la contraparte

Fig. 5-12 Gráfica que muestra el despliegue de los requisitos de la calidad en JNR.

del cliente, no entienden el lenguaje técnico. Por otra parte, los ingenieros están interesados en las aplicaciones sofisticadas de ingeniería y no entienden las necesidades del cliente. Así, después de que el artículo ha sido producido y comienzan a presentarse las quejas de los clientes, el ingeniero de diseño dice, "Nunca pensé que el producto se usara en esa forma".

Como se mencionó con anterioridad, también puede suceder que al ingeniero de diseño no le importe si la compañía es capaz de producir el artículo que diseña. Después de que han pasado años desarrollando un producto nuevo, el personal de produción le puede decir que no pueden hacerlo. Sin embargo, con las tablas de despliegue de la calidad a la mano, el ingeniero puede mantener mejor comunicación con el personal de ventas y mercadotecnia, lo mismo que con el personal de producción. Los ingenieros de diseño incluso pueden visitar a clientes y discutir sus necesidades. En forma similar, el personal de compras puede mantener mejor comunicación con los vendedores. En la actualidad, las compañías japonesas están tratando de desplegar las características de la contraparte así como los factores de costo y factores componentes junto con las tablas de despliegue de la calidad. Con estas últimas herramientas para el desarrollo del nuevo producto, las compañías japonesas han podido crear productos competitivos en un tiempo crítico mucho más corto que sus competidores.

En tanto Kogure y Akao sostienen que el sistema de despliegue de la calidad sólo da resultados si se usa como parte del CTC, el despliegue de la calidad ha sido considerado como el desarrollo de más importancia salido del CTC en los últimos treinta años. De acuerdo con Hisashi Takasu del departamento de planificación y coordinación del CTC de Kobayashi Kose, el despliegue de la calidad rinde los siguientes beneficios:

- Facilita la identificación de las causas de las quejas del cliente y hace más fácil aplicar una acción correctiva.
- Es una herramienta útil para el mejoramiento de la calidad del producto.
- Es una herramienta útil para el análisis competitivo de la calidad del producto.
- Estabiliza la calidad.
- Disminuye los rechazos y las reparaciones en el sitio de la producción.
- Disminuye sustancialmente las reclamaciones.

Otro beneficio del despliegue de la calidad es que reduce el tiempo requerido para el desarrollo de un nuevo producto —en ocasiones de una tercera parte a la mitad.

Mantenimiento productivo total

Aun cuando el término MPT (Mantenimiento Productivo Total) no es tan bien conocido fuera del Japón como lo es el CTC, el MPT se practica ahora en un número considerable de compañías manufactureras japonesas y está siendo promovido en forma vigorosa por el Japan Institute of Plant Maintenance. En tanto el mayor empuje del CTC es mejorar la calidad general de la administración, el MPT está dirigido a las mejoras en el equipo. En esta forma, el MPT está más orientado al hardware y el CTC está más orientado al software. Según lo define el Japan Institute of Plant Maintenance, "El MPT tiene la mira de maximizar la efectividad del equipo con un sistema total de mantenimiento preventivo que cubra toda la vida del equipo. Involucrando a cada uno en todos los departamentos y en todos los niveles, motiva al personal para el mantenimiento de la planta a través de grupos pequeños y actividades voluntarias".

El entrenamiento es una parte importante del MPT, así como lo es del CTC y el entrenamiento en el MPT está conducido con el énfasis sobre tales conceptos básicos como la forma en que trabajan las máquinas y la forma de darles mantenimiento en el taller.

De la misma manera en que el CTC tiene el Premio Deming y el Premio del Control de Calidad de Japón para las compañías que introducen con éxito el CTC, el Japan Institute of Plant Maintenance otorga el Premio Distinguido de Mantenimiento de la Planta (MP) y otros premios a las compañías que han introducido con éxito el MPT.

Hasta ahora, la mayor parte de las compañías que han introducido el MPT han sido las fábricas de automóviles y de partes para automóviles. Puesto que el CTC y el MPT enfatizan diferentes aspectos en la búsqueda del mejoramiento general, muchas de estas compañías han introducido tanto el CTC como el MPT en diferentes ocasiones en su esfuerzo para mejorar el desempeño de la compañía.

Topy Industries' Ayase Works, fábrica de tamaño medio que fabrica ruedas para automóviles, con 660 empleados y unas 800 máquinas, decidió introducir el MPT en 1980. Hasta entonces, los esfuerzos de la administración habían sido dirigidos al mejoramiento del desempeño y eficiencia del trabajador, distribuyendo mejor sus recursos y haciendo mejoramientos en los sistemas. Sin embargo, la administración se dio cuenta de que serían difíciles los mejoramientos adicionales a menos que se tratara con el equipo de la misma productividad. En esta época de más lento crecimiento económico, la mejor utilización del equipo había llegado a ser de igual importancia que el potencial humano y los mejoramientos al sistema.

La alta administración de Topy había declarado que la Ayase Works debía hacer un esfuerzo para continuar siendo lucrativa, aun cuando tuviera que operar a menos del 80% de su capacidad. El MPT fue introducido como el medio para este fin.

Había tres partes principales del MPT en esta fábrica: (1) establecer un sistema en el cual todos estuvieran personalmente involucrados en actividades voluntarias en el MP y trabajaran para eliminar las cuatro causas principales de la ineficiencia (paralización del servicio por averías, dificultades con los modelos, tiempo para la reposición de herramientas y productos defectuosos); (2) mejorar las habilidades de solución de problemas de las cuadrillas y dedicarse a las actividades de KAIZEN con la mira de cero interrupciones par averías; y (3) mejorar las capacidades de producción-ingeniería en áreas tales como herramientas y troqueles, tiempo para reposición de herramientas, diseño de herramientas y productos defectuosos y reparaciones.

El Japan Institute of Plant Maintenance ayudó a la Ayase Works a introducir el MPT. Se proporcionó instrucción interna para 70 capataces y otros líderes en las destrezas básicas del mantenimiento. Estos cursos incluían lubricación, cómo apretar tuercas y pernos, electricidad básica, hidráulica y neumática y mecanismos motrices. Se dedicaban cuatro horas en cada materia para asegurar que estas personas tuvieran bases firmes en el mantenimiento. Por ejemplo, aprendieron por qué aplicando mucho aceite en ocasiones causaba que la máquina se sobrecalentara. Después, estos capataces y líderes de taller continuaban entrenando a los trabajadores del taller.

El MPT en la Ayase Works tenía un proceso de siete pasos, con los trabajadores involucrados en actividades voluntarias en grupos pequeños en cada etapa.

Paso 1: Limpieza (participando todos en mantener limpio el taller).
Paso 2: Identificación de la causa de los problemas y de los lugares difíciles de limpiar y tomando las medidas preventivas necesarias.
Paso 3: Formulación de estándares para la limpieza y aceitado.
Paso 4: Revisión del sistema total.

Paso 5: Fijación de estándares para los procedimientos voluntarios de revisión.

Paso 6: Cerciorarse que todo esté en orden y en su lugar.

Paso 7: Despliegue de la política.

Mikiro Kikuchi, gerente de Ayase Works, cree que el barrido, limpieza y otras faenas de aseo debían ser el punto de partida para todas las actividades de mejoramiento. Si bien el aseo puede parecer fácil, es el más difícil de manejar. El aseo es una forma de eliminar sustancias innecesarias y es más fácil identificar los puntos de dificultad en las máquinas si se mantienen limpias. Por ejemplo, es más fácil identificar irregularidades en desarrollo tales como grietas cuando las superficies están limpias. De hecho, la limpieza es popularmente percibida como un proceso de revisión de los puntos de dificultad.

Una vez que los trabajadores adquieren el hábito del mantenimiento y limpieza de su lugar de trabajo, han adquirido disciplina. Durante los primeros meses del MPT, todos en la compañía, gerente y trabajadores por igual, barren y asean el lugar de trabajo cada tercer viernes por la tarde. Por el momento, la fábrica opera a menos de su capacidad y los empleados tienen bastante tiempo para dedicarse cada tercer viernes por la tarde al aseo. A medida que el taller está más limpio, nítido y seguro, los trabajadores desarrollan un gran respeto por su equipo e incluso se ofrecen voluntariamente a ir durante las vacaciones de verano a hacer la limpieza. Cuando la compañía tuvo más trabajo y la mayor parte de las operaciones de limpieza tuvieron que hacerse después de las horas de trabajo, la administración pagaba este tiempo extra.

En el Paso 2, los trabajadores hacían un recorrido buscando los puntos de dificultad y diferenciaban los que podían resolver ellos mismos y los que necesitaban la atención de los expertos. En el pasado, la práctica había sido dejar todos los puntos de dificultad a la cuadrilla de mantenimiento. Ahora los trabajadores estaban entrenados y motivados para hacer las reparaciones más fáciles ellos mismos. También, en esta etapa, los trabajadores identificaron muchos puntos de lubricación que nunca habían sido observados antes.

Los trabajadores revisaron un total de 240 000 tuercas y pernos en la planta, los apretaron y luego los marcaron con una línea de pintura blanca tanto a la tuerca como al perno. En la actualidad, cada trabajador dedica unos pocos minutos a hacer la limpieza antes de terminar. Sólo tiene que mirar la línea en las tuercas para ver si están alineadas (esto es, si el perno está bien apretado).

En tres años, identificaron 9 000 puntos de dificultad en las máquinas y agregaron 130 dispositivos a prueba de impericia en Ayase Works. Aun cuando antes se habían usado interruptores de límite, no había habido estándares para su instalación o uso. En la actualidad, 1 467 interruptores de límite mejorados han sido instalados en toda la compañía. El número de interrupciones de la maquinaria por avería (definidos como cualquier causa que haga que la línea se detenga por tres minutos o más) fue reducido de 1 000 por mes antes del MPT a sólo 200 por mes ahora. De igual manera, las fugas de aceite se redujeron de 16 000 l/mes a 3 000 l/mes.

Lejos de no ser ya necesaria, la cuadrilla de mantenimiento vio su trabajo transformado a hacer el diagnóstico del equipo, a dedicarse a trabajos de mantenimiento más refinados y a entrenar a los operadores de las máquinas para hacer estos los trabajos de mantenimiento sencillos.

Los trabajadores se enorgullecen de su entorno de trabajo nítido y limpio. La moral es más elevada y tienen lazos más estrechos con su equipo con el que trabajan. Uno de los inesperados beneficios adicionales del MPT ha sido que los vendedores de Topy se muestran ansiosos de llevar a los clientes a la planta y emplear los recorridos en ella como herramienta de mercadotecnia.

El MPT obviamente ha sido bueno para Topy. Para cuando se le concedió a la compañía el Premio Distinguido de Planta MP tres años después en 1983, había logrado mejoramientos virtualmente en todas las medidas:

Productividad laboral:	subió 32%
Número de interrupciones del equipo:	bajó 81%
Tiempo de reposición de herramientas:	bajó 50-70%
Tasa de operación del equipo:	subió 11%
Costo de defectuosos:	bajó 55%
Tasa de rotación del inventario:	subió 50%

6

El enfoque de KAIZEN a la resolución de problemas

El problema en la administración

KAIZEN principia con un problema o, con más precisión, con el reconocimiento de que existe un problema. Si no existen problemas, no hay potencial para el mejoramiento. Un problema en un negocio es algo que causa inconveniencias a la gente de abajo, ya sea a la gente en el proceso que sigue o a los clientes finales.

El problema es que la gente que crea el problema no sufre las consecuencias directas de él. De este modo, la gente siempre es sensible a los problemas (o a las inconveniencias creadas por los problemas) causados por otras personas. La mejor forma de romper este círculo vicioso de pasar la culpa de una persona a otra es que cada individuo resuelva que nunca debe pasar un problema al proceso que sigue.

En las situaciones diarias de la administración, el primer instinto, al enfrentarse con un problema, es ocultarlo o ignorarlo en vez de encararlo con franqueza. Esto sucede porque un problema es un problema y nadie desea ser acusado de haberlo creado. Sin embargo, recurriendo al pensamiento positivo, podemos convertir cada problema en una valiosa oportunidad para el mejoramiento. Cuando existe un problema, hay potencial para el mejoramiento. El punto de partida en cualquier mejoramiento, entonces, es identificar el problema. Existe un refrán entre quienes practican el CTC en el Japón, de que los problemas son las llaves del tesoro oculto. Pero, ¿cuántas personas tienen el valor de decir que tienen un problema?

Recuerdo aún muy bien mi primera visita de ventas hace algunos veinte años. Acababa de regresar de una reclusión de cinco años con el

Japan Productivity Center en los EUA, había colgado mi anuncio de consultor administrativo y estaba visitando con entusiasmo a los clientes prospectivos.

Mi primera visita fue a Revlon Japan. Tenía una presentación de un ejecutivo de la oficina principal en New York y se me había dicho que su hombre en Tokio necesitaba cierta ayuda. Así que como novicio en el asunto de consultoría, hice una entrada majestuosa en la oficina del gerente general y tan pronto como me hube presentado comencé con, "Respecto a sus problemas en el Japón. . ." El gerente general estadounidense me paró en corto con un "No tenemos problemas en el Japón". Fin de la entrevista. Desde entonces he sido más prudente y ahora nunca discuto el "problema" de un cliente. Siempre es la "oportunidad de mejorar" para el cliente.

Sencillamente está en la naturaleza humana no querer admitir que se tiene un problema, ya que admitir los problemas equivale a confesar fracasos o debilidades. El gerente típico estadounidense teme a que la gente piense que es parte de un problema. Sin embargo, una vez que se da cuenta de que tiene un problema (como lo hace la mayoría de las personas), su primer paso es admitirlo y "compartir" el problema. Es de particular importancia que comparta el problema con sus superiores, ya que por lo general, no cuenta con los recursos para resolverlo por sí solo y necesitará el apoyo de la compañía.

Lo peor que una persona puede hacer es ignorar o tapar un problema. Cuando un trabajador está temeroso de provocar la cólera de su jefe si descubre que una máquina está funcionando mal, puede continuar sacando trabajo defectuoso y esperar que nadie lo note. Sin embargo, si tiene el valor suficiente y si su jefe es lo bastante sustentador, puede ser capaz de identificar el problema y resolverlo.

Un término muy popular en las actividades del CTC en el Japón es *warusa-kagen,* que se refiere a cosas que en realidad no son problemas pero que no son correctas por completo. Dejado sin atender, *warusa-kagen* puede finalmente desarrollar una dificultad seria y provocar un daño sustancial. En el lugar de trabajo, por lo general es el trabajador, no el supervisor quien nota el *warusa-kagen.*

En la filosofía del CTC, debe estimularse al trabajador para que identifique y reporte tal *warusa-kagen* al jefe, quien debe recibir bien el reporte. En vez de culpar al mensajero, la administración debe estar contenta de que se haya señalado el problema cuando aún era menor y debe dar la bienvenida a la oportunidad de mejoramiento. En realidad, sin embargo, muchas oportunidades se pierden sólo porque ni al trabajador ni a la administración les agradan los problemas.

Otro punto en el *warusa-kagen* es que los problemas deben ser expresados en términos cuantitativos, no cualitativos. Muchas personas se sienten incómodas por el esfuerzo de cuantificar. Pero sólo analizando los problemas en términos de cifras objetivas podemos combatirlos de manera realista.

Cuando los trabajadores están entrenados para estar atentos al *warusa-kagen,* también llegan a estar atentos a las anormalidades sutiles que se desarrollan en el taller. En una planta de Tokai Rika, los trabajadores reportaron 534 de tales anormalidades sutiles en un solo año. Algunas de estas irregularidades podrían haber llevado a serias dificultades si no hubieran sido puestas a la atención de la administración.

Otro aspecto importante de este enfoque a los problemas, es que la mayor parte de los problemas en la administración ocurren en las áreas funcionales transversales. Los buenos gerentes japoneses que han trabajado durante años en la misma compañía y esperan seguir durante más años, han desarrollado sensibilidad a las situaciones funcionales transversales. (La promoción a los puestos administrativos de importancia debe estar basada en qué tanta sensibilidad desarrolla el empleado a los requisitos funcionales transversales.) La retroalimentación de la información y la coordinación con otros departamentos es una parte de la rutina del trabajo del gerente.

Sin embargo, en muchas compañías occidentales, las situaciones funcionales transversales son percibidas como conflictos y son tratadas desde el punto de vista de solución del conflicto en vez de como solución a un problema. La falta de criterios predeterminados para resolver los problemas funcionales transversales y el "territorio" profesional celosamente guardado, hacen que el trabajo de resolver los problemas funcionales transversales sea más difícil.

KAIZEN y las relaciones laborales-administrativas

Este puede ser un punto apropiado en el cual se debe considerar el papel que los sindicatos occidentales han representado tradicionalmente con respecto al mejoramiento.

Si observamos en forma desapasionada lo que los sindicatos han estado haciendo a nombre de la protección a los derechos de sus miembros, observamos que al oponerse de manera obstinada al cambio, con frecuencia sólo logran privar a sus miembros de una oportunidad para autorrealizarse, una oportunidad de mejorarse a sí mismos.

Al resistirse al cambio en el lugar de trabajo, los sindicatos han privado a los trabajadores de la oportunidad de trabajar mejor y con más eficiencia en un proceso o en una máquina mejorada. Los trabajadores deben recibir bien el estar expuestos a nuevas habilidades y oportunidades, porque tal experiencia conduce a nuevos horizontes y retos en la vida. Sin embargo, cuando la administración ha sugerido cambios tales como asignar trabajadores a distintos trabajos, los sindicatos se han opuesto, argumentando que eso conduciría a la explotación y que violaría los derechos sindicales de los trabajadores.

Preservando con terquedad la tradición de la membresía sindical basada sobre determinadas habilidades para el trabajo, los miembros del sindicato han estado confinados a sus trabajos fragmentados y han despreciado valiosas oportunidades para aprender y adquirir nuevas habilidades asociadas con su trabajo —oportunidades para enfrentar nuevos retos y crecer como seres humanos—. Tal actitud suele estar basada en el temor del sindicato de que los mejoramientos puedan dar como resultado una disminución de la membresía o desempleo para sus miembros.

En mayo de 1982, Hajime Karatsu, entonces director administrativo de la Matsushita Communication Industrial, pronunció un discurso en Washington, D.C., explicando las exitosas prácticas japonesas en el CTC. Después de su discurso, alguien le preguntó si creía que existía un vacío cultural entre el Japón y los EUA que hiciera posible el CTC en el Japón pero no en los EUA, la respuesta de Karatsu fue:

Antes de venir a Washington, me detuve en Chicago para ver la Exhibición de Electrónica para el Consumidor. Había muchos productos Matsushita que se mostraban en la exhibición. Cuando llegaron empacados en cajas, fue trabajo del sindicato de carpinteros quitar los clavos de las cajas. Sin embargo, el sólo sacar los clavos no bastaba para quitar todo el marco de madera, puesto que quedaban algunas tuercas y pernos. El hombre del sindicato de carpinteros dijo que su trabajo no era quitar tuercas y pernos y que no lo haría. Por fin fueron eliminadas las armazones, pero el trabajo se detuvo otra vez porque el resto tenía que hacerlo un trabajador de otro sindicato. Luego nos enteramos de que los folletos pedidos a Japón habían llegado. Fui a observarlos, pero no había nadie allí del sindicato apropiado para descargar los paquetes. Esperamos dos horas, pero nadie llegó. Por último, el conductor del camión que había entregado los paquetes se dio por vencido y se retiró, con los folletos todavía en su camión.

Podría parecer que aquí había un patrón cultural que hacía imposible cooperar para hacer el trabajo. Sin embargo, el béisbol es un juego muy de los EUA, y nunca he visto que los sindicatos de primera base y los de segunda base discutan sobre quién manejaría la bola después de que el bateador la golpeara. El que puede hacerlo lo hace y se beneficia todo el equipo. En las compañías japonesas, la gente trata de lograr el mismo tipo de trabajo en equipo que en un equipo de béisbol.

En 1965, la Isetan Department Store, una de las más grandes tiendas de departamentos en el Japón (6 000 empleados), cambió a una semana de cinco días para todos los empleados. Al mismo tiempo, los trabajadores y la administración acordaron que se utilizara uno de los días libres para descanso y el otro para automejoras. De hecho, se emitió una declaración conjunta sobre el desarrollo de los recursos humanos de Isetan por el presidente de la compañía y el presidente del sindicato. Decía:

La administración de Isetan y el sindicato por la presente declaran que, compartiendo el mismo lugar de trabajo, debemos unir esfuerzos para desarrollar nuestras personalidades y capacidades naturales hasta la máxima extensión de nuestra vida diaria y crear un entorno que conduzca al desarrollo.

La filosofía fundamental de esta declaración conjunta era que (1) el desarrollo de un individuo y el ejercicio de sus habilidades en el trabajo beneficia tanto a la compañía como al individuo y (2) la gente está buscando siempre el automejoramiento y el significado real de la igual oportunidad es proporcionar oportunidades para el crecimiento.

Robando trabajos

Las personas interesadas en mejorar su trabajo deben tomar un interés positivo en los procesos corriente arriba que le proporcionan material y productos semiterminados. También deben interesarse en los procesos de corriente abajo, considerándolos como sus clientes y hacer cualquier esfuerzo para pasar sólo buenos materiales y productos.

Como dice el viejo refrán, "No se puede hacer un buen omelette con huevos podridos". Existe una correlación similar entre el trabajo de un individuo y los trabajos de sus compañeros de trabajo; si un trabajador está interesado en hacer de KAIZEN parte de su trabajo, sus compañeros también deben estar involucrados.

Cualquier trabajo que involucre a más de un trabajador tiene áreas grises que no pertenecen a ningún individuo. De tales áreas grises debe hacerse cargo cualquier trabajador que esté a la mano. Si el trabajador se apega a su propia descripción de su trabajo y se rehúsa a hacer más de lo que formalmente se requiere de él, hay poca esperanza de KAIZEN.

El trabajador japonés ha sido notable por su disposición para hacerse cargo de tales áreas grises. Debido a su sistema de empleo vitalicio, el trabajador japonés de cuello azul no se siente amenazado aun cuando otra persona intervenga y haga parte de su trabajo, ya que no afecta ni a sus ingresos ni a su seguridad en el empleo. Por la misma razón, está dispuesto a enseñar a los trabajadores las habilidades que ha adquirido en el trabajo. Esta suave transferencia de habilidades de una generación a otra de trabajadores ha consolidado la base sólida del trabajo especializado en la industria japonesa.

En un entorno en donde las descripciones del trabajo y los manuales dictan todas las acciones, hay poca flexibilidad para que los trabajadores se dediquen a actividades del "área gris". Los trabajadores deben estar entrenados para que puedan trabajar con flexibilidad en esas áreas grises, incluso cuando se apegan estrictamente a los estándares establecidos en el desempeño de su trabajo. La flexibilidad se reduce aún más cuando están involucrados varios sindicatos en el mismo lugar de trabajo. En un caso así, penetrar demasiado en el área gris es fácil que pueda tomarse como "robar el trabajo del compañero". En el Japón, esto no sería robar, sino una contribución positiva y humana a KAIZEN, considerado como una ventaja para todos.

Existe algo deshumanizante respecto a la lógica de que la única forma en que puede asegurar su trabajo es negarse a enseñar a cualquier otro sus habilidades. Debemos crear un entorno en el cual el mejoramiento sea asunto de todos y la preocupación de todos.

COMETIDO CONJUNTO PARA KAIZEN—LA HISTORIA DE NUMMI

Existen varias avenidas por las cuales las actividades de KAIZEN pueden establecerse en la planta. La primera de ellas y la más común es que el trabajador cambie la forma en que hace su trabajo para convertirlo en más productivo, más eficiente o más seguro. Esto por lo general conduce a un cambio en el ritmo de trabajo.

(*NUMMI—Continua*)

La segunda avenida es efectuar cambios en el equipo, tales como la instalación de dispositivos a prueba de impericias y cambiar el arreglo de la maquinaria. La tercera avenida es hacer mejoramientos en los sistemas y procedimientos, y la cuarta, la combinación de las otras tres. Todas estas alternativas deben agotarse antes de que la administración comience a pensar en innovaciones.

Una de las muchas actividades que deben emprenderse en la primera etapa es revisar los actuales estándares de trabajo para ver si hay lugar para mejorar el desempeño a fin de cumplir con los estándares y luego mejorarlos. Este es el punto de partida para el trabajador de KAIZEN.

Sin embargo, hablando en términos generales, los sindicatos de trabajadores en Occidente han sido muy sensibles a asuntos tales como cambiar la forma en que los trabajadores trabajan, ya que temen que cualesquier cambios pueden conducir a trabajar más y a la explotación. En consecuencia, los trabajadores organizados han mostrado una gran renuencia al cambio de los estándares de trabajo en Occidente.

NUMMI (New United Motor Manufacturing, Inc.), una empresa conjunta entre Toyota y la General Motors en Fremont, California, merece una mención especial a este respecto. En la planta de NUMMI, la UAW (United Auto Workers) ha negociado un pacto que incluye el acuerdo para involucrar al trabajador en KAIZEN. (La administración no sólo ha llegado a un acuerdo sobre el concepto de KAIZEN, sino que incluso ha usado el término japonés de KAIZEN en el contrato en lugar de "mejoramiento", ¡que no parece representar el concepto correcto!)

La estandarización del trabajo es uno de los principales soportes del sistema de producción de Toyota. Según la define Toyota, la estandarización del trabajo es la combinación óptima de trabajadores, máquinas y materiales. La razón de ser del trabajo estandarizado es que es la mejor manera de asegurar cosas tales como calidad, costo y volumen. El trabajo estandarizado también se considera como la forma más segura para hacer el trabajo.

Existen tres componentes principales del trabajo estandarizado en Toyota: tiempo del ciclo, secuencia del trabajo y número de piezas en proceso. Si el trabajador no puede hacer el trabajo estandarizado, la preocupación del capataz es ayudarlo a hacer un trabajo mejor. Una vez hecho esto, el paso siguiente es elevar a los estándares de trabajo. El reto de KAIZEN es constante.

En Toyota, se espera que un capataz haga esto involucrando a los trabajadores en el proceso de KAIZEN. Por lo tanto, KAIZEN en Toyota significa mejorar primero el desempeño del trabajador para hacer

(NUMMI—Continua)

que los trabajadores se desempeñen según el estándar y luego elevar esos estándares en un esfuerzo total que involucre a los trabajadores.

La experiencia en NUMMI indica que el sindicato ha aceptado el papel de la administración en KAIZEN, así como la participación del trabajador en KAIZEN, lo que conducirá a estándares de trabajo mejorados. Prácticamente todo trabajador en NUMMI habla hoy de KAIZEN. Este es el primer caso en las relaciones laborales occidentales en donde haya sido acordado una dedicación conjunta a KAIZEN en el lugar de trabajo. También debe agregarse que la administración de NUMMI ha hecho que el cometido del sindicato haga lo mejor para ver que las actividades de KAIZEN en el lugar de trabajo no resulten en una fuerza de trabajo disminuida.

Muchos trabajadores en NUMMI habían sido empleados en la planta de Fremont de la GM, la cual fue cerrada porque no era competitiva. No tuvieron ninguna dificultad para entender que tenían que producir automóviles de calidad para mantener viables sus trabajos. Si el trabajo estandarizado y KAIZEN es lo que se necesita para producir automóviles de calidad, entonces se deduce que deben recibir bien la oportunidad de participar en KAIZEN.

Otro desarrollo en la planta ha sido la asignación de trabajos múltiples. En vez de subdividir los trabajos en muchas categorías distintas, los trabajadores y la administración acordaron establecer menos categorías de trabajos y animar a los trabajadores a dedicarse a trabajos múltiples. ∎

Una de las lecciones que deben aprenderse de la historia de NUMMI, es que la aceptación de los trabajadores organizados es esencial para que KAIZEN tenga éxito. En este contexto, puede ser útil revisar el KAIZEN bajo las perspectivas de las relaciones industriales.

Muchas de las actividades que tienen lugar dentro de una compañía caen entre los dos extremos de cooperación y confrontación —la cooperación se refiere a trabajar juntos para hornear un pastel más grande y la confrontación a pelear para dividir el pastel—. Debido a que no hay cosa tal como una confrontación del 100% entre los trabajadores y la administración, pensar en las relaciones industriales como un continuo cooperación/confrontación da un cuadro mas positivo y realista que el estereotipo tradicional de ''nosotros-ellos''.

Está para los mejores intereses del trabajador hacer que su compañía sea más competitiva y lucrativa, puesto que esto aumenta sus oportunidades para salarios más altos y mayor seguridad en el trabajo. Así, debido a que el empuje de las actividades de KAIZEN es mejorar áreas funcionales transversales tales como calidad, costo y programación, y debido a que el mejoramiento en estas áreas lleva a un pastel más grande, es natural que la parte laboral tenga interés en promover a KAIZEN.

Todo esto está muy bien. ¿Pero qué sucede si los mejoramientos de KAIZEN afectan de manera adversa el ingreso y la seguridad en el trabajo; por ejemplo, quitándole el trabajo a la gente? La Fig. 6-1 estudia a KAIZEN en términos de ingreso y seguridad en el trabajo, con la respuesta de los trabajadores organizados mostrada como positiva o negativa.

"Queremos más" ha sido el clamor de los trabajadores organizados, pero es importante que los trabajadores y la administración se den cuenta de que este "más" pueda significar no sólo una parte más grande del pastel existente sino también una parte más grande de un pastel más grande. Aun cuando es menos en términos de porcentaje, el 55% de 120 todavía es más que el 60% de 100.

Los salarios deben ser cuidadosamente ponderados contra la seguridad en el trabajo y el interés laboral queda así dividido entre el potencial del trabajo y la distribución del trabajo, donde el potencial significa el impacto potencial sobre el número total de trabajos disponibles y la distribución del trabajo es la asignación real del potencial humano dentro de este potencial.

	Potencial de ingreso	Potencial de trabajo	Distribución del trabajo
La respuesta laboral es:	Positiva	Positiva si la administración es flexible	Positiva si la parte laboral es flexible
		Negativa si la administración no es flexible	Negativa si la parte laboral no es flexible
		↑ Requiere iniciativa de la administración	↑ Requiere iniciativa de la parte laboral

Fig. 6-1   Respuesta laboral a la implantación de KAIZEN.

La Fig. 6-1 muestra que si bien los trabajadores organizados tienen buenas razones para ser positivos respecto a KAIZEN desde el punto de vista de los ingresos, los trabajadores no aceptarán totalmente a KAIZEN si los mejoramientos resultantes conducen a un potencial de trabajo reducido. Por el lado de la distribución, los trabajadores deben estar preparados para aceptar el entrenamiento necesario para los cambios en la distribución del personal que resulten de KAIZEN.

La innovación a gran escala superficialmente es menos complicada, ya que la decisión para innovar por lo general es tomada por la administración, con poca participación del trabajador. Pero a pesar de esta falta de cooperación laboral, la innovación es una gran preocupación para los trabajadores si afecta de manera adversa el ingreso o el trabajo. La microelectrónica es un caso oportuno y es fácil ver la preocupación laboral en esta área.

Por lo tanto, es esencial que se establezca un comité conjunto laboral-administrativo, como se hizo en NUMMI, antes de introducir el KAIZEN. Esto requiere que ambas partes sean realistas y flexibles para abordar el KAIZEN. Así como es esencial que la administración tome la iniciativa haciendo frente a la preocupación laboral respecto al potencial de trabajo, también lo es la iniciativa y aceptación laboral en la distribución del trabajo y el reentrenamiento esencial. La seguridad en el trabajo sólo puede existir cuando va acompañada de la cooperación en conceptos tales como las líneas de demarcación entre distintos trabajos y el status de los trabajadores que desempeñan trabajos que son "aumentados" y "enriquecidos" como resultado del KAIZEN. Cuando existen varios sindicatos involucrados, tienen que trabajar unidos en el mejor interés de todos los trabajadores y no sólo en el de sus propios miembros. En verdad sería irónico si los sindicatos, formados para defender los derechos del trabajador, terminaran riñendo por un territorio a expensas del trabajador.

¿La actividad de KAIZEN conduce en forma automática a la redundancia en el trabajo? Hablando en términos generales, no. Aun cuando resulte redundancia, bien puede ser posible asignar a otros trabajos a los trabajadores superfluos y ofrecerles la oportunidad de aprender nuevas habilidades. El Cap. 4 sobre los sistemas de sugerencias explica que las principales áreas de sugerencias para el mejoramiento en el Japón son para el propio trabajo del individuo; la conservación de la energía y otros recursos; el entorno de trabajo; máquinas y procesos; aditamentos y herramientas; procedimientos para el trabajo de oficina; calidad del producto; ideas para nuevos productos; servicios al cliente; y relaciones con el cliente. Pocas de estas actividades conducen a la redundancia.

Si la administración retiene el mismo número de trabajadores a pesar de los aumentos en la productividad, puede acrecentar la producción. Además, los trabajadores capaces en forma más general pueden enfrentarse al reto de la producción justo a tiempo y al montaje de distintos modelos de productos en la misma línea. KAIZEN ha sido introducido con éxito en el lugar de trabajo en el Japón a base de los continuos esfuerzos de la administración para obtener el apoyo laboral y una respuesta positiva y constructiva de parte de los trabajadores, como se muestra en el movimiento de productividad y en las actividades de los grupos pequeños que destacan la participación voluntaria en KAIZEN.

La administración y los trabajadores: ¿enemigos o aliados?

Hace poco tuve oportunidad de platicar con un hombre de negocios japonés recién llegado de Europa, en donde él había sido el director administrativo de una sucursal japonesa que empleaba a unas 50 personas de la localidad. Como un ejecutivo japonés típico, visitaba a los miembros de su staff en sus oficinas y charlaba con ellos respecto a sus familias y aficiones. Su oficina estaba ''abierta'' y sus empleados estaban en libertad de verlo en cualquier momento durante las horas de trabajo. Durante las negociaciones salariales se tomaba tiempo para explicar el ambiente económico en general y las condiciones del mercado competitivo para ayudar a sus empleados a entender y aceptar sus nuevos niveles de salario.

Uno de los primeros pasos dados por su sucesor europeo fue pedir que los empleados que desearan verlo hicieran citas a través de su secretaria. Cuando se determinaron los aumentos de salario, el nuevo gerente se limitó a colocar un aviso en el tablero de boletines. También despidió de inmediato a varios empleados redundantes.

Con el mundo haciéndose más pequeño, cada vez más gente de distintas nacionalidades, herencias étnicas y antecedentes culturales han tenido que trabajar juntas y ha habido una creciente necesidad de ''entendimiento y comunicación interculturales''. Sin embargo, una buena mirada dentro de la compañía muestra que es la clase administrativa la que más necesita aprender estas habilidades de la comunicación. La mayoría de los gerentes parecen no saber cómo relacionarse con sus trabajadores. El compartir un lenguaje común no garantiza la comunicación efectiva. En realidad sería mejor si los gerentes consideraran a sus trabajadores como personas de antecedentes culturales totalmente distintos ya que, después de todo, la clase trabajadora tiene valores y aspiraciones distintas a las de la clase administrativa. Uno no debe engañarse por el hecho de que ambos hablan el mismo lenguaje.

En Occidente, puede ser que los gerentes no entiendan o no quieran entender las aspiraciones de los trabajadores debido a las divisiones psicológicas entre ellos y la administración. Este problema se complica cuando los trabajadores literalmente no hablan el mismo lenguaje que la administración. En tal situación, los gerentes se enfrentan en realidad con la necesidad de desarrollar habilidades interculturales así como habilidades para facilitar la comunicación entre sus compatriotas.

¿Qué hace uno por lo general cuando se encuentra por primera vez con alguien de una cultura extranjera de la que sabe muy poco? La práctica aceptada es mostrar signos de amistad (para asegurar al otro que nuestras intenciones no son hostiles), para poner mucha atención a indicios conductuales y esperar con paciencia hasta que se entiendan las acciones de la otra persona.

Sin embargo, el comportamiento típico del gerente occidental es la pesadilla de todo antropólogo cultural. Su comportamiento es precisamente lo opuesto de lo que toda persona que desea establecer armonía con extranjeros se supone que haga. Puesto que el gerente considera el lugar de trabajo como una selva hostil, su oficina es un lujoso puesto de avanzada bien fortificado en donde se atrinchera y evita la comunicación. Si acaso existe comunicación, en el mejor de los casos es en un solo sentido. El gerente se siente protegido por los muros que levanta entre él y los trabajadores. Con frecuencia exhibe su status y poder ante los trabajadores menos privilegiados.

Hace poco me enteré de una fábrica en Europa en donde los trabajadores de cuello azul usaban camisas azules, los técnicos camisas amarillas y los empleados de cuello blanco y los gerentes, camisas blancas. Los trabajadores de cuello azul en Occidente por lo general toman sus alimentos en un comedor separado de los trabajadores de cuello blanco. Se me dijo que existen cuatro diferentes comedores en el Ministerio Soviético de Comercio Exterior para servir a cuatro niveles distintos de burócratas. En apariencia, la propensión a dividir a las personas en distintas clases no es monopolio del capitalismo occidental.

Por el color de las camisas que usan en los comedores separados que utilizan, siempre se está recordando a los trabajadores que son de una raza distinta de animal. ¡Sin embargo, a la administración actual le encanta hablar respecto a ideas tales como la realización personal y la calidad de la vida de trabajo! En el Japón no es raro que *toda* la gente porte idénticos uniformes y todos coman juntos en el comedor común.

Existen lugares en donde la efectividad del capataz está medida por el número de acciones punitivas aplicadas a sus trabajadores. Cuantas más sean es mejor. Esta clase de relación está muy lejos de la meta de establecer la comunicación intercultural y entendimiento entre los dos grupos.

Una de las ventajas de Japón ha sido la homogeneidad de su sociedad y la existencia de trabajadores altamente motivados. Sin embargo, esto no quiere decir que la administración japonesa no tenga que desarrollar habilidades para la comunicación. El Japanese National Railways (JNR) representa un caso en donde la administración ha fracasado en formar una relación de trabajo con los trabajadores y el resultado ha sido un antagonismo profundamente arraigado. Por ejemplo, el ausentismo es tan alto como el 40% en algunos lugares. No obstante, en la mayor parte de las compañías japonesas, la administración ha tenido éxito al asumir un papel de apoyo y en crear una comunicación bidireccional.

Ambas partes deben estar dispuestas a alterar su comportamiento para cambiar las relaciones laborales-administrativas. Por ejemplo, la administración debe desarrollar un estilo más abierto y de apoyo. Aunque los cambios no se efectúan con facilidad, es posible introducir programas en los cuales ambas partes se vean obligadas a trabajar juntas y a aprender una de la otra.

Junto con los círculos del CC y otras actividades de los grupos pequeños para estimular la participación del trabajador, las compañías japonesas han ideado otros varios programas para mejorar la comunicación con los trabajadores y sus familias. Los que siguen son algunos ejemplos:

- Recorridos por la planta para los miembros de la familia.
- Publicidad dirigida a la familia sobre las actividades de la compañía.
- Distintivos de la compañía para los trabajadores.
- Menciones por desempeño notable, largo tiempo de servicio, mantenimiento de la seguridad y similares.
- Concursos interdepartamentales.
- Fiestas de bienvenida a los nuevos empleados.
- Visitas a las plantas de otras compañías.
- Boletines de la compañía y periódicos de la planta.
- Difusiones por radio de las últimas noticias.
- Mensaje del presidente, anexo en el sobre de la paga.

- Eventos al aire libre.
- "Libros de Guinness" internos.
- Juntas regulares con la alta administración.

A menos que se haga un esfuerzo consciente y penetrante para neutralizar las diferencias de status en la compañía, el antagonismo de clase envenenará la atmósfera y hará fracasar los planes más racionales. El primer trabajo del gerente es aprender a comunicarse con sus empleados para que tanto los trabajadores como la compañía puedan alcanzar sus objetivos comunes.

Actividades de los grupos pequeños: Tender un puente en la brecha laboral-administrativa

Todos los años, 500 "líderes junior" de las compañías japonesas asisten a un seminario/crucero de 16 días en el *Coral Princess,* que los lleva a Filipinas y a Hong-Kong. Como auditorio cautivo, pasan los días escuchando conferencias dadas por expertos sobre temas tales como desarrollo del liderato, activación del taller, autodesarrollo y sobre el impacto de las actividades de los grupos pequeños sobre el mejoramiento de la productividad. Por la noche, se reúnen de manera informal y discuten las experiencias del trabajo. Seleccionados de compañías en todo el Japón, todos estos líderes junior han demostrado habilidades de liderato en las actividades de los grupos pequeños. Por lo general, tienen 27 o 28 años de edad y son miembros de sindicatos.

Hay "sesiones de entrenamiento a bordo" que se han celebrado desde 1972, son conducidas por el Junior Executive Council of Japan, una organización establecida para desarrollar líderes jóvenes que eventualmente formarán la columna vertebral de la administración corporativa japonesa.

Fumio Imamura, director administrativo del Consejo, dice:

Una buena pieza de tela siempre se hace de dos hilos —la urdimbre y la trama, los hilos verticales y horizontales—. En forma similar, una organización saludable debe tener hilos tanto formales como informales. Los hilos verticales forman la jerarquía administrativa, las líneas formales de comunicación a través de las cuales se despliega la política de la compañía. Las informales u horizontales están representadas por la participación voluntaria en los numerosos grupos pequeños de los cuales está compuesta la compañía.

Es en este nivel en donde se discute la política de la compañía y se implanta, y ésta es la razón de que necesitamos desarrollar líderes junior que puedan extraer la participación y dedicación de los otros miembros del grupo.

Desde fines de la década de 1950, las compañías japonesas han fomentado la formación de grupos pequeños entre sus trabajadores. Estos grupos pequeños han desempeñado un papel vital para elevar la productividad, crear un entorno de trabajo más significativo y placentero y el mejoramiento de las relaciones industriales. Los círculos del CC son un buen ejemplo del fenómeno informal de los grupos pequeños. Existen muchos otros "círculos" activos en áreas tales como el movimiento de CD, el sistema de sugerencias del trabajador, los grupos de seguridad y actividades recreativas.

De acuerdo a una encuesta conducida hace poco por el Ministerio Japonés de Trabajo, cerca de la mitad de las compañías con más de 1 000 empleados tienen actividades de grupos pequeños. La mayoría de ellos son iniciados por los empleados con la aprobación de la administración.

El Junior Executive Council of Japan también conduce programas de dos y tres días para el entrenamiento de líderes informales. Estos programas proporcionan entrenamiento regular a unos 10 000 líderes cada año. Durante años, el Consejo ha entrenado a más de 100 000 de tales líderes y esta gente es ahora punta de lanza de grupos de trabajadores en los talleres de producción. Como incentivo adicional, el Consejo presenta premios anuales a los líderes que han hecho contribuciones notables y los líderes junior compiten por varios trofeos y menciones.

Los grupos pequeños también desempeñan un papel de importancia en colocar los cimientos para buenas relaciones industriales. Los líderes sindicales con frecuencia adoptan posturas de intransigencia cuando se enfrentan a la administración, rehusándose a ceder en sus demandas específicas. Sin embargo, los trabajadores del taller por lo general son más pragmáticos y están más interesados con los asuntos diarios relacionados directamente a su papel como empleados, no sólo como miembros del sindicato. Es aquí en donde se cruzan los hilos verticales y horizontales.

De este modo, la creación de relaciones sólidas entre los trabajadores y la administración en el Japón, suele depender de la formación de un pequeño núcleo de trabajadores a nivel del taller que son capaces de conciliar su doble papel de empleados y miembros leales del sindicato. Los empleados leales desean trabajar mano a mano con la administración para crear mejores productos y utilidades más grandes. Aquí no existe conflicto con la administración. Sin embargo, existe conflicto cuando el miembro leal al sindicato refuta a la administración con respecto a la distribución de las utilidades.

Una vez que una nueva política ha sido adoptada por la administración, es transmitida a los talleres a través de la jerarquía administrativa normal. No obstante, este proceso representa la comunicación que involucra sólo a la mitad de los "hilos". Al mismo tiempo, los trabajadores deben ser llevados a un completo entendimiento de las intenciones de la administración con el fin de obtener su cooperación y dedicación. Esta es la razón de ser de los grupos pequeños conducidos por sus líderes informales.

Los procesos de "democratización" de las bases observados en las compañías japonesas de la posguerra ha tomado la forma de involucrar al trabajador en los asuntos del taller. Estimulando la participación en los grupos pequeños, la administración gana la dedicación y el consentimiento del trabajador. El liderazgo sindical también encontró que los canales de comunicación con la administración con frecuencia son inadecuados sin la actividad a nivel de las bases. El modelo japonés está en agudo contraste con Alemania Occidental, en donde el llamado *Mitbestimmung* sólo es discutido por los altos niveles de la administración y de trabajadores, sin invitar la participación de los trabajadores de nivel inferior. La "democratización" del taller es el resultado de los esfuerzos constantes tanto de parte de los trabajadores como de la administración para formar pequeños círculos informales.

Otra organización involucrada en la formación de círculos de trabajadores es el Japan Productivity Center, que conduce seminarios sobre productividad varias veces al año, y los participantes son seleccionados tanto de la administración como de los trabajadores.

Los seminarios de productividad están incluidos en los programas anuales de entrenamiento de las principales compañías, como la Nippon Steel Corporation y algunos sindicatos también utilizan seminarios de productividad como parte de sus programas de entrenamiento de liderazgo. Durante estos seminarios, se les dice a los trabajadores que la meta de la mejor productividad es construir un futuro mejor y un mayor bienestar. También se les enseña que nada recibirán en una charola de plata sino que todo requerirá esfuerzos diligentes de parte de todos. La cooperación entre los trabajadores y la administración se considera como un factor esencial y es una obligación el respeto mutuo.

Sin embargo, cuando se trata de la división actual de los frutos de esos esfuerzos, es natural que los trabajadores y la administración sean adversarios. La negociación colectiva y las huelgas son las herramientas utilizadas en la reconciliación. La colaboración previa con la administración no se ve como una contradicción en los esfuerzos sindicales.

Esta es la esencia de la filosofía que se enseña a los jóvenes líderes en estos seminarios. Pero también se discute la forma de crear un entorno de trabajo más agradable y realizador y los métodos para organizar los círculos informales. Desde que el Japan Productivity Center comenzó por primera vez a organizar seminarios en 1965, han asistido cerca de 100 000 líderes.

El JPC también tiene otro grupo de programas educativos para los ejecutivos sindicales llamado "Universidad del Trabajo". Este programa se inició en la creencia de que los líderes sindicales deben tener un entendimiento sólido y amplio de la administración comercial, incluyendo áreas tales como el análisis financiero, si es que van a tratar con la administración con iguales bases. El líder sindical que no puede entender los estados financieros ni el desempeño de la compañía no podrá negociar con la administración temas tales como la innovación tecnológica, transferencias de personal y desmantelamiento de las instalaciones. Miles de líderes sindicales han sido ya "graduados" en esta universidad.

La cultura de la productividad

El Grupo de Relaciones Económicas Japón-EUA, un equipo de estudio bilateral de cuatro "sabios" cada uno del Japón y de los EUA, hace poco entregó un informe sobre los factores que afectan las relaciones económicas de las dos naciones y la forma en que podrían ser fortalecidas.

El informe citaba la preocupación de los EUA sobre la declinación de la tasa de crecimiento de la productividad anual, con una observación especial sobre cómo esa declinación afectaba la competitividad en el comercio EUA-Japón.

También observaba una mayor conciencia en los EUA sobre amplios programas para incrementar la productividad. Como parte de este creciente conocimiento, el grupo también buscaba áreas de cooperación entre el Japón y los EUA en un esfuerzo para aprovechar las ventajas logradas por Japón en fecha reciente.

Al leer este informe provisional, recordé con nostalgia mis años en los EUA cuando estaba ayudando en misiones de estudio sobre la productividad japonesa para observar cómo los trabajadores y administraciones estadounidenses estaban tratando el problema de la productividad, para aprender de ellos y descubrir el "secreto" de la elevada productividad estadounidense. Entre quienes tuve el placer de trabajar estaban Masumi Muramatsu, ahora presidente de la Simul International; T.Y. Arai, ahora presidente de Tokyo Hotels International; Thomas T. Yamakawa de Price Waterhouse; Masaaki Matsushita, presidente de Shaklee Japan K.K.; Shoichi Osakatani de Mitsubishi Motors Corporation; y Masao Kunihiro, ahora un hombre clave de la televisión. La organización responsable de estas misiones por parte de Japón era el Japan Productivity Center, una organización fundada en 1955 con la siguiente filosofía:

Creemos que el mejoramiento de la productividad conduce finalmente a más grandes oportunidades de empleo. Debe tratarse la redundancia temporal hasta donde sea posible mediante la redistribución, a fin de minimizar el riesgo del desempleo.

Creemos que deben estudiarse pasos específicos por medio de una consulta conjunta entre los trabajadores y la administración.

Creemos que los frutos de la productividad mejorada deben distribuirse en forma equitativa entre la administración, trabajadores y consumidores.

Yoshisaki Ohta, anterior director administrativo de la Japan Industrial Vehicles Association, recuerda que la brecha industrial entre los EUA y el Japón era tan grande en aquel tiempo que algunas personas incluso afirmaban que era inútil que el Japón tratara de aprender de los EUA, ya que era incapaz de aplicar cualesquier lecciones aprendidas. En 1959, cuando visitó por primera vez los EUA como miembro de una misión de estudio, la producción total de Japón de montacargas era de 1 600 contra 30 000 de los EUA. En 1980, Japón sobrepasó a los EUA en la producción de montacargas. En tanto la industria japonesa de montacargas creció 60 veces de 1958 a 1980, la industria estadounidense sólo creció el triple durante el mismo periodo de 22 años. En 1959, ni una sola compañía japonesa estabe entre las ''grandes cinco'' compañías internacionales de montacargas. En 1980, tres de las cinco grandes eran compañías japonesas.

El Japan Productivity Center celebró el aniversario de plata de su fundación en 1980. Durante sus primeros 25 años, el JPC despachó 1 468 misiones de estudio al extranjero comprendiendo 22 800 ejecutivos. Pero en la actualidad, el JPC recibe más misiones de estudio del extranjero de las que envía.

Las actividades del JPC ahora incluye campos tan diversos como el desarrollo de ejecutivos, relaciones trabajadores-administración, intercambio internacional de expertos y tecnología, y consultas administrativas y técnicas. Además, publica periódicos, manuales y libros sobre temas relacionados con la productividad. Emplea 600 personas en 20 capítulos regionales, también tiene oficinas en el extranjero en Washington, D.C., Frankfurt, Londres, París y Roma. Es obvio que el JPC ha crecido junto con la productividad japonesa.

Kohei Goshi, que fue instrumental en la organización del JPC en 1955 y lo ha encabezado desde entonces, dijo en 1980:

> Hace veinticinco años iniciamos el movimiento de la productividad con la convicción de que su meta final debía ser mejorar el bienestar de los empleados. No importa lo que la administración pueda hacer, la productividad física no mejorará a menos que las personas que trabajan para la compañía estén dispuestas a trabajar y tengan la sensación de que están haciendo un trabajo de importancia. En aquellos días, el Japón estaba ansioso de introducir la administración científica de Occidente. Pero creímos que la administración no sólo involucra la tecnología sino también el corazón humano.
>
> Si bien los esfuerzos para elevar la productividad han estado dirigidos en su mayor parte al lado técnico de Occidente, nuestros esfuerzos han estado dirigidos a elevar el nivel de satisfacción del trabajador en el lugar del trabajo. Dicho de otra manera, no basta tratar sencillamente de manipular la productividad. Tenemos que tratar con el corazón humano. Por lo tanto, creo que el asunto de la productividad debe ser introducido con un enfoque cultural.
>
> Con sus cimientos en esta filosofía, el movimiento de la productividad en el Japón ha florecido, haciendo un uso máximo de las técnicas de administración centradas en lo humano, tales como la cooperación entre los trabajadores y la administración, el colectivismo, las actividades de los grupos pequeños, los círculos del CC, y otros. La "cultura de la productividad" ha sido uno de los grandes logros del Japón en la posguerra, algo que con orgullo podemos exportar a otros países.

Hace pocos años, Goshi fue premiado con la Orden de Primera Clase del Tesoro Sagrado. En la fiesta para la celebración de este premio estuvieron presentes dos Primeros Ministros anteriores, Takeo Fukuda y Takeo Miki. Fukuda dijo, "Todavía tengo que recibir esta alta recompensa acabada de conceder a Goshi, lo que significa que me sentaré detrás de él en las recepciones imperiales. Esto indica el aprecio del gobierno japonés a sus contribuciones en el campo del mejoramiento de la productividad. Obviamente es superior a mí".

EL TRABAJADOR BIEN REFINADO:
EXPERIENCIAS EN NIPPON STEEL Y NISSAN MOTOR

En Kimitsu Works de la Nippon Steel Corporation, seis hombres que trabajaban en el horno de recalentamiento del laminado de bandas en caliente formaron un grupo de JK (Jishu Kanri) para estudiar la forma de mejorar el uso eficiente del calor. En sus estudios, encontraron que la pista era detener el aire para que no entrara al horno. Esto los llevó a la idea de usar aire a presión. Con el fin de hacer los ajustes necesarios en el equipo, sin embargo, necesitaban ayuda para la soldadura eléctrica y el trabajo de plomería de los ingenieros del departamento de mantenimiento.

Cuando pidieron ayuda al departamento de mantenimiento, se les dijo, "Puesto que están trabajando en un problema con su propio equipo, ¿por qué no tratan de hacer ustedes todo el trabajo? Sin embargo, con gusto les ayudaremos a que aprendan las habilidades necesarias".

Así que estos trabajadores de horno se dieron a la tarea de aprender la soldadura y plomería en los días de descanso y después de sus horas de trabajo bajo la guía de los ingenieros del departamento de mantenimiento. Aun cuando estas habilidades no tenían nada que ver directamente con sus trabajos, estaban dispuestos a hacer el esfuerzo para adquirir estas nuevas habilidades. Después de 20 h, estuvieron lo bastante diestros para hacer sus propias modificaciones al horno de recalentamiento. Una vez hechos los ajustes, fue mejorada la eficiencia térmica lo bastante para ahorrar 5 000 kcal/ton.

Como se mencionó con anterioridad, el JK se refiere a *jishu kanri,* que podría traducirse como autoadministración o participación voluntaria. En el marco de empleo permanente, los trabajadores japoneses están psicológicamente listos para atacar muchas asignaciones de trabajo distinto. Cuando por primera vez se unen a la compañía, ni siquiera saben la clase de trabajo a que serán asignados. Cuando son asignados a un puesto específico, como trabajar en un torno, la administración se asegura de que reciban suficiente entrenamiento. Si la compañía decide transferirlos a un trabajo distinto, como a una fresadora, la administración les proporciona otra vez el entrenamiento necesario y los trabajadores aceptan de buena gana el cambio. Por lo que a los trabajadores concierne, se les asegura un empleo vitalicio con la compañía y están dispuestos a adquirir las varias habilidades como parte de su constante desarrollo. Se consideran como proveedores de habilidades no específicas que se desarrollarán durante su empleo. A su vez, la administración necesita esta receptividad para capacitar a la compañía para responder a los adelantos científicos y a los cambios del entorno creando nuevos trabajos.

Por ejemplo, esto ha ayudado a la administración a cambiar a la fuerza de trabajo entre distintos segmentos de la industria. Cuando fueron

(NIPPON STELL—Continua)

cerradas las minas de carbón de Kyushu en la década de 1960, los mineros desplazados fueron transferidos a la industria del acero. En forma similar, cuando la industria de la construcción de barcos fue golpeada por la recesión, muchos de sus trabajadores fueron transferidos al sector automotriz de los mismos grupos corporativos. Tal flexibilidad y adaptabilidad, y la disposición de los trabajadores a cualquier asignación de trabajo, son uno de los puntos fuertes de la economía japonesa. Esto está incrementado por el hecho de que la mayoría de estos trabajadores están organizados en sindicatos empresariales, no en sindicatos artesanales.

Es irónico que la ciencia moderna, al apoyar a los especialistas y profesionales, ha tendido a fortalecer la conciencia de clase de las personas y al mismo "sistema de castas" del cual la sociedad moderna está tratando de librarse. Estas esferas de especialistas que se multiplican con rapidez no pierden tiempo en organizarse y en formar alianzas. En ocasiones, existen más especialistas que trabajos en un campo dado, pero se resisten con frecuencia a cambiar de trabajo por "orgullo profesional".

Esta misma actitud es evidente en los negocios. Los mineros del carbón quieren seguir siendo mineros del carbón, sin que importe si hay bastantes puestos para todos ellos o si hay necesidad del carbón que extraen. Cuando los trabajadores en una compañía comienzan a hacer valer su codiciada "especialidad", quieren seguir en la misma categoría de trabajo y se rehúsan a aprender nuevas habilidades o aceptar distintos tipos de trabajo, esto convierte en una tarea colosal para la administración el introducir un cambio. Pero en el Japon los trabajadores están más que dispuestos a adquirir nuevas habilidades y aceptar nuevos trabajos, y en fecha reciente ha habido un esfuerzo consciente de parte de la administración japonesa para entrenar a los trabajadores en habilidades múltiples.

En Nissan Motor, los trabajadores que hacen soldadura manual de punto en las carrocerías de los automóviles están entrenados para hacer trabajos de aliño en los recortes cuando éstos se desgastan. En circunstancias normales, tal trabajo sería hecho por un ingeniero del departamento de mantenimiento. Sin embargo, dice Shoichi Nakajima, director administrativo de Nissan, puesto que los trabajadores conocen mejor su equipo, reciben bien la oportunidad de adquirir nuevas habilidades relacionadas con su trabajo.

Considerando como un reto hacer el trabajo de mantenimiento en su propio equipo ellos mismos, van de muy buena gana al departamento de mantenimiento a adquirir habilidades propias de mantenimiento. Para ellos, en cierto modo esto es la prolongación y enriquecimiento de su trabajo.

(*NIPPON STELL—Continua*)

De acuerdo con Nakajima, el trabajo de un obrero en el proceso de producción en masa tiende a ser sencillo y de una sola habilidad —en particular en las operaciones de la línea de montaje— lo que conduce a una penosa monotonía. Ayudando a los trabajadores a adquirir habilidades múltiples, es una buena forma de liberarlos del trabajo monótono. Nissan comenzó a estimular a los trabajadores de habilidades múltiples más o menos al mismo tiempo en que la administración comenzó a introducir la automatización y robotización. Los procedimientos de trabajo en la planta de montaje de carrocerías ha sido el 50% automatizada, lo que significa que el número de trabajadores ha sido reducido a la mitad en los últimos 10 años. En vez de ser suspendidos, los trabajadores redundantes fueron asignados a otros departamentos, como los de líneas de montaje, prensas y pintura.

En Nissan, existen tres criterios principales para el entrenamiento de trabajadores en habilidades múltiples. Primero, si es posible, el trabajador debe ser capaz de desempeñar todos los tipos de trabajos en un departamento dado. Por ejemplo, en el caso del departamento de carrocerías, el trabajador debe poder hacer soldadura de punto y otro tipo de soldadura, y más. Segundo, de acuerdo con los requisitos cada vez más complejos de los nuevos sistemas y equipos, el trabajador debe estar familiarizado con temas tales como maquinado, hidráulica, neumática, electricidad y electrónica, de manera que pueda funcionar con conocimiento en campos no relacionados con la producción como la vigilancia del equipo, el mantenimiento y las medidas preventivas de emergencia. Tercero, con la introducción de la automatización y los dispositivos para ahorrar trabajo los trabajadores de un departamento dado pueden ser cambiados a otro departamento, en cuyo caso pueden hacer un trabajo totalmente nuevo. Por lo tanto, los trabajadores deben ser entrenados de manera que sus habilidades puedan extenderse a nuevos campos no relacionados. Por ejemplo, con los años, los trabajadores de la sección de carrocería han sido cambiados a otras áreas tales como las de operaciones de pintura y prensado.

Como Nissan trató de mejorar la productividad con la introducción de la automatización y robots industriales, se hicieron necesarias las reasignaciones de personal. Esto significó que la administración tuvo que entrenar a los trabajadores desplazados en nuevas habilidades y prepararlos para los nuevos trabajos. Nissan no tuvo elección sino entrenar a los trabajadores para que pudieran convertirse en trabajadores de habilidades múltiples. La transición ciertamente no estuvo libre de costos, pero por lo general los trabajadores han estado más que dispuestos a aprender nuevas habilidades.

(*NIPPON STELL—Continua*)

Nissan tiene una combinación de programas para desarrollar a tales trabajadores de habilidades múltiples. Primero, los trabajadores recién contratados pasan por un programa inicial de orientación en el cual son expuestos al uso de máquinas y equipo. En algunos casos, esta orientación puede tomar varias semanas.

Segundo, la compañía patrocina competiciones anuales en habilidades técnicas, tanto a nivel de planta como a nivel corporativo. Los competidores en estas "olimpiadas técnicas" pasan por un entrenamiento intensivo en los días de descanso y después del trabajo para ser dignos de representar a sus talleres. En 1978, se celebraron competiciones en 42 habilidades técnicas.

Tercero, Nissan evalúa y certifica los niveles de competencia técnica de acuerdo con un formato desarrollado dentro de la compañía. Las habilidades se dividen en básicas y aplicadas, y cada nivel está subdividido en tres grados. Antes de asumir un trabajo más difícil, el trabajador debe probarse y pasar la prueba de certificación.

Cuarto, los trabajadores de producción en ocasiones son transferidos a los departamentos de mantenimiento o inspección durante tres o cuatro meses para adquirir las habilidades necesarias.

Quinto, los trabajadores son rotados tanto dentro de un departamento dado como entre departamentos, con entrenamiento técnico adicional proporcionado cuando sea necesario. Cada trabajador lleva una tarjeta que muestra la historia de su entrenamiento.

En conjunto, este extenso programa se ha más que pagado a sí mismo al crear una fuerza de trabajo técnicamente más flexible de inmediato y psicológicamente más receptivo a la automatización. Si la experiencia de Nissan es de alguna guía, el desarrollo de los trabajadores en habilidades múltiples parece ser un paso vital para que la administración actual se enfrente a los siempre cambiantes requisitos del mañana. ∎

Productividad en desorden: Los aspectos duros y suaves

Hace algunos años, la tarjeta de Año Nuevo del presidente del consejo y fundador del Japan Productivity Center, Kohei Goshi, decía "La productividad es un concepto que implica un progreso continuo, tanto material como espiritual".

Esta expresión sencilla pero profunda es una definición elocuente de la naturaleza de la productividad, porque llama la atención sobre los aspectos tanto materiales como espirituales del progreso. Está llegando a ser cada vez más evidente que lo último en técnicas de ingeniería y administración sólo son efectivas si se aplican en un entorno en el cual los empleados puedan adoptar estas técnicas como propias y trabajar mano a mano con la administración para mejorar la productividad en el taller.

Es obvio que el primer paso es asegurar la cooperación y dedicación de los empleados en el mejoramiento de la productividad. Éste es un reto tanto para la administración como para los trabajadores. Antes de lanzar una campaña total para el mejoramiento de la productividad, es necesario obtener el entendimiento explícito de los trabajadores y la dedicación a la idea de que el mejoramiento de la productividad es mutuamente benéfica.

De acuerdo con Goshi, los problemas laborales-administrativos en el Occidente tienden a ser resueltos dentro del marco de los contratos y reglamentos, en tanto que estos problemas se resuelven en el Japón por la mutua confianza, compasión y entendimiento. Las prácticas laborales-administrativas en el Japón han sido desarrolladas a través de los años mediante esfuerzos conscientes y concertados de ambas partes para resolver los problemas individuales, uno a la vez. Tanto la parte laboral como la administrativa buscan el acuerdo mediante la discusión de los problemas mutuos más que por confrontación.

Durante años, mi barbero me preguntó si tenía sitios con comezón en mi cráneo. Yo interpretaba su pregunta como queriendo significar, "Tiene usted caspa, así que su cráneo puede estar irritado", en consecuencia mi respuesta siempre era un categórico "no" como repudio a mi caspa. Sólo algunos años después se me ocurrió que lo que él quería decir era, "Si su cráneo está irritado, me gustaría darle un masaje mientras lavo su cabello". Desde que me di cuenta de esto me sentí más relajado y he podido disfrutar de la consideración adicional del barbero.

Sospecho que esta clase de malentendidos suelen ocurrir en las relaciones trabajadores-administración. La administración hace una propuesta a los trabajadores que creen en mutuamente benéfica, pero si la administración no se toma el tiempo ni el esfuerzo para explicar su proposición, su mensaje puede estar mal interpretado. Con el fin de formar una relación más humana entre las dos partes, ambas deben esforzarse para crear mejores líneas de comunicación. En este caso, la administración debe cargar con una parte más grande de la responsabilidad que antes.

Debo señalar que en tanto se suele suponer que todas las compañías japonesas tienen altos niveles de productividad, existen casos en donde la introducción de un movimiento a favor de la productividad ha termina-

el fracaso del movimiento a favor de la productividad sólo sirvió para envenenar las relaciones trabajadores-administración del JNR.

En aquellos lugares de trabajo en donde la campaña fue inicialmente exitosa, los trabajadores afirmaban haber hecho un nuevo descubrimiento: es posible cooperar con la administración. Llegaron a darse cuenta de que compartían intereses básicos que trascendían la división entre los trabajadores y la administración, y que esa cooperación con la administración no era necesariamente una traición a la clase. Aun cuando el asunto de cómo dividir las utilidades todavía estaba sin resolver, los trabajadores por lo general estaban de acuerdo en la necesidad de cooperar para que la cantidad que se iba a dividir fuera más grande. Como resultado de la campaña inicial, algunos trabajadores llegaron a creer en la posibilidad de la cooperación trabajadores-administración.

Como recordó un ejecutivo profundamente implicado en la campaña del JNR, la campaña de la productividad primero debió ser dirigida hacia la obtención de la comprensión y dedicación de los trabajadores. Habiendo fracasado en llegar a los trabajadores, era inevitable que la administración fracasara y no lograra su meta de productividad.

RESOLVIENDO JUNTOS LOS PROBLEMAS: INTRODUCCION DEL CTC EN KAYABA

La identificación de los problemas fue el punto de partida para el CTC en Kayaba, fabricante de amortiguadores, equipo hidráulico, equipo marino, vehículos para propósitos especiales y componentes de aviación.

De acuerdo con el director administrativo ejecutivo Kaisaku Asano, la decisión de Kayaba en 1976 para introducir el CTC fue obligado por varias presiones externas como secuela de la crisis petrolera, incluyendo los estrictos requisitos de calidad y la fuerte competición en precios.

Kayaba inició las actividades del CTC identificando todos los principales problemas de seguridad de la calidad, tanto actuales como del pasado. (Véase la Fig. 6-2.) Estos problemas fueron anotados por departamento y analizados en términos de las preguntas siguientes:

1. ¿Suceden debido a la falta de un sistema?
2. ¿Suceden debido a lo inadecuado del entrenamiento y educación?
3. ¿Suceden debido a que no existe una regla aplicable?
4. ¿Suceden porque nadie siguió la regla aplicable?

do en un rotundo fracaso. Por ejemplo, las disputas laborales abundan en el sector público japones. No es necesario decir que los trabajadores del sector público no creen que la existencia de su organización esté en peligro por sus acciones, ni que la administración sienta la necesidad de construir relaciones efectivas entre los trabajadores y la administración. Como resultado, ambas partes tienden a preocuparse menos por la productividad.

En 1970, el Japanese National Railways (JNR) decidió lanzar una campaña a favor de la productividad para enfrentarse a los déficits perennes y elevar la moral del trabajador. El mayor empuje de la campaña fue proporcionar entrenamiento para los gerentes y trabajadores en materias tales como el concepto de la productividad, relaciones "modernas" entre los trabajadores y administración y programas de entrenamiento para la efectividad del supervisor.

Aun cuando esta campaña pareció ser efectiva para elevar la productividad y mejorar la moral en algunos talleres durante los pocos primeros meses, pronto encontró la oposición del sindicato, que afirmó que el verdadero objetivo de la campaña era destruir al sindicato y explotar a los trabajadores obligándolos a trabajar más.

Al año siguiente, el sindicato inició una campaña de "Movimiento hacia Abajo con la Productividad", que se basaba principalmente en el apoyo de los medios masivos. Llevó su caso a la Public Corporations and Government Enterprises Labor Relations Commission (Comisión de Relaciones Laborales de Corporaciones Públicas y Empresas del Gobierno), acusando que el movimiento de la productividad era como "una práctica laboral no equitativa". El sindicato dijo que retiraría su acusación si la administración abandonaba la campaña a favor de la productividad. Después de varios eventos traumáticos que incluían el suicidio de varios ejecutivos, la administración fue obligada a abandonar totalmente la campaña de productividad.

Considerando que la mayor parte de las campañas de productividad del sector privado en aquel tiempo fueron exitosas, el caso del JNR ofrece varias lecciones. Primero, la administración no estaba determinada a permanecer firme detrás del movimiento. Segundo, trató de introducir la campaña con demasiada rapidez. En apariencia, no hubo consenso con la administración sobre la necesidad vital de mejorar la productividad y hubo pocas personas que en realidad compartieron el sentido de urgencia de que algo tenía que hacerse. Tercero, la administración no dedicó el tiempo suficiente y el esfuerzo para explicar a los trabajadores las implicaciones del movimiento antes de iniciarlo. Así,

(*KAYABA—Continua*)

Después de identificar la causa fundamental de cada problema, Kayaba decidió un plan de implantación para cada paso, desde la planificación del producto hasta la vigilancia del cliente. Este plan indica el problema, las medidas preventivas que deben tomarse, el programa, el departamento responsable y la documentación de apoyo.

También en 1976, Kayaba inauguró un esfuerzo total para promover el concepto del CTC. Asano dice que es absolutamente esencial que el presidente o la persona número dos esté decidido a introducir el CTC. Debido a que los jefes de división y los gerentes de planta también deben estar el 100% dedicados, estas personas fueron enviadas a seminarios del CTC para la alta administración y fueron estimulados para que visitaran otras compañías que ya habían introducido el CTC. También se hicieron esfuerzos para activar la participación de los niveles inferiores, incluyendo sugerencias de los círculos del CC. La Fig. 6-3 muestra el programa de Kayaba para el entrenamiento del CC.

Puesto que uno de los principales objetivos era crear un sistema de AC para asegurar que se cumpliera con las metas de la calidad en cada etapa, Kayaba desarrolló una serie de herramientas para asegurar el ajuste entre la calidad y la tecnología en todas las etapas, desde el desarrollo del producto hasta la manufactura, ventas y servicio al cliente. Las Figs. 6-4 y 6-5 muestran algunas de las herramientas y cómo se aplicaban en Kayaba.

La Fig. 6-6 muestra el diagrama de los sistemas de seguridad de la calidad en Kayaba. Al preparar este diagrama, Kayaba intentó primero modificar los sistemas de aseguramiento de la calidad en otras compañías para ajustarlos a su propia situación, pero pronto encontró que los patrones comerciales y procedimientos de información eran tan distintos de compañía a compañía que tendría que comenzar desde el principio. El diagrama de los sistemas muestra la forma en que cada departamento está involucrado en cada etapa, desde la planificación del producto, hasta las ventas, servicio y vigilancia.

Al revisar las prácticas corrientes preparatorias al desarrollo de su diagrama de sistemas, Kayaba encontró que había muy poca coordinación entre los distintos departamentos y que no había canales de información o asignaciones de responsabilidad bien definidos al pasar una etapa a la siguiente. Después del diagrama de sistemas, era necesaria una tabla para las actividades de aseguramiento de la calidad. Esta se muestra en la Fig. 6-7. Esta tabla de AC ayuda a cada empleado a entender lo que debe estar haciendo con el fin de asegurar la calidad. También muestra la documentación e informes necesarios para apoyar estas actividades así como los reglamentos y estándares que deben seguirse.

Paso	Problemas anteriores a la introducción del CCTC	Actividades	Programa					Responsabilidad	Documentos (orientaciones y estándares)
			1976	1977	1978	1978	1979		
Planificación del producto	1. Entendimiento insuficiente de los requisitos del mercado	• Sistema fortalecido para reunir datos técnicos a fin de obtener un entendimiento preciso de los requisitos de la calidad del mercado			↑			División de ingeniería	• Guías para el desarrollo del nuevo producto • Acopio manual de datos • Tabla manual de la calidad • Manual de ingeniería de producción
	2. Metas inapropiadas en la calidad e ingeniería	• Establecer metas anticipando los requisitos del mercado • Señalar la correlación entre la calidad e ingeniería			↑	↑		División de ingeniería	
	3. Correlación inadecuada del costo de la calidad e ingeniería	• Establecer un sistema de control del costo coordinado con el sistema de AC del usario para implantar la planificación del costo				↑		División de control del costo	• Guías para el control del costo
Diseño del producto	1. Modelo inadecuado para la ingeniería básica	• Mejorar el análisis teórico de ingeniería • Mejorar la correlación entre el trabajo teórico y experimental		↑			↑	División de ingeniería	• Tabla manual de la calidad • Manual de ingeniería de producción
	2. Despliegue y evaluación insuficientes de la calidad	• Hacer uso de las técnicas de despliegue de la calidad • Mejorar el FMEA y DR • Desarrollar métodos para evaluar los productos de prueba bajo condiciones análogas al uso actual			↑	↑	↑	División de ingeniería	• Implantación de DR

Fig. 6-2 Esbozo de la implantación de AC (Aseguramiento de la Calidad).

Paso	Problemas anteriores a la introducción del CCTC	Actividades	Programa (1976–1979)	Responsabilidad	Documentos (guías y estándares)
Preparación de la producción	1. Problemas en la introducción de nuevos productos	• Mejorar la planificación del proceso • Introducir y usar el FMEA para los procesos	1978–1979	División de ingeniería de producción	• Manual de ingeniería de producción • Manual del proceso del FMEA • Guías de control para el lote inicial de producción • Manual de la inspección de planificación
	2. Evaluación insuficiente de la calidad del lote inicial de producción	• Mejorar el control y evaluación de los lotes iniciales de producción	1977–1979	División de manufacturas, división de AC	
Producción	1. Falta de control sistemático del proceso (sacrificio de la calidad por la cantidad)	• Revisar el control del proceso • Mejorar el control de los procesos clave • Mejorar el registro de la calidad	1977–1979	División de manufacturas	• Guías para el control de los procesos clave • Diagrama del sistema de prevención de problemas
	2. Quejas recurrentes frecuentes (respuesta débil a las quejas y defectos del proceso)	• Promover medidas para prevenir problemas • Mejorar el control de irregularidades • Proporcionar guías del CC a las plantas proveedoras clave	1977–1979	División de manufacturas División de compras	• Guías para el control de irregularidades • Esenciales de AC para los clientes
	3. Enfoque indiferente al estudio y análisis de la capacidad del proceso	• Acelerar los esfuerzos para el mejoramiento del equipo • Estudiar la capacidad del proceso • Hacer más análisis del proceso	1977–1979	División de manufacturas	• Manual de estudio para la capacidad del proceso
	4. Sistema inadecuado de inspección (que lleva a problemas con el cliente)	• Definir con claridad la autoridad para suspender los embarques • Emprender inspecciones de prioridad • Mejorar la producción de prueba para confirmar los procesos	1978–1979	División de AC	• Reglas para la suspensión de embarques • Esenciales de la estandarización de la inspección

Fig. 6-2 (Continuación).

Paso	Problemas anteriores a la introducción del CCTC	Actividades	Programa (1976 · 1977 · 1978 · 1978 · 1979)	Responsabilidad	Documentos (guías y estándares)
Ventas y servicio	1. Medidas insuficientes para prevenir la recurrencia de las quejas del cliente 2. Análisis insuficiente del potencial de falla y no unir los esfuerzos para impedir las quejas	• Mejorar las encuestas de productos que producen quejas • Fortalecer el análisis y retroalimentación sobre quejas • Registrar mayor cantidad de problemas de calidad para facilitar su solución • Promover el análisis de las fallas del producto		División de AC, División de mercadotecnia	• Guías para el procesamiento de los principales problemas de la calidad • Estándares para el registro de problemas de la calidad
Monitoreo comprensivo	1. Evaluación insuficiente del desempeño y la retroalimentación respecto a las metas de la calidad 2. Vigilancia insuficiente y no unida a las mejoras del sistema	• Definir la responsabilidad y autoridad para la evaluación e inspección de la calidad • Desplegar horizontalmente los aspectos exitosos del trabajo del CC (supervisados por el comité conjunto de evaluación) • Vigilar la calidad		División de la AC	• Diagrama del sistema para la evaluación de la calidad e inspección del producto • Esenciales del trabajo por el comité conjunto de evaluación • Esenciales de la vigilancia de la calidad

Figura 6-2 (Continuación).

Nivel participante	Curso	Sitio	Antes deCCTC	1976	1977	1978	1979	Metal del grupo	Participación	Tasa de participación
Alta administración	Curso especial para los directores	Cursos públicos		1	2		5	3	3	100
	Curso especial de administración	Cursos públicos	5		8	5	5	27	23	85
	Entrenamiento para el director	Cursos internos				16		18	16	89
Administración media	Curso para los gerentes de departamento y sección	Cursos públicos	45	30	65	64	23	289	227	89
	Entrenamiento para el gerente	Cursos internos	59			307		311	307	99
Supervisores	Curso básico del CC	Cursos publicos	30	10	16	9	3	128	97	76
	Curso introductorio del CC	Cursos públicos	60	21	44	22	4	152	121	80
	Curso para los capataces (incluyendo cursos por correspondencia)	Cursos públicos	14	11	33	147	9	271	260	96
	Curso básico de confiabilidad	Cursos públicos	14	5	8	20	5	54	52	96
	Seminarios de CCE (curso introductorio del CC estadístico)	Cursos internos				114	125	290	239	82
	Seminarios del CCE (curso introductorio en técnicas de planificación)	Cursos internos				(114)	80	245	194	79
	Seminario de CCE (curso básico de confiabilidad)	Cursos internos				(114)	102	245	216	88
Personal de círculos del CC	Curso para los líderes de círculos del CC	Cursos públicos	11	9	7	6	1	36	34	94
	Universidad crucero del círculo del CC	Cursos públicos				7	5	12	12	100
Administración en la planta cooperativa	Seminario para los gerentes de planta cooperativa	Cursos internos				76		76	76	100

Fig. 6-3 Entrenamiento para el CC.

(KAYABA—Continua)

Herramienta	Uso
Tabla básica de calidad	Identificación y análisis de los requisitos de calidad del mercado, costos competitivos del producto, tecnología disponible, y embotellamientos técnicos para cada grupo de productos
Tablas básicas de la ingeniería de producción	Identificación y análisis de la tecnología existente, embotellamientos técnicos y necesidades de tecnología para satisfacer los requisitos de calidad de la tabla básica de calidad
Tablas individuales de calidad	Evaluación de los requisitos de calidad, de la calidad de los productos de la competencia y de los derechos de patente, así como identificación y análisis de la tecnología disponible para alcanzar las metas de calidad (todos los datos necesarios para fijar metas para un producto dado)
Tablas de ingeniería de producción individual	Identificación y análisis de la tecnología de manufactura disponible , necesidades de tecnología de manufactura y embotellamientos técnicos que se muestran en las tablas individuales de calidad
Tabla de AC	Anotar las características y partes de importancia junto con notas sobre la capacidad del proceso, montaje y procesamiento, y funciones
Tabla de planificación de la inspección	Planificación e implantación de la inspección y pruebas, así como evaluación de la calidad en línea con las tablas de AC
Tabla de planificación del proceso	Diseño amplio del proceso necesario para incorporar los requisitos de calidad indicados en la tabla de AC
Tabla de proceso del CC	Estandarización de los factores del proceso y establecimiento de los procedimientos apropiados de trabajo para incorporar la calidad en los procesos
Hoja de estandarización del trabajo	Evaluación de las características de calidad de las tablas de calidad y AC en términos de los datos del mercado, quejas, etc., y aplicaciones de los hallazgos para la futura planificación del producto
Tabla para la encuesta de la calidad	Identificación de las características del control, conceptos y métodos para cada proceso como necesario para el AC

Fig. 6-4 Diagrama de herramientas.

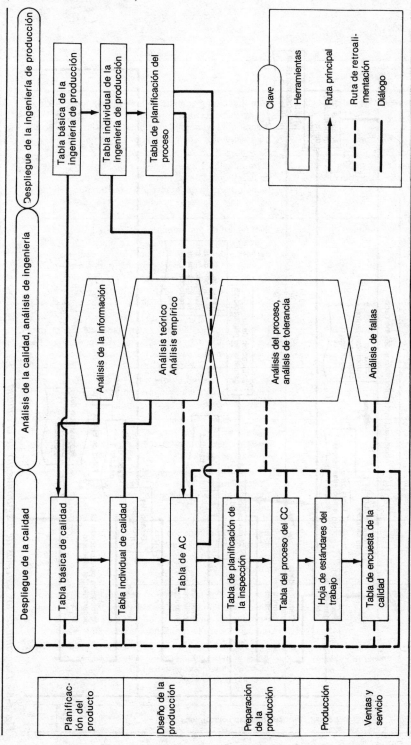

Fig. 6-5 Utilización de herramientas.

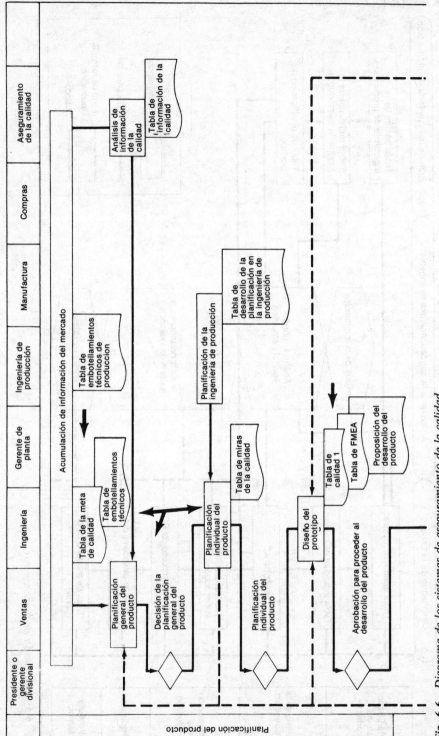

Fig. 6-6   Diagrama de los sistemas de aseguramiento de la calidad.

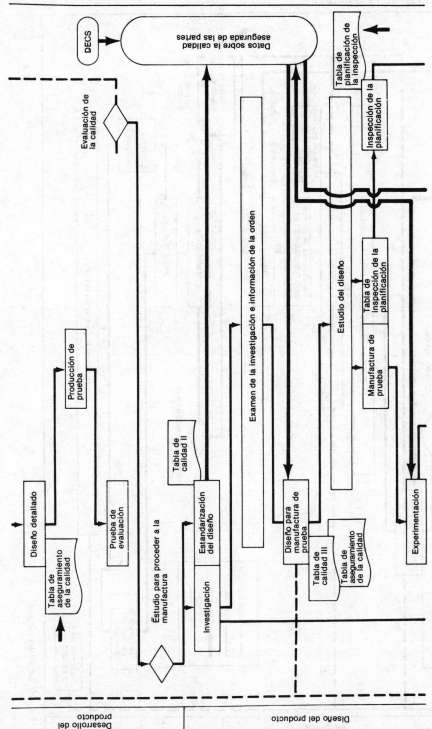

Fig. 6-6 (*Continuación*).

(*KAYABA—Continua*)

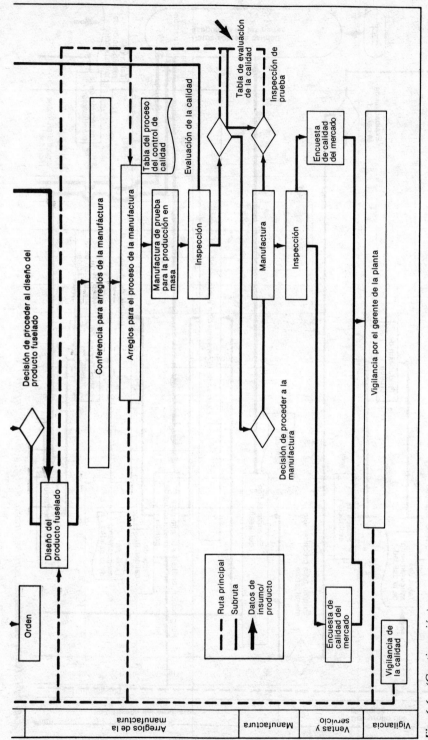

Fig. 6-6 (Continuación).

(*KAYABA—Continua*)

Symbol

Symbol	
◉	Departamento responsable
○	Departamento cooperador
△	Información- Departamento receptor

Clasificación

Nuevo producto ABC	
Mejoramiento del producto BC	
Otros C	

Presidente o gerente divisional

División de ventas

División de ingeniería

Concepto de seguridad	Actividad de aseguramiento	Clasificación	Sección de diseño	Sección de desarrollo	Sección de experimentación	Departamento de aseguramiento de la calidad	Sección de inspección	Sección de aseguramiento de la calidad	Sección de aseguramiento de la calidad de las bombas	Departamento de manufactura	Documentos del control de calidad	Reglamento o estándares
Planificación del producto / Acopio de información / Propiedad de la información del mercado	1. Recolección, análisis y examen de la información del mercado	A	○	◉					◉		Tabla de información del desarrollo del producto	Reglamentos de la administración del desarrollo del producto
	2.	A		◉					○		Tabla de información de la calidad	
	3.	A		△							Tabla de calidad (anotando las miras de calidad)	
				△							Tabla de embotellamientos técnicos	

Fig. 6-7 Tabla de actividades para seguridad de la calidad (ejemplo).

(*KAYABA—Continua*)

Planificación general del producto	Propiedad de la planificación general del producto	1. Planificación general del producto	A		◉		○									
		2. Aprobación del plan general del producto		◉												
Planificación individual del producto	Propiedad de la planificación individual del producto		A				◉								Resumen del plan del producto	Reglamentos de la administración del desarrollo del producto
															Estimado detallado del desarrollo del producto	
			A	◉	○		○									
															Dibujo del concepto	
		3. Aprobación del plan individual del producto	A	◉												
		1. Diseño básico	B				◉								Tabla de calidad 1	Manual de la tabla de calidad
	Adaptabilidad para las necesidades del usuario		C		○	○					◉	◉				

Fig. 6-7 (Continuación).

(*KAYABA—Continua*)

			Informe de la investigación de la queja	Instrucciones de registro del problema crítico de calidad	Tabla de control del problema crítico de la calidad	Medidas preventivas de recurrencia de quejas	Informe de la evaluación de la queja	Defecto interno	Reglas de importancia para el procesamiento del problema de la calidad	Tabla de control del problema crítico de la calidad	Informe mensual de la calidad	Tabla de inspección y comprobación	Reglas para el procesamiento de problemas importantes de la calidad
Ventas y servicio	Procesamiento de quejas y prevención de recurrencias	1. Informe urgente de la queja	○	○		○					○		
		2. Investigación de	○	◉		◉	◉	◉			○	○	
		3. Registro del problema crítico de la calidad	○	○		○	◉	◉			○	○	
		4. Instrucción de la prevención de la recurrencia de la queja	○	◉		◉					○	○	
		5. Acumulación y análisis de los datos de la quejas			◉					◉	◉	◉	
		6. Evaluación del problema crítico de la calidad											
Ventas y servicio / Evaluación	Evaluación de la calidad del producto	Registro del problema crítico de la calidad	○	○		○							
		Inspección del sistema de aseguramiento de la calidad											
		Inspección/evaluación periódica de la calidad									○		

Figura 6-7 (*Continuación*).

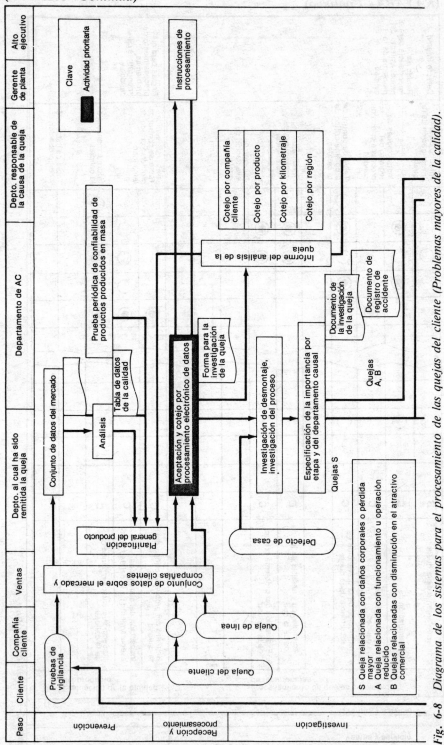

Fig. 6-8 *Diagrama de los sistemas para el procesamiento de las quejas del cliente (Problemas mayores de la calidad).*

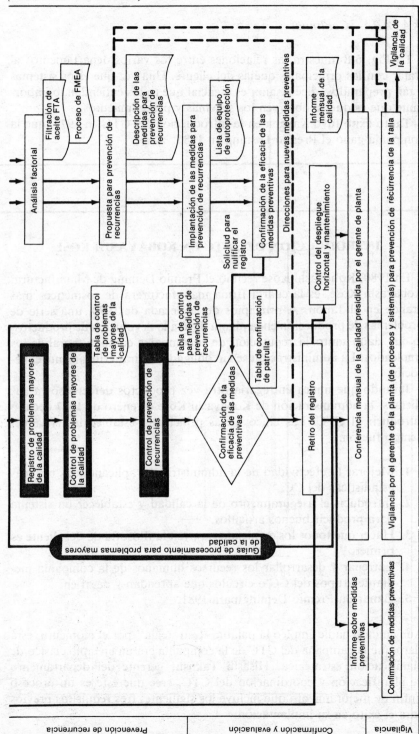

Fig. 6-8 *(Continuación).*

(*KAYABA—Continua*)

La Fig. 6-8 muestra las relaciones entre los varios departamentos al tratar con las principales quejas del cliente. Una vez que estos sistemas están preparados, dice Asano, es esencial que todos entiendan lo importante que es que se observen los sistemas y procedimientos.

Tanto éxito tuvo Kayaba en la introducción del CTC en 1979, que la compañía ganó el Premio Deming en 1980.

INTRODUCCION DEL CTC EN KOBAYASHI KOSE

En 1980, Koboyashi Kose recibió el Premio Deming de Manufactura. Kobayashi Kose, es la cuarta firma manufacturera de cosméticos más grande en el Japón. A principios de la década de 1970, una serie de problemas de producción en la planta llevó a la devolución de productos, lo que dañó tanto la reputación de la compañía como la moral de los empleados. La administración se vio obligada a mirar críticamente el negocio.

Jurando que nunca entregaría otra vez productos defectuosos a sus clientes, la administración de Kobayashi Kose en enero de 1977 decidió introducir el CTC. Las cinco metas principales establecidas en aquel tiempo fueron:

1. Mejorar la efectividad de la administración aplicando las técnicas estadísticas del CC.
2. Introducir el aseguramiento de la calidad y establecer un sistema para producir buenos artículos.
3. Hacer que todos los empleados apoyen la filosofía de "el cliente es primero".
4. Entrenar y desarrollar los recursos humanos de la compañía mediante grupos del CC o círculos que aprendan y desafíen.
5. Ganar un Premio Deming para 1981.

Aun cuando nadie empleó la palabra "estrategia" por el momento, está claro que la campaña del CTC de la compañía era un ejemplo clásico de planificación estratégica. Hisashi Takusu, gerente del departamento de planificación y coordinación del CTC, cree que éste es un proceso sinfín de mejoramiento que incluye los siguientes tres requisitos previos para el éxito en su implantación:

(*KOBAYASHI KOSE—Continua*)

1. La alta administración debe tener un firme cometido. Puesto que la introducción de los conceptos del CTC reta a las formas existentes de hacer negocios, tal esfuerzo puede encontrar resistencia por parte de algunos ejecutivos de la compañía que están acostumbrados a sus propias formas de hacer negocios. A menos que la alta administración esté firmemente dedicada y la apoye, la implantación de la estrategia del CTC está condenada al fracaso poco después de haber sido iniciada. Debe haber una seria dedicación de parte de los gerentes en todos los niveles en cada planta o división.
2. Es imperativo que las mejores personas con la que se cuente sean movilizadas y distribuidas para que trabajen en la implantación de la estrategia del CTC en los puestos clave de la compañía. Puede haber un momento en que deben ''empujar'' ejerciendo la autoridad que la alta administración les ha dado, en tanto que en otras ocasiones pueden tener que ''aplacar'' la resistencia. Deben ser buenas en política interna.
3. Debe crearse un grupo especial dentro de la compañía para que sirva de punta de lanza al movimiento como un ejemplo para otros grupos.

Antes del inicio formal del movimiento del CTC en Kobayashi Kose, los gerentes interesados discutieron exhaustivamente los problemas de la compañía con el fin de llegar a un entendimiento común. Luego se dedicaron a aprender las técnicas del control de calidad. Todos los gerentes e ingenieros clave fueron enviados a cursos sobre el CTC patrocinados por JUSE y otras organizaciones. A su regreso a la compañía, estos empleados clave fueron asignados a las siguientes tareas:

1. Servir como instructores dentro de la compañía.
2. Participar en grupos especiales para mejorar los aspectos particulares de problemas relacionados con la producción, y en donde no existieran tales grupos, proceder a su creación.
3. Servir como líderes de los círculos de la calidad, ayudando a otros miembros del círculo a aplicar las técnicas estadísticas del CTC a problemas específicos.

Una de las metas de Kobayashi Kose era ganar el Premio Deming para 1981. Introducir el CTC para alcanzar esta meta requirió reformas a la manera en que se conducían los negocios. Lo que en otra forma podría tomar 10 años hacerlo tendría que hacerse en cuatro años. Esto proporcionaba una meta clara para todos.

(*KOBAYASHI KOSE—Continua*)

Takasu recuerda que el esfuerzo para lograr el Premio Deming fue como prepararse para un examen difícil. No importaba lo duro que se trabajara, nunca era suficiente. Era un ciclo interminable de estudios y práctica. A medida que se aproximaba la fecha para la Auditoría Deming, pocos gerentes se podían ir a casa antes de las 11 p.m. Incluso trabajaron varios días en la fiesta de Año Nuevo. En promedio, trabajaron 28 días al mes. Típicamente, los gerentes tenían que iniciar su trabajo sobre el control de calidad después de las 5 p.m., ya que estaban totalmente ocupados en su rutina normal de negocios durante el día. Pero gozaban de un gran sentido se satisfacción y realización cuando finalmente ganaron el Premio Deming de Manufactura. A menos que los gerentes estén preparados para enfrentar tales retos, dice Takasu, ni siquiera deben pensar en competir por el Premio Deming. ∎

El compromiso de la alta administración

En tanto la calidad es considerada como responsabilidad de los gerentes de línea en el Japón, la calidad con frecuencia ha sido considerada como responsabilidad del gerente de control de calidad en el Occidente. Es casi como si la calidad fuera un asunto del todo separado de la administración, que debe tratarse sólo con el gerente de control de calidad. Siempre que se presenta un serio problema respecto a la calidad, es al gerente de línea al que se hace responsable en el Japón. En el Occidente, el gerente de control de calidad es el culpable. Por desgracia, esta práctica sólo refuerza el sentir del gerente de línea de Occidente de que él no es el responsable de los problemas de la calidad. Que no haya equivocaciones, la calidad es responsabilidad de la administración y la mala calidad es resultado de la mala administración.

Si los beneficios de KAIZEN llegan en forma gradual y sus efectos se sienten sólo a largo plazo, es obvio que KAIZEN sólo puede prosperar bajo una alta administración que tenga un interés genuino por la salud a largo plazo de la compañía.

Con frecuencia se ha señalado que una de las principales diferencias entre los estilos de administración japonesa y occidental son sus marcos de tiempo. En tanto la administración japonesa tiene una perspectiva a largo plazo, los gerentes occidentales tienden a buscar resultados a corto plazo. Esta diferencia también se manifiesta en la forma en que la administración enfoca el mejoramiento con beneficios potenciales a largo plazo. La administración occidental está renuente a introducir el mejoramiento gradualmente y tiende a favorecer de la innovación, lo que proporciona un rendimiento sobre la inversión más inmediato.

Es una de las ironías de la administración occidental que entre más elevado esté el gerente en la jerarquía, más preocupado está con los resultados a corto plazo. Cuando un trabajador o un gerente de nivel inferior piensa en un mejoramiento con beneficios potenciales a largo plazo, la idea, por lo general, es rechazada por los de arriba cuyas perspectivas y criterios son a corto plazo.

A menos que la alta administración esté determinada a introducir el KAIZEN como máxima prioridad, todo esfuerzo para introducir el KAIZEN en la compañía será de corta duración. En la mayor parte de las compañías japonesas orientadas a KAIZEN, la estrategia de KAIZEN fue introducida por la alta administración.

Cuando Komatsu inició sus actividades del CTC en 1961 bajo la campaña de nombre Maru-A, Shoji Nogawa fue puesto a cargo de la implantación de las actividades del CTC. Desde entonces, ha estado involucrado en las actividades del CTC, aun cuando fue promovido a gerente de producción, gerente de planta y luego a gerente de la división de producción. Cuando Nogawa fue nominado para la presidencia de Komatsu en 1982, Ryoichi Kawai, presidente saliente y ahora presidente del consejo, dijo que Nogawa fue elegido debido a estar involucrado en el CTC. En la actualidad, Nogawa es "Mr. CTC" en Komatsu —y por buenas razones: a Komatsu le fue otorgado el Premio Deming en 1959 y el Premio Japón de Control de Calidad en 1981 y se piensa que posee uno de los mejores programas del CTC en el Japón—. Tan arraigado está el CTC en Komatsu que se ha sabido que el consejo de administración se opone a algo porque "no suena a CTC".

Kawai, presidente del consejo en Komatsu hace poco dijo, "En la estrategia del CTC, el trabajo de los vendedores es identificar las necesidades del cliente. Luego los ingenieros deben desarrollar productos de diseño que mantengan el equilibrio adecuado entre la calidad y el costo, y el personal de manufacturas debe hacer el producto según se diseñó. El trabajo de la administración es proporcionar los servicios necesarios para hacer que este sistema trabaje".

Se necesita un "Mr. CTC" en toda compañía para construir un clima de KAIZEN. En Yokogawa-Hewlett-Packard, Kenzo Sasaoka, es Mr. CTC. Con un programa del CTC iniciado en 1977, Yokogawa-Hewlett-Packard ganó el Premio Deming de Aplicación en 1982 y su notable desempeño ha sido la causa de que su matriz en los EUA, Hewlett-

Packard, tome un positivo interes en las actividades del CTC. En la actualidad, Sasaoka visita Hewlett-Packard en los EUA con regularidad para explicar las actividades del CTC.

Sasaoka afirma que la revolución industrial japonesa es un desafío directo a los conocimientos convencionales en las tres áreas siguientes:

Creencias convencionales	Revolución japonesa
La calidad superior conduce a costos más elevados.	La calidad superior conduce a costos más bajos.
Lotes más grandes conducen a costos más bajos.	Los lotes más pequeños conducen a costos más bajos.
No es necesario tomar en cuenta a los trabajadores.	Un trabajador pensante es un trabajador productivo.

La introducción y dirección de KAIZEN debe ser de arriba a abajo. Pero las sugerencias para KAIZEN deben ser de abajo a arriba, puesto que las sugerencias más específicas para el mejoramiento, por lo general vienen de las personas que están más cerca del problema. En consecuencia, la estrategia de KAIZEN requiere los enfoques de arriba a abajo y de abajo a arriba.

Durante los últimos años he tenido oportunidad de hablar con muchos ejecutivos occidentales que han llegado al Japón para aprender las prácticas del CTC. Muchos de ellos dejaron el Japón convencidos de que algo deberían hacer a su regreso. Y sin embargo, en casi todos los casos, su dedicación personal fracasó en iniciar un movimiento en toda la compañía, porque el mensaje no llegó hasta la alta administración. De hecho, la gente que llega al Japón a aprender el CTC suele decir, ''Mi jefe debe ver esto''. Si la administración va a introducir la estrategia de KAIZEN sobre la base de toda la compañía, es absolutamente esencial que la iniciativa venga de arriba. Sin una firme dedicación por parte de los funcionarios ejecutivos de la compañía, del consejo de administración y del resto de la alta administración, el KAIZEN nunca despegará en una campaña que abarque a toda la compañía.

Sobre una base a corto plazo, la administración debe interesarse en el desempeño en términos expresados en utilidades. Estos resultados son evidentes y pueden ser medidos con facilidad en el estado de resultados, en las ganancias por acción y en el ROI. Sobre una base a largo plazo, la administración debe interesarse en el mejoramiento general para una mayor fuerza competitiva. Sin embargo, el mejoramiento es lento y en el mejor de los casos, la medida del éxito es ambigua. Así, la alta administración con frecuencia cree que tiene muy poco que ganar aún si lanza un programa ambicioso para el mejoramiento. Pero es precisamente porque es necesario el mejoramiento en muchas áreas distintas, incluyendo la productividad, relaciones laborales-administrativas, control de calidad, administración participativa, desarrollo de nuevos productos y relaciones con los proveedores, que es esencial la dedicación de la alta administración para construir un clima para el mejoramiento.

¿Qué tiempo se necesita para que se muestren los beneficios de KAIZEN? De acuerdo con Kaoru Ishikawa, por lo común de tres a cinco años, desde el momento en que es introducido el CTC hasta que exista un marcado mejoramiento en el desempeño de la compañía. Kenzo Sasaoka es más optimista. Dice que si las compañías occidentales lo continúan con seriedad y están dispuestas a aprender de la experiencia japonesa, puede tomar sólo dos años lo que ha tomado una década a las compañías japonesas.

Cuando el KAIZEN está dirigido a una meta específica, tal como mejorar la calidad del producto o ampliar la participación en el mercado en un área dada, según Yotaro Kobayashi, presidente de Fuji-Xerox, no es difícil obtener resultados positivos en varios meses. Sin embargo, Kobayashi sostiene que debe instituirse un sistema para asegurar un mejoramiento continuo y difundir los beneficios de KAIZEN por toda la compañía. Dice que la administración no debe conformarse sólo con ver el mejoramiento, sino que debe destacar que la meta de KAIZEN es ser mejor que la competencia. Es obvio que para alcanzar esa meta se necesitan más que unos cuantos meses.

La administración puede verse tentada a privarse de la oportunidad para el mejoramiento a largo plazo en favor de las utilidades a corto plazo, pero, ¿qué tanto tiempo pueden mantener las compañías sus utilidades a corto plazo si sus competidores en el mercado mundial están trabajando en KAIZEN día con día con estrategias cuidadosamente planificadas y ejecutadas con esmero?

7

Cambiando la cultura
de la compañía

El cliente: El juez final de la calidad

Todos los esfuerzos de la administración para el KAIZEN se reducen a tres palabras: satisfacción del cliente. No importa lo que haga la administración, no sirve de nada si no conduce a una satisfacción mayor del cliente al final. Sin embargo, no es fácil definir la satisfacción del cliente. ¿A qué aspectos de la satisfacción del cliente debe dirigirse la administración?

En el KAIZEN, la satisfacción del cliente está medida en términos tales como calidad, costo y programación. El trabajo de la administración es establecer prioridades entre estas metas y desplegar éstas hacia abajo por toda la organización.

Por ejemplo, tómese el caso de un gerente que hace una solicitud para una nueva alfombra para su oficina. Dice que recibe a muchos clientes de importancia y que la nueva alfombra aumentará la satisfacción del cliente. ¿Cómo va a juzgar la administración tal propuesta? Si la administración ha hecho la reducción del costo su prioridad número uno, el gerente no tiene por qué hacer tal solicitud. Por otra parte, si la prioridad de la compañía es proporcionar un mejor servicio personal a los clientes de más importancia, entonces la solicitud de una nueva alfombra puede no estar tan fuera de línea después de todo.

Con frecuencia, me he preguntado por qué la administración japonesa se ha sentido tan obligada a adoptar el CTC. Ha habido muchos factores, tales como la crisis petrolera, pero uno de los factores predominantes han sido los rigurosos requisitos impuestos por los clientes japoneses. En último análisis, son los clientes quienes fijan los estándares para la calidad y hacen esto decidiendo qué productos comprar y a quién se los compran. A este respecto, parece que los clientes japoneses suelen imponer requisitos más rigurosos sobre el producto o servicio que los clientes en otros países. Para bien o para mal, su atención a (u obsesión con) los detalles ha obligado a la administración a desarrollar un sistema para construir sobre la calidad.

La siguiente narración es sobre algunas de las características del cliente japonés y las duras demandas que con frecuencia hacen a los proveedores.

El ojo de la aguja

¿Por qué Japón no nos compra más productos? Hace poco ha habido un coro de crecientes protestas de los hombres de negocios y los políticos de todo el mundo. Una misión comercial que hace poco visitó Japón, concluyó, entre otras cosas, que debían venderse más bienes importados a través de las tiendas de departamentos japonesas.

No hay ninguna duda de que la introducción de un nuevo producto a través de una tienda de departamentos bien conocida es una de las mejores formas de comenzar a hacer negocios en el Japón, ya que la asociación con la tienda de departamentos trae consigo el prestigio y rotación de volumen que tal vez ninguna otra tienda al menudeo pueda dar. Sin embargo, parece haber muchos exportadores extranjeros que creen que pueden empezar a hacer negocios con las tiendas de departamentos japoneses con sólo enviar a las tiendas sus folletos y catálogos de productos. Me gustaría describir con brevedad lo que se necesita para tratar con una tienda japonesa de departamentos.

El equilibrio de poder entre la tienda de departamentos y los cientos de mayoristas con quienes trata siempre ha sido abrumador a favor de la tienda de departamentos. Por lo que toca a ésta, es el mercado comprador. Sólo aquellos mayoristas quienes tienen "cuentas" con la tienda de departamentos pueden tratar con ella. En consecuencia, los manufactureros que desean colocar su mercancía en una tienda de departamentos dada sólo pueden hacerlo a través del mayorista que tiene cuentas allí.

En el pasado, ha habido casos en los cuales las compañías extranjeras que desean vender sus productos en el Japón trataron de pasar por alto a los mayoristas y tratar directamente con la tienda de departamentos. Sin variación, estas personas han fracasado, ya que sus intentos van en contra de las prácticas establecidas. No importa la clase de producto que una compañía quiera vender a través de las tiendas de departamentos, las probabilidades son de que las tiendas ya lleven muchos productos similares. Puesto que el espacio en la tienda está reservado en toda su capacidad, cualquier nuevo producto significa menos espacio para los demás y los competidores harán todo lo que puedan para frustrar al intruso.

La selección de nueva mercancía para un piso de ventas en particular está confiada al *shunin* o "jefe" a cargo de ese piso. Como resultado, el *shunin* está siempre asediado con miles de suplicantes que desean que se adquieran sus productos —esto además de sus tratos con los mayoristas regulares con quienes hace negocios—. Enfrentado a esta situación, su trabajo principal parece ser no tanto descubrir nuevos productos prometedores sino desechar los que no tienen el atractivo popular para contribuir a las ventas del piso.

De este modo, el *shunin* tiene autoridad absoluta no sólo sobre los que desean hacer negocios con él por primera vez, sino también sobre los mayoristas con quienes trata sobre una base regular. Todos desean quedar bien con él y ha habido informes en el pasado de que este poder ha producido al *shunin* verdaderos cargamentos de obsequios en las temporadas de regalos de verano e invierno. En realidad, se acostumbraba decir que un hombre podría comprar una casa después de unos pocos años como *shunin*.

Entonces, no es de extrañar que el gerente de ventas de Tokio para una compañía de refrescos estadounidense que apenas ha iniciado sus ventas en el Japón, un hombre a quien llamaré Yamada, haya tenido tantas dificultades con el *shunin* en una de las principales tiendas de departamentos en donde deseaba comenzar a hacer negocios. Como recién llegado a los negocios, encontró que el primer obstáculo fue el de en apariencia sencillo de obtener una cita con el *shunin*.

El *shunin*, que era responsable de varios cientos de marcas de refrescos de todas clases, estaba en extremo ocupado reuniéndose con vendedores y gerentes tanto de mayoristas como de fabricantes y no tenía tiempo para reunirse con este extranjero. No habiendo podido ver al *shunin* durante la semana, Yamada decidió buscarlo el domingo, cuando el personal de otros mayoristas no lo visitaban. Por fin, pudo entrevistar al *shunin* y discutir la posibilidad de que la tienda de departamentos llevara el refresco de su compañía. Aunque la bebida era una marca bien conocida en el extranjero, el *shunin* se mostraba renuente a aceptarlo, puesto que ya tenía varias lineas competitivas que se estaban vendiendo bien. Por último, puesto que no estaba seguro de que la nueva bebida produjera suficientes ventas y por tanto, utilidades a la tienda de departamentos, solicitó una rebaja en adición a la comisión normal.

Después que éste fue concedido y se obtuvo la aprobación del *shunin*, Yamada tuvo que ver al *kacho* (o jefe de sección) para obtener su consentimiento en el trato. Otra vez fue imposible concertar una cita de antemano. Cada vez que Yamada llegaba, encontraba que el jefe de sección estaba fuera. Así que dejaba la tarjeta con su nombre como evidencia de su visita. Después de que el montón de tarjetas en el escritorio del *kacho* fue lo bastante alto para demostrar su "sinceridad", por fin se le concedió una "audiencia" y la oportunidad de mostrar su mercancía. Ya para entonces habían transcurrido seis meses.

Una vez obtenido el consentimiento del jefe de sección, Yamada tuvo que pasar por todo el proceso otra vez con el gerente del departamento. Así, después de un año completo de su primer contacto con la tienda de departamentos, Yamada pudo obtener para su compañía de bebidas un lugar en los anaqueles.

Pero la historia no termina aquí. Una vez que el producto está en los mostradores de la tienda de departamentos, es estrechamente vigilado con la contabilidad regular de ventas. La mercancía con lenta rotación está sujeta a una revaluación cada seis meses, con la amenaza de que puede ser retirada de las listas si no se gana su lugar. En consecuencia, los vendedores que manejan esta bebida para la compañía de Yamada tenían que hacer toda clase de esfuerzos para mantener una rotación satisfactoria, incluso en ocasiones comprando producto con el dinero de su compañía.

Existen muchas prácticas comerciales únicas en el Japón que reflejan el dominio abrumador de las tiendas de departamentos sobre los mayoristas y de manera indirecta, sobre los fabricantes. Ante todo, la mercancía se lleva con frecuencia en la tienda a consignación, lo que significa que la tienda de departamentos puede regresarla al mayorista sin que en realidad tenga que pagar nada por ella sino hasta que se haya vendido. En segundo lugar, la tienda de departamentos a menudo solicita a los mayoristas que le proporcione empleados vendedores para el piso. Y en tercer lugar, la tienda de departamentos espera que el mayorista coopere en ocasiones de ventas especiales, como las que se efectúan durante las temporadas de regalos de verano e invierno. Por ejemplo, el arreglo de los pisos de ventas para la promoción de ventas especiales por lo general se hace después de que la tienda cierra.

Esta preparación para el nuevo arreglo, llamado *tachiagari* o "levantamiento", por lo común principia a las 10 p.m. y termina a las 3 a.m. —y el vendedor de Yamada por lo general está allí para ayudar—. Aun cuando tal cooperación nunca es solicitada de manera formal, ha llegado a ser más o menos obligatoria, ya que los vendedores de otras compañías también están allí; y si el empleado de Yamada no está presente, bien puede encontrar que sus productos están "exhibidos" en el rincón más apartado del piso al día siguiente.

Se dice que los vendedores más astutos regresan otra vez muy temprano en la mañana antes de que la tienda abra para mover sus productos a lugares un poco más ventajosos.

En ocasiones, los vendedores permanecen en la tienda de departamentos durante las promociones especiales para ayudar a los vendedores en el piso, para trabajar en el mostrador de la cajera y por lo general, para tener una mejor sensación de cómo se venden sus productos y los de la competencia.

Además de esto, durante las temporadas de mucha venta, Yamada va a los centros de entrega de la tienda en los suburbios de Tokio en donde estudiantes y amas de casa están trabajando muy ocupados tiempo parcial empaquetando y distribuyendo mercancía para las entregas. Allí los felicita por lo bien que están trabajando, les agradece sus esfuerzos y les deja bocadillos de *onigiri* (bolas de arroz) y *senbei* (galletas de arroz). Esto lo hace para mantener relaciones amistosas con la tienda de departamentos y seguir siendo favorecido.

La tienda de departamentos cierra a las 6 p.m., después les toma tres horas en la estación pico a los empleados comprobar las cifras de venta e inventarios. En consecuencia, por lo general no es sino hasta las 9 p.m. o 10 p.m. que se hacen los pedidos de reposición por teléfono a los mayoristas. Esto quiere decir que los vendedores del mayorista deben permanecer en la oficina listos para tomar el pedido hasta altas horas de la noche. También quiere decir que Yamada y sus vendedores tienen que esperar en su oficina para que los productos puedan entregarse al momento del aviso.

La sucursal de Tokio de la compañía de Yamada mantiene dos camiones listos para salir en cualquier momento. Cuando no está disponible ningún camión, con frecuencia los vendedores hacen ellos mismos las entregas a las tiendas.

Todo esto puede parecer increíble a muchos ejecutivos extranjeros y no hay duda de que estas prácticas comerciales son un obstáculo formidable para el recién llegado de cualquier nacionalidad que desee hacer negocios con la tienda de departamentos. Sin embargo, la existencia de estas prácticas comerciales difícilmente es base para concluir que el mercado japonés esté cerrado a los productos extranjeros. Es fácil culpar a estas extrañas prácticas, pero es más útil hacer un esfuerzo para entenderlas y trabajar con ellas.

Como dijo un experto exitoso en mercadotecnia en el Japón: "Existen muchas prácticas comerciales y costumbres únicas en el Japón. Pero si éstas son inmovibles, no tenemos más que aprender a vivir con ellas."

Relaciones con el proveedor

Uno de los principios fundamentales del CTC es que la calidad del producto o servicio corriente abajo se asegura mejor manteniendo la calidad corriente arriba. Este concepto se extiende incluso a las relaciones entre la planta y sus proveedores.

La revista *Fortune* del 2 de abril de 1984, porta un arículo de Jeremy Main en el cual escribió:

> La esencia de Justo a Tiempo, es que el fabricante no mantiene mucho inventario en existencia —confía en sus proveedores para entregar las partes justo a tiempo para que sean montadas—. Por contraste, las compañías de los EUA, en forma tradicional han empleado lo que en ocasiones se llama sistema de "por si acaso" —grandes inventarios que aseguran que la producción no será interrumpida.

El mejoramiento de las relaciones con el proveedor ha llegado a ser una de las áreas de máxima prioridad de la administración orientada a KAIZEN en el Japón. Guiado por la política del gerente de la planta, que ha sido desplegada desde la alta administración, el personal de compras trabaja siempre en asuntos para el mejoramiento en sus relaciones con los proveedores. Esos asuntos por lo general incluyen:

- Establecer mejores criterios para medir los niveles óptimos del inventario.
- Desarrollar fuentes adicionales de abastecimiento que puedan asegurar una entrega más rápida.
- Mejorar la forma en que son colocados los pedidos.
- Mejorar la calidad de la información proporcionada a los proveedores.
- Establecer mejores sistemas de distribución física.
- Entender mejor las necesidades internas de los proveedores.

Uno de los trabajos del agente de compras es desarrollar criterios para comprobar la fuerza relativa de los proveedores en términos de precio, cooperación, calidad, entrega, tecnología y competencia administrativa en general.

Komatsu otorga premios especiales a sus proveedores y distribuidores. Los premios a los proveedores (a quienes Komatsu llama "compañías cooperadoras" están basados en factores tales como las políticas del proveedor y sistema administrativo, aseguramiento de la calidad, control del costo, entrega, desarrollo de tecnología, educación, seguridad y control ambiental.

Los fabricantes japoneses han hecho considerables esfuerzos en áreas tales como ayudar a los proveedores a iniciar programas del CTC, ayudarlos a introducir varios programas de KAIZEN tales como los programas de sugerencias y las actividades de grupos pequeños, y a mantener mejor comunicación sobre la calidad del producto, cantidad y programas de entrega. Como resultado, los proveedores han podido mejorar sus procedimientos de trabajo, con frecuencia con poco o ningún costo y esto ha conducido a realizaciones tales como rendimientos mejorados, mejor identificación de nuevos materiales y puntos de equilibrio más bajos.

La mayoría de los fabricantes de automóviles de pasajeros, máquinas industriales o productos electrónicos celebran juntas anuales o semestrales para otorgar premios a los proveedores que han satisfecho los requisitos de calidad o programas de entrega. Las compañías japonesas tienen intereses creados en ayudar a sus proveedores a fin de que hagan lo mejor que puedan, y el proveedor y el comprador trabajan juntos para satisfacer sus necesidades compartidas. Como resultado de tales esfuerzos compartidos para el mejoramiento, los proveedores de Honda pudieron alcanzar los resultados siguientes entre 1974 y 1978:

Promedio de ventas:	Arriba del 60 al 80%.
Número de empleados:	Casi los mismos o menos.
Valor agregado per cápita:	Arriba del 60 al 70%.
Punto de equilibrio:	Abajo, más del 15%.

Honda se reúne con sus proveedores cada mes para estudiar temas tales como la educación del empleado, nuevos materiales, sistemas de distribución física, líneas de producción mejoradas y mejores sistemas de AC.

En fecha más reciente, los fabricantes y proveedores han estado formando equipos conjuntos de proyectos para trabajar en asuntos tales como el desarrollo de nuevos productos, ahorro de recursos y conservación de la energía. No es raro que el presidente de una compañía fabril visite cada año a su principal proveedor para tratar asuntos clave de política.

Las relaciones con el proveedor también son vitales como parte del sistema Justo a Tiempo, puesto que este sistema exige no sólo una calidad permanente sino también la precisión en la entrega. Son esenciales tanto una estrecha comunicación como una dedicación conjunta.

Kaoru Ishikawa dice que hay tres etapas en las relaciones proveedor-fabricante. En la primera etapa, el fabricante revisa todo el lote llevado por el proveedor. En la segunda etapa, el fabricante sólo revisa por muestreo. En la etapa final, el fabricante acepta todo sin revisar la calidad. Sólo en la tercera etapa se puede decir que se han establecido relaciones verdaderamente meritorias.

Cuando Yoshisaki Ohta visitó por primera vez los EUA en 1959 para estudiar su industria de vehículos industriales, observó que había muchas partes que los proveedores servían a los varios fabricantes de vehículos industriales. En aquellos días, los fabricantes japoneses estaban obsesionados con la producción "integrada", creyendo que era la forma más eficaz de producir los vehículos industriales. Esta experiencia de los EUA fue reveladora para Ohta.

Desde entonces, los fabricantes japoneses han optado por abastecerse más de fuentes externas en la mayor parte de sus partes y componentes, y este cambio sólo ha sido posible debido a la aparición de subcontratistas confiables en campos especializados tales como los de componentes hidráulicos. En los últimos 30 años, observa Ohta, el Japón ha desarrollado muchos subcontratistas confiables en especialidades y los fabricantes se han convertido más en coordinadores, libres para concentrarse en encontrar métodos más efectivos de montaje.

Sin embargo, en una visita reciente a los EUA y Europa, Ohta se sorprendió al observar que algunos grandes fabricantes de vehículos industriales habían regresado al mito de la "producción integrada". Esto, dice, es la razón de gran parte de la brecha en productividad entre el Japón y el Occidente.

Aún en las compañías occidentales dedicadas a la "producción integrada", sus divisiones parecen carecer del nivel de enlace y confianza que existe entre los fabricantes japoneses y sus proveedores. Muchas compañías occidentales están teniendo dificultades para establecer relaciones de confianza entre sus distintas unidades comerciales. Peor aún, una fábrica que compra suministros a otra fábrica en el mismo grupo es incapaz de ejercer el mismo nivel de control que tendría sobre un proveedor externo, ya que no tiene la opción de recurrir a otro proveedor.

Existen varias diferencias que distinguen a las fábricas japonesas de las fábricas occidentales. La primera, como se observó con anterioridad, es su gran dependencia sobre los contratistas externos. Hasta el 50% de las partes y componentes con contratadas afuera. Una de las primeras decisiones enfrentadas por la administración japonesa al desarrollar un producto nuevo es la de "fabricar o comprar". Otra característica de las fábricas japonesas es emplear personal detiempo parcial (hasta el 50% del empleo total en algunas industrias).

Esta dependencia dual en contratistas externos y empleados de tiempo parcial ayuda a la administración japonesa a enfrentarse mejor a las fluctuaciones comerciales.

RELACIONES DEL PROVEEDOR EN RICOH

La planta Atsugi de Ricoh depende mucho de los conceptos Justo a Tiempo y *kamban* en su fabricación de equipo de oficina y máquinas copiadoras. De acuerdo con Katsumi Yoshida, gerente general del departamento de compras de la Reprographic Products Division, el equivalente en Ricoh del sistema Justo a Tiempo se llama RFO (rapidez y flujo oportuno) y el sistema *kamban* de Ricoh se denomina PTR (placa de tiempo real). Estos sistemas son vitales tanto para el mantenimiento como para la productividad de la calidad del producto en tanto se conservan las áreas de producción limpias y bien organizadas.

La planta Atsugi, tiene un mínimo de espacio para inventario, y las partes y componentes por lo general son entregadas por proveedores externos para su montaje en horas. Como es el caso en Toyota, se ensamblan varios tipos de equipos en la misma línea de montaje.

Para este sistema son esenciales buenas relaciones con los proveedores. Los proveedores de Ricoh se dividen en "designados" y "no designados". Una vez al año, Ricoh revisa el desempeño de todos los proveedores. Cuando se cree que es confiable un proveedor en particular, en términos de la calidad del producto y entrega, es elegible para convertirse en un proveedor "designado".

Los proveedores designados disfrutan de máxima prioridad en los pedidos de Ricoh y tienen derecho a incentivos especiales y a condiciones de pago favorables. En la actualidad, Ricoh tiene unos 70 proveedores designados y este grupo representa la mayoría de sus proveedores.

En un esfuerzo para mejorar las capacidades técnicas de los proveedores designados, Ricoh invita al personal técnico de los proveedores designados a trabajar en la solución de los problemas junto con los técnicos de Ricoh. Ricoh también envía a sus expertos técnicos a los proveedores pa-

(RICOH—Continua)

ra ayudarlos a implantar varias actividades de KAIZEN. Además, los empleados de los proveedores designados tienen derecho a participar en varios programas internos de entrenamiento de Ricoh.

El programa de pedidos de Ricoh también está diseñado para facilitar la cooperación entre Ricoh y sus proveedores. Al final de cada mes. Ricoh firma un pedido para todo el mes siguiente. Sin embargo, las PTR son una excepción. A la luz de la mayor precisión en el sistema de PTR, las PTR son pedidas del diario, para su entrega a una hora específica tres días más tarde. Ricoh también informa a sus proveedores lo que espera necesitar durante los primeros, segundos y últimos diez días del mes próximo al siguiente y da estimados del pedido para cada uno de los dos meses siguientes después de eso. De este modo al final de cada mes, los proveedores pueden estimar sus niveles de producción requeridos para los tres meses siguientes y en consecuencia, pueden planificar sus programas de producción.

Debido a que las partes son llevadas a la fábrica por los proveedores y alimentadas a la línea de montaje mediante un sistema transportador, es vital que la calidad, la cantidad y el programa de entregas sean estrictamente observados.

Cuando las partes hechas según nuevas especificaciones son llevadas por primera vez, también se espera que el proveedor presente una lista de tablas de aseguramieto de la calidad usadas en la producción. Además, los tamaños de las cajas del proveedor y el etiquetado, incluyendo la numeración, deben seguir los estándares de Ricoh a la perfección, de lo contrario todo el lote puede ser rechazado. Por ejemplo, cuando un lote de 10 cajas es llevado, cada caja debe estar marcada 1/10, 2/10, 3/10 y así sucesivamente para mostrar su orden en el lote de 10 cajas. Inclusive si falta un número en alguna caja, todo el lote es rechazado, ya que estas cajas tienen que ser alimentadas al sistema transportador en orden y cualquier error en la alimentación puede conducir a serias dificultades más abajo de la línea.

A menudo, los ingenieros de Ricoh visitarán a sus proveedores y les pedirán que escriban sus procesos de producción o les muestren las herramientas y moldes que usarían si reciben un pedido en particular. Si los procesos del proveedor parecen demasiado complicados, Ricoh recomendará que los procesos sean simplificados para rebajar los costos.

Cada año, Ricoh celebra una convención con los gerentes de compras de toda la compañía. Uno de los puntos sobresalientes de esta convención es la ceremonia de premios para los proveedores *notables* de la compañía. Estos proveedores son seleccionados por los gerentes de compras y presentados personalmente por el presidente de Ricoh.

El certificado es una marca de excelencia muy codiciado por el proveedor y es reconocido por la comunidad financiera y por otros fabricantes

(RICOH—Continua)

como un certificado de calidad y confiabilidad. Con el certificado en su poder, el proveedor puede negociar nuevos préstamos bancarios en condiciones más favorables u obtener nuevos clientes con más facilidad.

Si bien el fabricante y el proveedor tienen intereses distintos en relación a los precios, Ricoh cree que el fabricante y sus proveedores tienen un interés común en servir al cliente y en consecuencia deben trabajar juntos para un KAIZEN constante y la reducción del costo. ■

Cambiando la cultura de la compañía: *Reto para el Occidente*

"La línea frontal en la 'guerra de los semiconductores' de hoy es la batalla del CTC," dice Hajime Karatsu de Matsushita. En el Japón, hemos llegado al punto en donde los ejecutivos están discutiendo ahora las tasas de defectos en términos de "ppm" (partes por millón). Algunos entusiastas del CTC dicen que el ejecutivo *que* todavía piensa en las tasas de defectos en términos de porcentajes pertenece a un museo y que su compañía va camino a la extinción.

Michael Haley, un profesor de la Vanderbilt University's Owen Graduate School of Management, visitó hace poco el Japón para observar el CTC en acción. Llegó a la conclusión de que el CTC se aplica en el Japón como una estrategia de la compañía.

Para ser implantada, la estrategia debe llegar a ser concreta para todos en la organización. En consecuencia, las estrategias a largo plazo deben traducirse en planes a corto plazo que sean claros y prácticos.

Los principios del control total de la calidad proporcionan el marco estructural necesario para ayudar tanto a los empleados y a la administración a comunicarse y decidir cómo mejorar la calidad y la productividad del trabajo.

La meta del control total de la calidad como estrategia de la compañía de manera inevitable comprende áreas tales como los mejoramientos de la comunicación y de las relaciones entre los trabajadores y la administración así como también la revitalización de las estructuras organizacionales.

Pero sobre todo, lo de más importancia, el control total de la calidad como estrategia de la compañía, debe tratar con las *personas*. Sus resultados netos son trabajadores más productivos, comunicación mejorada y una organización más efectiva. Mejores productos y más competitivos son el resultado de mejor personal y mejor administración, y no al revés.

La estrategia de la compañía no debe ser monopolizada por un puñado de altos ejecutivos administrativos. Debe ser señalada de una manera que pueda ser entendida, interpretada y ejecutada por todos los de la compañía. Como lo expresó Haley, "Debe ser una base de comunicación entre todos los individuos de una organización comercial. La estrategia debe relacionarse con sus necesidades y motivar su desempeño".

Hacer que todos participen en KAIZEN ha sido una parte vital de seguir siendo competitivo en la actualidad. Sin embargo, hacer que todos participen de manera positiva necesita el entorno o la cultura corporativa adecuada. Por ejemplo, será difícil obtener la cooperación de todos si existen confrontaciones serias entre los trabajadores y la administración. Por lo tanto, la administración debe aplicar siempre el concepto de KAIZEN a sus relaciones industriales si desea aplicar el concepto de KAIZEN a las actividades de la compañía en general.

Crear una atmósfera y cultura cooperativas ha sido una parte inseparable de los programas de KAIZEN. Todos los programas de KAIZEN implantados en el Japón han tenido un prerrequisito clave en común: obtener la aceptación de los trabajadores y vencer su resistencia al cambio. Para lograr esto se ha necesitado:

1. Esfuerzos constantes para mejorar las relaciones industriales.
2. Énfasis en el entrenamiento y educación de los trabajadores.
3. Desarrollar líderes informales entre los trabajadores.
4. Formación de actividades de grupos pequeños tales como los círculos del CC.
5. Apoyo y reconocimiento para los esfuerzos de KAIZEN de los trabajadores (criterios P).
6. Esfuerzos conscientes para hacer del lugar de trabajo un sitio en donde los trabajadores puedan empeñarse en sus metas de vida.
7. Llevar la vida social al lugar de trabajo, tanto como sea práctico.
8. Entrenar a los supervisores para que se puedan comunicar mejor con los trabajadores y puedan crear una participación personal más positiva con los trabajadores.
9. Llevar la disciplina al lugar de trabajo.

Las Figs. 7-1 y 7-2 pueden ayudar a explicar las relaciones entre la cultura de la compañía y las utilidades. El objetivo de la compañía de maximizar las utilidades puede ser realizado (1) aumentando las ventas y/o (2) disminuyendo tanto los gastos fijos como los variables. Suponiendo que existan dos compañías que hagan idénticos productos, la diferencia final en su competitividad puede ser expresada en términos de su punto de equilibrio.

Entre la Fig. 7-1 y la Fig. 7-2, está por completo claro cuál compañía es la más lucrativa y más competitiva. Y es la diferencia de culturas entre estas dos compañías la razón de la diferencia. La estrategia de KAIZEN tiene la mira de maximizar las utilidades, tanto disminuyendo los gastos fijos como los variables así como incrementando las ventas. Esto sólo puede hacerse mejorando la forma en que se hacen los negocios en todos los niveles, incluyendo el departamento ejecutivo y el taller.

Durante mis veintitantos años como consultor administrativo he observado a muchos gerentes expatriados en el Japón y he llegado a darme cuenta de que su forma de la toma de decisiones es muy distinta de la forma japonesa. Al tomar decisiones, los gerentes expatriados tienden a emplear diferentes criterios que los que usan los gerentes japoneses.

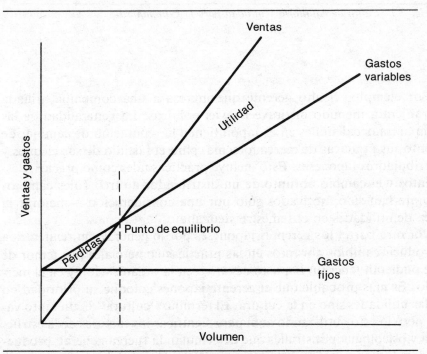

Fig. 7-1   Punto de equilibrio y utilidad para la Compañía A.

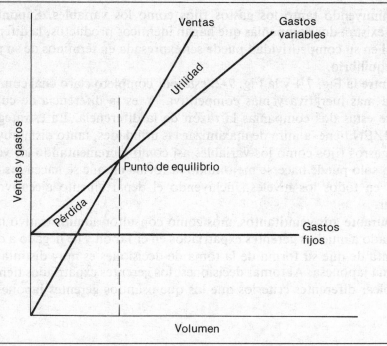

Fig. 7-2 Punto de equilibrio y utilidad para la Compañía B.

Por ejemplo, el alto gerente que ingresa a una compañía afiliada extranjera a menudo instituye nuevas políticas. La generalidad de las compañías occidentales en el Japón tienen la reputación de cambiar de pronto sus prácticas de mercadotecnia, para el fastidio de sus clientes y distribuidores japoneses. Esto incluye prácticas tales como precios, descuentos y el cambio abrupto de un distribuidor a otro. Tales cambios siempre han sido motivados sólo por una consideración —mejorar la línea de utilidades en el semestre siguiente.

Por otra parte, los gerentes japoneses por lo general son renuentes a introducir cambios abruptos en las prácticas comerciales por temor de que pudieran tener un impacto negativo en la organización y en el mercado. Es más probable que el gerente japonés coloque su prioridad no en las utilidades sino en la cultura. El término "cultura" es un tanto vago, pero lo estoy utilizando aquí para significar los factores de la estructura y psicología industriales que determinan la fuerza general, productividad y competitividad de la compañía a largo plazo; tales factores incluyen la efectividad organizacional, relaciones industriales y capacidad para producir artículos de calidad de manera económica.

Si señalamos a las utilidades y a KAIZEN como dos criterios que afectan las decisiones administrativas, encontramos que el peso relativo dado a estos criterios difiere para los gerentes japoneses y extranjeros. La generalidad de la administración occidental está claramente orientada hacia las utilidades a corto plazo, en tanto que la cultura corporativa japonesa está orientada a KAIZEN. El problema es que estos dos criterios suelen considerarse como mutuamente excluyentes y contradictorios; el gerente que decide usar uno de ellos con frecuencia tiene que sacrificar al otro y viceversa. Sin embargo, cada gerente tiene en mente estos dos patrones al tomar las decisiones, aunque las consideraciones para la cultura con frecuencia son sutiles y latentes, y la mayoría de los gerentes ni siquiera se dan cuenta de que están utilizando tales patrones.

Si la administración tiene éxito en el mejoramiento de la cultura de la organización, la compañía será más productiva, más competitiva y más lucrativa a largo plazo. Sin embargo, todo el impacto del esfuerzo que la administración hace para mejorar la cultura no se sentirá sino hasta años después. Si los gerentes están interesados principalmente con las utilidades inmediatas, estarán renuentes a dedicar tiempo y esfuerzo en el mejoramiento de la cultura, y con el tiempo la organización puede no llegar a ser más competitiva. Por lo tanto, cuando los gerentes occidentales intentan mejorar la productividad, por lo general tratan de hacerlo sin lesionar restabilidad a corto plazo. Por otra parte, cuando los gerentes japoneses toman providencias para el mejoramiento de la cultura de la empresa, a menudo lo hacen con el conocimiento de que arriesgan la rentabilidad a corto plazo con el fin de buscar a largo plazo la meta de crear una organización más competitiva.

Las Figs. 7-3 y 7-4 muestran las tendencias de las quejas de los clientes y los costos de producción después de ser introducido el concepto del control de calidad en toda la compañía en Kobayashi Kose. Como se puede ver, tanto el número de quejas como el costo de la producción se incrementaron de inmediato después de ser introducido el CTC. Sin embargo, esto es comprensible, porque siempre se necesita cierto tiempo antes de que una nueva medida produzca un resultado positivo. Si el único criterio de la administración es la utilidad, se le enfriarán los pies al gerente tan pronto como el desempeño de la producción comience a deteriorarse y puede desear abandonar todo el programa del CTC.

Esta es la razón de que los esfuerzos para introducir el CTC en las compañías occidentales a menudo haya sido fragmentario y rara vez haya tenido éxito en el mejoramiento de la cultura de la compañía. La úni-

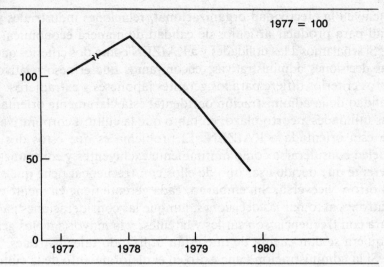

Fig. 7-3   Número de quejas de clientes en Kobayashi Kose después de introducir el CTC.

ca forma en que las compañías occidentales pueden llegar a ser más competitivas internacionalmente es comenzando a emplear una doble medida de las utilidades y el KAIZEN para evaluar el desempeños de sus altos gerentes.

Tal iniciativa debe principiar en el salón del consejo. Si éste utiliza la utilidad como el único criterio para medir el desempeño de la alta admi-

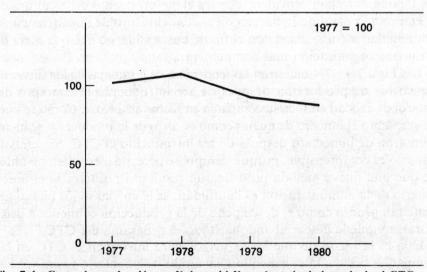

Fig. 7-4   Costo de producción en Kobayashi Kose después de introducir el CTC.

nistración, los gerentes estarán renuentes a iniciar mejoramientos que pongan en peligro las utilidades a corto plazo, aun cuando sean obvios los beneficios a largo plazo de tal cambio.

El consejo debe establecer un presupuesto para cambiar la cultura durante un periodo de cinco o diez años, de manera que la alta administración pueda dedicar sus esfuerzos a la formación de KAIZEN *junto con* sus actividades normales de obtener utilidades. Como es natural, debe haber cierto equilibrio entre las utilidades y el KAIZEN. En consecuencia, el consejo debe convencer a sus inversionistas así como a la comunidad y al público de la importancia de KAIZEN.

Además, el consejo debe establecer los criterios P de la alta administración para medir el nivel de KAIZEN. Así como las utilidades se miden en términos específicos tales como la línea de fondo, ROI y utilidades por acción, KAIZEN debe ser medido en términos claros, establecidos de antemano.

Cambiar la cultura de la compañía para llegar a ser más productiva y competitiva mientras se mantiene el equilibrio entre las utilidades y KAIZEN es el reto al que se enfrentan hoy las compañías occidentales.

En conexión con esto, si la administración occidental va a introducir el KAIZEN en sus sistemas administrativos, deben tomarse en cuenta los conceptos que siguen:

■ ¿Está comprometida la administración a introducir el KAIZEN como una estrategia de la compañía? ¿Está comprometida a dedicar el tiempo suficiente para entender en realidad las implicaciones de KAIZEN?

■ ¿Está la alta administración comprometida a metas funcionales transversales tales como calidad, costo y programación? ¿Está comprometida a desplegar los recursos necesarios, que incluyan programas de entrenamiento para todos los empleados? ¿Está comprometida a llevar a cabo un plan hasta el final y verificar su progreso?

■ ¿Los sistemas existentes y estructuras de la compañía apoyan la realización de tales metas? Si se encuentran inadecuadas para satisfacer las metas funcionales transversales, ¿está preparada la alta administración para hacer los cambios necesarios —aún si esto significa cambios en áreas tales como organización, estructura, planificación y control e incluso en las prácticas de personal, incluyendo la compensación y reubicación del mismo?

La estructura u organización de la compañía debe servir a las metas funcionales transversales. En ocasiones, la gente habla de estrategia organizacional como si la organización dictara la estrategia. Esto es mentira. La estrategia debe imponerse a la organización y no al contrario.

La estructura que sea apropiada para alcanzar las metas funcionales transversales puede diferir de compañía a compañía y de industria a industria, y también puede depender del tamaño de la compañía. Muchas compañías multidivisionales han adoptado la llamada organización matricial. De nueva cuenta, la efectividad de la organización matricial debe ser revisada desde el punto de vista de si satisface las metas funcionales transversales.

■ ¿Está la alta administración comprometida a hacer el mejoramiento funcional transversal en un programa en marcha que involucre a todos en la organización? En las compañías occidentales a menudo se trata el mejoramiento funcional transversal como una tentativa de esfuerzo por un equipo de proyecto.

Uno de los principios fundamentales de la administración funcional transversal es que los problemas más vitales en la administración se presentan en las áreas funcionales transversales por lo que suelen involucrar las actividades interdepartamentales (interseccionales o interdivisionales). Los problemas que se originan en un departamento dado (o función) son relativamente fáciles de manejar, ya que los gerentes interesados por lo común tienen la autoridad y los recursos para manejarlos. Sin embargo, la implantación de mejoramientos funcionales transversales necesita tratar con cruzamientos de áreas entre departamentos. ¿Quién debe cargar con esta responsabilidad? Cualquier descripción del puesto de un gerente en particular por lo general limita la responsabilidad a su función o departamento. Cuanto más precisa sea la descripción del puesto, menos libertad tiene el gerente para tratar los asuntos funcionales transversales e interdepartamentales.

Las descripciones de los puestos deben incluir responsabilidades funcionales transversales. Si no es así, deben ser revisadas. Las relaciones de informes internos entre distintos departamentos también deben ser revisadas al mismo tiempo.

Cada función en la compañía occidental típica está dotada con orgullosos profesionales que han recibido una educación extensa en sus profesiones y les ha tomado muchos años alcanzar la posición profesional. Cuanto más orgullosos sean, es más difícil para ellos comunicarse en forma efectiva con personas de otras áreas funcionales o en asuntos funcionales transversales. La comunicación funcional transversal efectiva es imposible en tal entorno y se requieren cambios profundos de actitud. Incluso puede ser necesario ofrecer cursos opcionales que estimulen el pensamiento funcional transversal en el plan de estudios de las escuelas comerciales y otras instituciones educativas. Además, la administración puede encontrar necesario transferir a los profesionales en una función en particular (por ejemplo, ingeniería) a otras funciones, tales como producción o ventas.

■ ¿Cómo puede la compañía estimular a los ingenieros para que se involucren más en las actividades relacionadas con la producción? El uso de los recursos de ingeniería es de particular importancia para la administración occidental. En forma tradicional, los ingenieros han tomado con orgullo trabajar en proyectos muy alejados del sitio de la planta. Los trabajos de ingeniería en la planta con frecuencia son considerados como de nivel inferior a los de la oficina principal y esto se refleja en sus tarifas de salarios más bajas. El ingeniero típico sueña en "llegar" al laboratorio de investigación central con gran prestigio social y paga más elevada. El sistema, según existe en el Occidente, estimula a los mejores ingenieros a moverse fuera de la producción.

Dado que es esencial el enlace de funciones transversales entre la oficina de ingeniería y las plantas, el sistema debe ser revisado para colocar mejores recursos de ingeniería en las plantas. En el marco del sistema de salarios del Japón basado en la antigüedad, un ingeniero asignado a la planta no tiene ninguna dificultad para aceptar la asignación porque sabe que está recibiendo el mismo paquete de compensación que los ingenieros de su edad que trabajan en la oficina principal.

■ KAIZEN principia con la identificación de los problemas. En el entorno de despedir y contratar en el Occidente, la identificación de un problema con frecuencia equivale a una revisión negativa del desempeño e incluso puede llevar el riesgo de un despido. Los superiores están atareados encontrando fallas con sus subordinados y éstos están atareados ocultando los problemas. Cambiar la cultura de la compañía para acomodar y apoyar a KAIZEN —estimulando a todos para que encuentren problemas y elaboren planes para su solución— requerirá cambios extensos en las prácticas de personal y en la forma en que las personas trabajan entre sí.

■ Por último, pero no de menor importancia, la administración occidental debe ser requerida a introducir criterios orientados al proceso en todos los niveles, lo cual requerirá programas de entrenamiento en toda la compañía así como volver a estructurar los sistemas de planificación y control.

ACEPTANDO EL RETO:
EL CTC DE PHILIPS

Un número cada vez mayor de compañías occidentales están introduciendo ahora programas del CTC con un decidido apoyo de la cumbre. Philips es una compañía multinacional en donde la alta administración ha hecho el firme compromiso de introducir lo que llama mejoramiento de la calidad en toda la compañía (MCTC). En octubre de 1953, el Dr. W. Dekker, presidente de Philips, proclamó la siguiente política para toda la compañía:

La calidad de los productos y servicios es de máxima importancia para la continuidad de nuestra compañía.

Adoptando una política para la calidad apuntada al control completo de cada actividad, se logrará calidad máxima, productividad, flexibilidad y reducción en los precios de costo. A cada empleado se le debe imbuír con una actitud dirigida hacia esforzarse por el mejoramiento en forma continua.

El consejo de administración ha decidido dar una dirección vigorosa al mejoramiento de la calidad en toda la compañía.

En los meses venideros se dará forma y contenido a esta iniciativa. Los principales puntos de nuestra política para la calidad son:

1. El mejoramiento de la calidad es de manera primordial tarea y responsabilidad de la administración en conjunto.
2. Con el fin de involucrar a todos en la compañía en el mejoramiento de la calidad, la administración debe capacitar a todos los empleados —y no sólo a los empleados en las fábricas— para que participen en la preparación, implantación y evaluación de las actividades.
3. El mejoramiento de la calidad debe ser abordado y continuado en una forma sistemática y planificada. Esto se aplica a cada parte de nuestra organización.
4. El mejoramiento de la calidad debe ser un proceso continuo.

(PHILIPS-Continua)

5. Nuestra organización debe concentrarse más que nunca en sus clientes y usuarios, tanto fuera como dentro de la compañía.
6. El desempeño de nuestros competidores debe ser conocido por todas las unidades pertinentes.
7. Los proveedores de importancia tendrán que estar más estrechamente involucrados en nuestra política de la calidad. Esto se relaciona tanto a los proveedores externos como internos de bienes así como de recursos y servicios.
8. Se dará una amplia atención a la educación y al entrenamiento. Las actividades existentes de educación y entrenamiento serán valuadas, también con respecto a su contribución a la política de la calidad.
9. Debe darse publicidad a esta política de la calidad en cada parte de la compañía en forma tal que todos puedan comprenderla. Se utilizarán todos los métodos y medios disponibles para la promoción interna y externa y para la comunicación.
10. El informe sobre el progreso de la implantación de la política será un punto permanente en la agenda en las juntas de revisión.

   El Grupo Directriz de la Calidad, bajo la dirección del Consejo de Administración, junto con la Oficina Corporativa de la Calidad proporcionará el apoyo y coordinación a nivel de compañía.

De acuerdo con lo anterior, Philips ha organizado una serie de seminarios para unos 400 altos gerentes de Philips de todo el mundo. En estos seminarios Dekker ha dicho:

   Lo que nos importa como Consejo de Administración es que podemos hacerlo mucho mejor si en realidad lo deseamos. Y que *debemos* desearlo con el fin de sobrevivir. . .

   La importancia del seminario se encuentra en el hecho de que concierne a un nuevo concepto administrativo, el concepto del *mejoramiento continuo.*

   Deben estar conscientes del hecho de que tenemos la mira para inculcar dentro de la organización total no sólo la importancia del mejoramiento de la calidad en toda la compañía pero aun más la importancia de la necesidad de que ustedes, junto con los empleados confiados a ustedes —y repito *juntos*— creen las condiciones para lograr los objetivos de la calidad. . .

   Después de este seminario deben concentrarse todavía con más intensidad en este problema y proporcionar a su personal todas las herramientas que necesiten, y enseñarlos a utilizarlas para lograr el mejoramiento requerido en la calidad.

(PHILIPS—Continua)

No sólo tendrán que aplicar la *auditoría de la calidad*, sino también tendrán que pasar ustedes mismos por la auditoría de la calidad. El Consejo de Administración ya ha colocado a la auditoría de la calidad como máxima prioridad en la agenda de todas las juntas de revisión y tomará en cuenta la calidad en las evaluaciones personales.

Lo que deseamos realizar es nada menos que un cambio completo de actitud mental. ■

Resumen

Hasta el momento, he tratado de explicar el KAIZEN —lo que es, cómo opera y lo que hace—. Los beneficios de KAIZEN son obvios para aquellos que lo han introducido. KAIZEN conduce a la calidad mejorada y a mayor productividad. Donde el KAIZEN se introduce por primera vez, la administración puede ver con facilidad un aumento en la productividad del 30%, del 50% e incluso del 100% y más, todo sin ninguna grande inversión de capital. KAIZEN ayuda a bajar el punto de equilibrio. Ayuda a la administración a poner más atención a las necesidades del cliente y a construir un sistema que tome en cuenta los requisitos de éste.

KAIZEN es un enfoque humanista, porque espera que todos —verdaderamente, todos— participen en él. Está basado en la creencia de que todo ser humano puede contribuir a mejorar su lugar de trabajo, en donde pasa la tercera parte de su vida.

Por último, el KAIZEN hace al negocio más competitivo y lucrativo. Durante los últimos 30 años, la administración japonesa ha seguido la política de mejoramientos constantes sin llamarlos oficialmente KAIZEN. En la actualidad, por primera vez, las compañías no japonesas pueden seguir la pista al desarrollo de KAIZEN, ver la perspectiva total y comenzar a hacer planes para la implantación de una estrategia de KAIZEN.

La estrategia de KAIZEN se esfuerza por dar atención íntegra tanto al proceso como al resultado. Es el esfuerzo lo que cuenta cuando hablamos del mejoramiento del proceso y en consecuencia la administración debe desarrollar un sistema que recompense los esfuerzos tanto de los trabajadores como de la administración. Este reconocimiento de los esfuerzos no debe confundirse con el reconocimiento por resultados.

La introducción de una estrategia de KAIZEN requiere enfoques tanto de arriba a abajo como de abajo a arriba. Debe observarse en esta conexión que el estilo de administración de arriba a abajo por lo general requiere un enfoque de diseño y que el estilo de abajo a arriba requiere un enfoque analítico. Así, en los niveles inferiores de la jerarquía administrativa, tanto los trabajadores como los gerentes necesitan ser entrenados en el uso de herramientas analíticas. Por otra parte, en los niveles superiores, el enfoque de diseño (por ejemplo, despliegue de la política, despliegue de la calidad y uso de las Nuevas Siete) es más útil, puesto que estos niveles están más interesados en el establecimiento de metas y en el despliegue de los medios para realizarlas.

En tanto el enfoque analítico trata de aprender de las experiencias pasadas, el enfoque de diseño intenta construir un futuro mejor con metas predeterminadas. Aun cuando el enfoque de diseño ha sido usado tradicionalmente en campos limitados como la ingeniería industrial y la arquitectura, su aplicación a los asuntos administrativos merece una seria atención. (Para una breve descripción del enfoque de diseño y sus herramientas, véase el Apéndice E.)

Cuando estos dos enfoques se combinan con las funciones de resolución de los problemas y la toma de decisiones de los gerentes en cada nivel, se convierten en herramientas para la implantación de la estrategia de KAIZEN. La administración debe tener en mente estos requisitos al desarrollar los programas tanto de entrenamiento como educativos para la introducción de los conceptos de KAIZEN.

Se han desarrollado muchos conceptos y herramientas útiles en el Japón al implantar la estrategia de KAIZEN y creo que la mayor parte de ellos también son válidos en otros países. Éstos incluyen la filosofía orientada al cliente, el ciclo de PHRA, la administración funcional transversal, el despliegue de la política y herramientas tales como diagramas de los sistemas y tablas de la calidad.

De acuerdo con el Prof. Yoshinobu Nayatani, de la Osaka Electronics Communication University, la estrategia de KAIZEN y la administración del CTC producen los efectos siguientes:

1. La gente entiende los asuntos, críticos reales con más rapidez.
2. Se pone más énfasis en la fase de planificación.
3. Se fomenta una forma de pensamiento orientada al proceso.
4. La gente se concentra en los asuntos de más importancia.
5. Todos participan en la construcción del nuevo sistema.

Mi convicción de que el concepto de KAIZEN es válido no sólo en el Japón sino también en otros países está basada en mi observación de que todas la personas tienen un deseo instintivo de mejorarse.

Aunque es cierto que los factores culturales afectan el comportamiento individual, también es cierto que el comportamiento individual puede medirse y afectar mediante una serie de factores o procesos. Por lo tanto, siempre es posible, sin tomar en cuenta la cultura, subdividir el comportamiento en procesos y establecer puntos de control y revisión. Esta es la razón de que herramientas administrativas tales como la toma de decisiones y la solución de los problemas tengan una validez universal. Si bien el impacto de los factores culturales necesita ser considerado al aplicar el pensamiento orientado al proceso, no se niega en lo más mínimo la validez del pensamiento orientado al proceso.

KAIZEN no reemplaza ni excluye la innovación. Más bien, los dos son complementarios. Idealmente, la innovación debe principiar después que KAIZEN haya sido agotado y KAIZEN debe continuar tan pronto como se inicie la innovación. KAIZEN y la innovación son ingredientes inseparables del progreso.

Dice Yotaro Kobayashi, de Fuji Xerox, "KAIZEN mejora el *statu quo* aportándole el valor agregado. Está destinado a rendir resultados positivos si los esfuerzos son continuos hacia una meta bien definida".

"Sin embargo, KAIZEN está limitado porque no *reemplaza* o *cambia* de manera fundamental el *statu quo*. Tan pronto como el valor marginal de KAIZEN comienza a declinar, debe uno cambiar al reto de la innovación. El trabajo de la alta administración es mantener el equilibrio entre el KAIZEN y la innovación, y nunca olvidar la búsqueda de oportunidades innovadoras."

Por último, en tanto yo mismo he confirmado en este libro el impacto de la estrategia de KAIZEN en la comunidad comercial, creo que KAIZEN es muy aplicable en sectores no comerciales tales como los servicios gubernamentales, escuelas y otras instituciones, y que sería útil incluso en los países de economía controlada. Estas instituciones pueden carecer de la motivación de lucro, pero el concepto de KAIZEN permanece como criterio válido para comprobar el progreso.

En este contexto, puede ser oportuno citar a Claude Lévi-Strauss sobre el concepto del progreso. En una observación hecha en el Simposio Internacional sobre Productividad en el Japón en 1983, dijo:

Llamamos primitivas a algunas sociedades debido a su deseo de permanecer en el mismo estado en que las crearon los dioses o sus ancestros al principio del tiempo, con un equilibrio demográfico que sabían cómo

mantener y en un *estándar de vida inalterable* protegido por sus leyes sociales y una convicción metafísica. [Cursivas agregadas.]

Mi sincera esperanza es que podamos superar nuestro estado "primiti-
vo" y que la estrategia de KAIZEN pueda finalmente encontrar aplicación en la comunidad comercial, pero también en todas las instituciones
y sociedades del mundo entero.

Apéndice A
Lista de comprobación de las 3-M de las actividades de KAIZEN

Se han desarrollado varios sistemas de puntos de comprobación de KAIZEN para ayudar tanto a los trabajadores como a la administración a estar siempre alertas de las áreas para el mejoramiento. El siguiente es un ejemplo muy utilizado para emplear tres puntos de comprobación:

Muda (Desperdicio)	Muri (Tensión)	Mura (Discrepancia)
1. Personal	1. Potencial humano	1. Potencial humano
2. Técnica	2. Técnica	2. Técnica
3. Método	3. Método	3. Método
4. Tiempo	4. Tiempo	4. Tiempo
5. Instalaciones	5. Instalaciones	5. Instalaciones
6. Patrones y herramientas	6. Patrones y herramientas	6. Patrones y herramientas
7. Materiales	7. Materiales	7. Materiales
8. Volumen de producción	8. Volumen de producción	8. Volumen de producción
9. Inventario	9. Inventario	9. Inventario
10. Lugar	10. Lugar	10. Lugar
11. Forma de pensar	11. Forma de pensar	11. Forma de pensar

Apéndice B
El movimiento de cinco
pasos de KAIZEN

El movimiento de 5-S toma su nombre de cinco palabras japonesas que principian con *s: seiri, seiton, seiso, seiketsu* y *shitsuke*. Como parte de la administración visual de un programa general, con frecuencia se colocan signos que repiten los pasos en el taller.

Paso 1 *seiri* (enderezar)
- Trabajo en proceso
- Herramientas innecesarias
- Maquinaria no ocupada
- Productos defectuosos
- Papeles y documentos

Diferenciar entre lo necesario y lo innecesario y descartar lo innecesario.

Paso 2 *seiton* (poner las cosas en orden)
Las cosas deben mantenerse en orden de manera que estén listas para ser utilizadas cuando se necesiten. Un ingeniero mecánico estadounidense recuerda que pasaba horas buscando herramientas y partes cuando trabajaba en Cincinnati. Sólo después de que se unió a una compañía japonesa y vio la facilidad con que los trabajadores podían encontrar lo que necesitaban se dio cuenta del valor de "seiton".

Paso 3 *seiso* (limpieza)
Mantener limpio el lugar de trabajo.

Paso 4 *seiketsu* (aseo personal)
Hacer del aseo y de la pulcritud un hábito, principiando con la propia persona.

Paso 5 *shitsuke* (disciplina)
Seguir los procedimientos en el taller.

Apéndice C
Las seis preguntas

¿Quién?	¿Qué?	¿Dónde?
1. ¿Quién lo hace?	1. ¿Qué hacer?	1. ¿Dónde hacerlo?
2. ¿Quién está haciéndolo?	2. ¿Qué se está haciendo?	2. ¿Dónde se hace?
3. ¿Quién debe estar haciéndolo?	3. ¿Qué debe hacerse?	3. ¿Dónde debe hacerse?
4. ¿Quién otro puede hacerlo?	4. ¿Que otra cosa puede hacerse?	4. ¿En qué otro lugar puede hacerse?
5. ¿Quién otro debe estar haciéndolo?	5. ¿Que otra cosa debe hacerse?	5. ¿En qué otro lugar debe hacerse?
6. ¿Quién está haciendo las 3-MU?	6. ¿Cuál de las 3-MU se están haciendo?	6. ¿Dónde se están haciendo las 3-MU?

¿Cuándo?	¿Por qué?	¿Cómo?
1. ¿Cuándo hacerlo?	1. ¿Por qué lo hace?	1. ¿Cómo lo hace?
2. ¿Cuándo está hecho?	2. ¿Por qué hacerlo?	2. ¿Cómo se hace?
3. ¿Cuándo debe hacerse?	3. ¿Por qué hacerlo allá?	3. ¿Cómo debe hacerse?
4. ¿En que otra ocasión puede hacerse?	4. ¿Por qué hacerlo entonces?	4. ¿Puede usarse este método en otras áreas?
5. ¿En qué otra ocasión debe hacerse?	5. ¿Por qué hacerlo así?	5. ¿Existe otra forma de hacerlo?
6. ¿Hay alguna vez 3-MU?	6. ¿Hay alguna de las 3-MU en la forma de pensar?	6. ¿Hay algo de las 3-MU en este método?

Apéndice D
Lista de comprobación
de las 4M*

A. *M*an (hombre) (Operador).
  1. ¿Sigue los estándares?
  2. ¿Es aceptable su eficiencia en el trabajo?
  3. ¿Está consciente del problema?
  4. ¿Es responsable?
  5. ¿Es calificado?
  6. ¿Es experimentado?
  7. ¿Se le asignó el trabajo adecuado?
  8. ¿Está dispuesto a mejorar?
  9. ¿Mantiene buenas relaciones humanas?
  10. ¿Es saludable?

B. *M*áquina (Instalaciones).
  1. ¿Satisface los requisitos de la producción?
  2. ¿Satisface la capacidad del proceso?
  3. ¿La lubricación (engrasado) es adecuada?
  4. ¿Es adecuada la inspección?
  5. ¿Se detiene con frecuencia la operación debido a dificultades mecánicas?
  6. ¿Satisface los requisitos de precisión?
  7. ¿Hace ruidos extraños?
  8. ¿Es adecuada la disposición del equipo?
  9. ¿Hay suficientes máquinas instaladas?
  10. ¿Está todo en buen orden de operación?

*En ocasiones se agrega "medición" como quinta categoría en la lista de comprobación, en cuyo caso se llama lista de comprobación de las 5-M.

C. Material

1. ¿Existen algunos errores en el volumen?
2. ¿Existe algunos errores en la graduación?
3. ¿Existe algún error en el nombre de la marca?
4. ¿Existen algunas impurezas mezcladas?
5. ¿Es adecuado el nivel del inventario?
6. ¿Hay algún desperdicio en el material?
7. ¿Es adecuado el manejo?
8. ¿Está abandonado el trabajo en proceso?
9. ¿Es adecuado el arreglo?
10. ¿Es adecuado el estándar de la calidad?

D. Método de operación

1. ¿Son adecuados los estándares de trabajo?
2. ¿Están mejorados los estándares de trabajo?
3. ¿Es un método seguro?
4. ¿Es un método que asegure un buen producto?
5. ¿Es un método eficiente?
6. ¿Es adecuada la secuencia del trabajo?
7. ¿Es adecuado el ajuste?
8. ¿Son adecuadas la temperatura y la humedad?
9. ¿Son adecuados el alumbrado y la ventilación?
10. ¿Existe el contacto adecuado con los procesos anterior y siguiente?

Apéndice E
Herramientas de KAIZEN para la resolución de los problemas

Las siete herramientas estadísticas

Existen dos métodos distintos para la resolución de los problemas. El primer método se usa cuando se dispone de datos y el trabajo es analizarlos para resolver un problema en particular. La mayor parte de los problemas que se presentan en las áreas relacionadas con la producción caen en esta categoría. Las siete herramientas estadísticas* para la resolución analítica de los problemas son:

1. **Diagramas de Pareto.** Estos diagramas clasifican los problemas de acuerdo con la causa y fenómeno. Los problemas son diagramas de acuerdo a la prioridad, utilizando un formato de gráfica de barras, con el 100% indicando la cantidad total del valor perdido.
2. **Diagramas de causa y efecto.** Estos diagramas se utilizan para analizar las características de un proceso o situación y los factores que contribuyen a ellas. Los diagramas de causa y efecto también se llaman "gráficas de espina de pescado" o "gráficas de hueso de Godzilla".
3. **Histogramas.** Los datos de frecuencia obtenidos por las mediciones muestran un pico alrededor de determinado valor. A la variación de las características de la calidad se le llama "distribución" y la figura que muestra la frecuencia en forma de estaca se

*La descripción de las siete herramientas estadísticas esta adaptada de The Quest for Higher Quality: The Deming Prize and Quality Control, RICOH Company, Ltd., con autorización.

designa como histograma. Se usa principalmente para determinar los problemas revisando la forma de la dispersión, el valor central y la naturaleza de la dispersión.

4. **Cartas de control.** Existen dos tipos de variaciones: las variaciones inevitables que ocurren bajo condiciones normales y las que pueden llevar a una causa. A esta última se le llama "anormal". Las cartas de control sirven para detectar tendencias anormales con la ayuda de gráficas lineales. Estas gráficas difieren de las gráficas lineales estándar en que tienen líneas de límites de control en los niveles central, superior e inferior. Los datos de muestra se trazan en puntos sobre la gráfica para evaluar las situaciones y tendencias del proceso.

5. **Diagramas de dispersión.** En un diagrama de dispersión se trazan dos partes de los datos correspondientes. Las diferencias en el trazado de estos puntos muestra la relación entre los datos correspondientes.

6. **Gráficas.** Existen muchas clases de gráficas empleadas, que dependen de la forma deseada y del propósito del análisis. Las gráficas de barras comparan los valores por medio de barras paralelas, en tanto que las gráficas lineales se utilizan para mostrar variaciones durante un periodo. Las gráficas circulares indican la división por categorías de valores y las cartas de radar ayudan al análisis de conceptos previamente evaluados.

7. **Hojas de comprobación.** Estas están diseñadas para tabular los resultados mediante una revisión rutinaria de la situación.

Estas herramientas son ampliamente usadas por los círculos del CC y por otros grupos pequeños, así como por el personal de ingenieros y gerentes, para identificar los problemas y resolverlos. Todas ellas son herramientas estadísticas y analíticas, y los empleados en compañías activas en CCTC están entrenados para usar estas herramientas en sus actividades rutinarias.

Las Nuevas Siete

En muchas situaciones administrativas, no se dispone de todos los datos necesarios para la resolución de los problemas. El desarrollo de un nuevo producto es un ejemplo. La forma ideal de desarrollar un nuevo producto sería identificar las necesidades del cliente, traducir estas necesidades en requisitos técnicos y luego traducir los requisitos técnicos a los requisitos de la producción. De igual manera con el desarrollo de un nuevo método de fabricación para una mejor productividad. En ambos casos, no siempre se dispone de los datos necesarios —y los datos disponibles con frecuencia sólo existen en las mentes de las personas interesadas y están expresadas en forma verbal y no en cifras matemáticas—. Tales datos verbales deben reacomodarse de manera que tengan significado para que pueda tomarse una decisión razonable.

Muchas situaciones en la resolución de los problemas administrativos, requieren la colaboración de personas de distintos departamentos. Aquí también son escasos los datos difíciles y los que existen es probable que sean muy subjetivos.

En todos estos casos, es necesario ir más allá del enfoque analítico y usar el método de diseño para la resolución de los problemas. Las siete nuevas herramientas del CC (por lo común designadas como las Nuevas Siete) utilizadas para el método de diseño han probado ser útiles en áreas tales como el mejoramiento de la calidad del producto, reducción de costos, desarrollo del nuevo producto y despliegue de la política. Las Nuevas Siete se cuentan entre las herramientas más efectivas de los gerentes actuales, personal de staff o ingenieros.

El método de diseño es un amplio enfoque de sistemas para la resolución de los problemas caracterizado por la atención a los detalles. Otra característica del método de diseño es que involucra a personas de distintos antecedentes, lo que lo hace efectivo en la resolución de los problemas interdepartamentales o de funciones transversales.

Las Nuevas Siete herramientas son:

1. **Diagrama de relaciones.** Este diagrama aclara las interrelaciones en una situación compleja que comprende muchos factores interrelacionados y sirve para aclarar las relaciones de causa y efecto entre los factores.

2. **Diagrama de afinidad.** Este es esencialmente un método de ideas súbitas. Está basado en un trabajo de grupo en el cual todo participante escribe sus ideas y luego éstas ideas son agrupadas y realineadas por temas.

3. **Diagrama de árbol.** Este es una extensión del concepto del valor técnico del análisis funcional. Se aplica para mostrar las interrelaciones entre las metas y las medidas.

4. **Diagrama matricial.** Este formato se usa para aclarar las relaciones entre dos factores distintos. El diagrama matricial suele emplearse para desplegar los requisitos de la calidad en las características de la contraparte (técnicas) y luego en los requisitos de la producción.

5. **Diagrama matricial para análisis de datos.** Este diagrama se usa cuando la carta matricial no proporciona información lo bastante detallada. Es el único método dentro de las Nuevas Siete que está basado en el análisis de datos y da resultados numéricos.

6. **CPDP (Carta del Programa de Decisión del Proceso).** Esta es una aplicación de la carta del programa de decisión del proceso utilizada en la investigación de operaciones. Debido a que los programas de implantación no siempre van de acuerdo con el plan y debido a que desarrollos inesperados probablemente tengan serias consecuencias, el CPDP ha sido desarrollado no sólo para llegar a la conclusión óptima sino también para evitar sorpresas.

7. **Diagrama de flecha.** Con frecuencia, éste es usado en PERT (Program Evaluation and Review Technique)* y en el MCC (Método del Camino Crítico). Utilizan una representación de red para mostrar los pasos necesarios para implantar un plan.

La lista de aplicaciones de las Nuevas Siete para las actividades relacionadas con el mejoramiento es casi interminable. Si bien la lista que sigue muestra los principales campos de aplicación actual en el Japón, de ninguna manera es exhaustiva. No todas las Siete Nuevas se usan en cada proyecto, pero se usa una o más, dependiendo de las necesidades del proyecto.

Aplicaciones típicas para las Siete Nuevas herramientas del CC.

IyD	Mejoramiento de la calidad
Desarrollo de nueva tecnología	Reducción del costo y ahorro de energía
Desarrollo de nuevos productos	Mejoramiento de la seguridad
Despliegue de la calidad	Análisis competitivo
Mejoramiento de las habilidades analíticas y de diagnóstico	Análisis de reinvidicación
Programación de la producción	Mejoramiento de sistemas para el AC
Administración de la producción	Prevención de la contaminación
Mejoramiento de la productividad	Administración de ventas
Introducción de la automatización	Análisis de la información del mercado
	Administración del proveedor
	Despliegue de la política

*Evaluación del Programa y Técnica de Revisión. (N. del T.)

Apéndice F
Premios Deming

Los Premios Deming al principio fueron iniciados con fondos aportados por W. Edwards Deming con los productos de sus primeras conferencias en el Japón sobre el control de calidad y las regalías de la venta de los textos de sus conferencias y traducciones de su libro. En la actualidad, los costos de los Premios Deming son aportados por JUSE.

Hay tres categorías de Premios Deming: el Premio Deming, que es otorgado a individuos; el Premio Deming de Aplicación, que es concedido a compañías y el Premio Deming de Fábrica.

El Premio Japón del Control de Calidad, agregado en 1970 como el premio más alto, sólo se otorga a las compañías que han demostrado un alto nivel sostenido de prácticas del CTC por lo menos cinco años después de recibir un Premio Deming.

La lista de comprobación para el examen del Premio Deming es indicativo de la gama de actividades conducidas en el Japón en el nombre del control total de la calidad. Demuestra que la auditoría del CC en el Japón es en realidad una auditoría del sistema general de administración.

Lista de comprobación para la auditoría del Premio Deming de Aplicación

1. **Política de la compañía**
   ¿Qué es la política de la compañía para el CTC? ¿Qué metas y medidas se emplean con el fin de planificar, diseñar, producir, vender y asegurar buenos productos o servicios? ¿Qué éxito tiene y cómo

se comprueba? (Formación de la política, despliegue, implantación y auditoría.)

2. Organización y administración

¿Qué clase de organización se emplea para emprender y administrar el control estadístico de la calidad? Otros puntos a estudiar incluyen la claridad en la autoridad y responsabilidad, y coordinación entre las divisiones, actividades de comités y actividades de grupos pequeños. (Organización funcional transversal.)

3. Educación y extensión

¿Qué clase de programas de educación se proporcionan en forma rutinaria, tales como seminarios sobre el CEC (Control Estadístico de la Calidad), tanto dentro como fuera de la compañía? ¿Cómo se confirma la efectividad de este programa? ¿Qué educación se proporciona a los proveedores y subcontratistas? ¿Cómo se lleva a cabo el sistema de sugerencias?

4. Implantación

¿Qué clase de actividades son conducidas para asegurar el CTC en campos tales como IyD, diseño, compras, fabricación, inspección y ventas? Por ejemplo, deben revisarse los conceptos que siguen:

    I. Administración de las utilidades.
   ii. Control de costos.
  iii. Control de compras e inventario.
  iv. Control del proceso de producción.
   v. Administración de las instalaciones.
  vi. Control de la instrumentación.
 vii. Administración del personal.
viii. Relaciones laborales.
  ix. Programas de educación.
   x. Desarrollo del nuevo producto.
  xi. Administración de la investigación.
 xii. Relaciones con el proveedor.
xiii. Procedimientos para las quejas.
 xiv. Uso de la información del consumidor.
  xv. AC (Aseguramiento de la Calidad).
 xvi. Servicios al cliente.
xvii. Relaciones con el cliente.

(a) **Acopio y uso de la información sobre la calidad**

¿Cómo se transmite la información desde la oficina principal y se distribuye entre las plantas, oficinas de ventas y departamentos?

(b) **Análisis**

¿Cómo se definen los problemas importantes de la calidad y cómo se usan los métodos estadísticos para la resolución de los problemas?

(c) **Estandarización**

¿Cómo se establecen, usan y revisan los estándares? ¿Cómo se mantiene la estandarización y cómo se mantiene la congruencia entre los estándares?

(d) **Control**

¿Cómo se establecen los puntos de control? ¿Cómo se adoptan las medidas preventivas? ¿Cuál es el sistema de control para medidas de emergencia y cómo se administra? ¿Cómo se utilizan las varias herramientas tales como las cartas de control? ¿Están bajo control los procesos de producción?

(e) **Aseguramiento de la calidad**

¿Cómo es administrado y diagnosticado el sistema de aseguramiento de la calidad? ¿Cuál es el sistema para el desarrollo del nuevo producto? ¿Cómo se despliegan las funciones de calidad? ¿Qué medidas preventivas existen en las áreas de seguridad y responsabilidad del producto? ¿Qué medidas se emplean para el control y mejoramiento del proceso?

5. **Efecto**

¿Qué impacto tiene la introducción del CTC sobre la calidad del producto? ¿Qué impacto ha tenido sobre el servicio, entrega, costo, utilidades, seguridad y el entorno? ¿La compañía fabrica y vende artículos de máxima calidad? ¿Qué beneficios intangibles ha obtenido?

6. **Para el futuro**

¿Reconoce la compañía las fuerzas y debilidades actuales? ¿Existen planes para llevar adelante el programa del CTC? ¿Cómo se relacionan estos planes, si los hay, con la política de la compañía a largo plazo?

Algunos de los efectos tangibles e intangibles reportados por las compañías a las cuales se han otorgado los Premios Deming son:

Efectos tangibles

Mayor participación en el mercado.
Mayor volumen de ventas.
Volumen incrementado de producción.
Exito en el desarrollo de nuevos productos.
Reducción del tiempo de desarrollo del producto.
Desarrollo de nuevos mercados.
Calidad mejorada.
Menos quejas.
Reducción de costos por defectos.
Menos procesos.
Más sugerencias de los empleados.
Menos accidentes industriales.

Efectos intangibles

Creciente conciencia y participación de todos en la administración.
Mayor sensibilidad hacia la calidad y la solución de problemas.
Mejor comunicación tanto horizontal como vertical.
Calidad mejorada del trabajo.
Relaciones humanas mejoradas.
Retroalimentación mejorada de la información.
Habilidades administrativas mejoradas.
Impregnación del concepto "en el mercado".
Delineación precisa entre responsabilidad y autoridad.
Mayor confianza en el desarrollo del nuevo producto.
Conversión al pensamiento orientado a metas.
Estandarización mejorada.
Uso más activo del control de calidad estadístico.

Apéndice G
Actividades de KAIZEN en Canon: Estudio de un caso

Canon fabrica cámaras, máquinas copiadoras y computadoras de oficina. Sus actividades de KAIZEN están centradas en el SPC (Sistema de Producción Canon). Como se muestra en el diagrama del SPC (Fig. G-1), los objetivos son fabricar productos de mejor calidad a un costo menor y entregarlos con mayor celeridad. Para alcanzar estos objetivos, Canon ha desarrollado los tres sistemas siguientes: AC (Aseguramiento de la Calidad), AP (Aseguramiento en la Producción) y EP (Entrenamiento del Personal).

La primera de las tres estructuras básicas del SPC es el sistema de AC. La excelencia en la calidad es crítica para ganar un respeto mundial para sus productos. En consecuencia, Canon trata de asegurar la mejor calidad en todas las etapas del desarrollo, producción y ventas.

La segunda estructura básica en el SPC es el AP (Aseguramiento en la Producción). Canon ha ideado dos subsistemas para realizar las metas del AP de entrega rápida y bajo costo. El Sistema HIT de Canon (equivalente a Justo a Tiempo) y el Sistema de Señales. El Sistema HIT significa hacer las partes y productos sólo cuando sean necesarios y sólo en la cantidad necesaria. Canon utiliza ya sea tarjetas o señales HIT para este propósito. Estos subsistemas están diseñados para lograr la fabricación justo a tiempo en tanto se adopta la filosofía del "control visual".

La tercera estructura básica en el SPC es el Sistema EP (Entrenamiento del Personal), de acuerdo con el cual los empleados de Canon están siempre educándose en un programa educativo vitalicio.

Los otros instrumentos vitales para realizar los objetivos del SPC son las "cuatro inversiones" y la "eliminación de los nueve desperdicios". Las cuatro inversiones están dirigidas a las tecnologías, recursos huma-

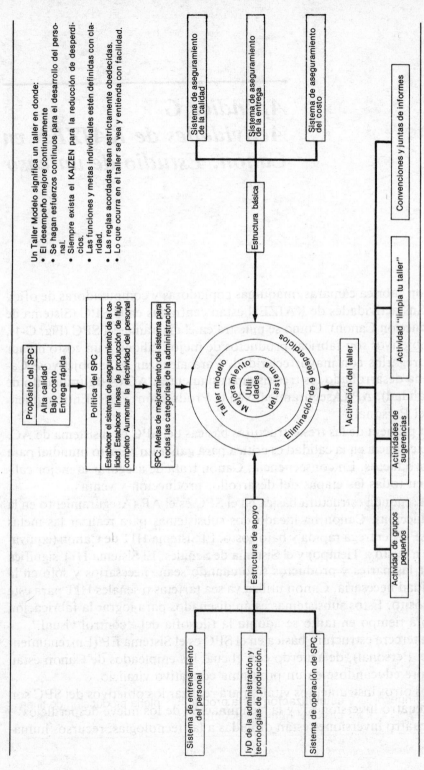

Propósito del SPC

Alta calidad
Bajo costo
Entrega rápida

Política del SPC

Establecer el sistema de aseguramiento de la calidad Establecer líneas de producción de flujo completo Aumentar la efectividad del personal

SPC: Metas de mejoramiento del sistema para todas las categorías de la administración

Taller modelo
Mejoramiento del sistema
Utilidades
Eliminación de 6 desperdicios

Un Taller Modelo significa un taller en donde:
- El desempeño mejore continuamente
- Se hagan esfuerzos continuos para el desarrollo del personal.
- Siempre exista el KAIZEN para la reducción de desperdicios.
- Las funciones y metas individuales estén definidas con claridad.
- Las reglas acordadas sean estrictamente obedecidas.
- Lo que ocurra en el taller se vea y entienda con facilidad.

Estructura básica

Sistema de aseguramiento de la calidad

Sistema de aseguramiento de la entrega

Sistema de aseguramiento del costo

Estructura de apoyo

Sistema de entrenamiento del personal

IyD de la administración y tecnologías de producción.

Sistema de operación de SPC.

Activación del taller

Actividad de grupos pequeños

Actividades de sugerencias

Actividad "limpia tu taller"

Convenciones y juntas de informes

Fig. G-1 Carta estructural del SPC (Sistema de Producción Canon).

nos, instalaciones y bienestar. Canon cree que el descuido en cualesquier de estas inversiones conducirá finalmente al fracaso de la compañía.

Respecto al desperdicio, éste no siempre es obvio y con frecuencia está disfrazado en la rutina diaria. Sin un marco de trabajo definido, es difícil decir si se debe uno tomar la molestia de eliminar una clase en particular de desperdicio o si no. En consecuencia, el SPC clasifica el desperdicio en nueve tipos, que se muestran en la Fig. G-2.

Categoría del desperdicio	Naturaleza del desperdicio	Tipo de ahorro
Trabajo en proceso	Apilar el material que no es necesario de inmediato	Mejoramiento del inventario
Rechazos	Producción de productos defectuosos	Menos rechazos
Instalaciones	Tener maquinaria ociosa y desperfectos, tomar demasiado tiempo para los ajustes	Aumentar la tasa de utilización de la capacidad
Gastos	Invertir de más para la producción requerida	Rebaja de los gastos
Mano de obra indirecta	Exceso de personal debido al mal sistema de mano de obra indirecta	Asignaciones eficientes de trabajo
Diseño	Producir artículos con más funciones de las necesarias	Reducción de costos
Talento	Emplear gente para trabajos que pueden ser mecanizados o asignados a gente menos hábil	Ahorro o maximización de la mano de obra
Movimiento	No trabajar de acuerdo al estándar de trabajo	Mejoramiento del estándar de trabajo
Inicio de producción del nuevo producto	Iniciar lentamente la estabilización de la producción del nuevo producto	Cambio rápido a la plena producción de línea

Fig. G-2 *Nueve categorías de desperdicios de Canon.*

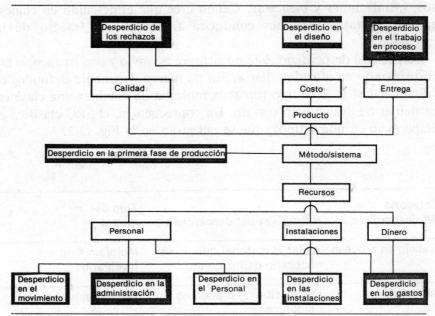

Fig. G-3 Nueve desperdicios en la producción.

Las actividades del SPC son juzgadas por la eliminación de los nueve desperdicios. La administración de Canon cree que el uso de esta clasificación de nueve partes para tratar con el desperdicio (1) ayuda a los empleados a llegar a estar conscientes del problema, (2) los ayuda a cambiar del mejoramiento operacional al mejoramiento de sistemas, y (3) ayuda a los empleados a reconocer la necesidad de autodesarrollo. La Fig. G-3 muestra el diagrama de sistemas para los nueve desperdicios en la producción según lo percibe Canon.

La administración de Canon estima que los esfuerzos en toda la compañía para reducir el desperdicio mediante el SPC ahorró ¥ 24 billones (U S. $100 millones) en 1983. El éxito del sistema SPC ha dado al personal de su fábrica gran confianza y orgullo al contribuir a las utilidades de la compañía.

La meta final de la reducción del desperdicio se despliega desde la alta administración hasta abajo al taller y cada año se establecen metas para cada nivel. En una de las plantas de Canon, está en marcha un proyecto llamado "Proyecto 100 de Mejoramiento". La Fig. G-4 muestra la hoja usada en este proyecto.

Categoría del desperdicio	Plan	Medidas preventivas		Persona a cargo		Programa	Efecto proyectado
	Problema	5M Núm.	Acciones para el mejoramiento	Línea	Informe		

Fig. G-4 Proyecto 100 de KAIZEN.

Lo que sigue explica qué escribir en la hoja:

1. **Desperdicio:** Designación de uno de los nueve desperdicios.
2. **Problema:** Se anota el problema correspondiente a cada desperdicio junto con la situación ideal para identificar la brecha entre lo que "debe ser" y lo que "es".
3. **5M:** Relaciona la causa a una de las 5M: máquina, material, hombre, método y medición.
4. **Núm.** Número de serie.
5. **Acciones para el mejoramiento:** Medidas preventivas para lograr el estado ideal (las consultas con otros departamentos son bien recibidas).
6. **Persona a cargo:** Nombre de la persona.
7. **Programa:** Fecha crítica para la terminación del proyecto.
8. **Efecto proyectado:** La proyección de un efecto (sirve como guía para la prioridad).

En este proyecto se dice a los gerentes que piensen en más de 200 tareas para el mejoramiento y la meta para el capataz es de 100. Cada supervisor recibe una hoja del "Proyecto 100 de KAIZEN" para fijarla en la pared del taller. Cada vez que piense en un nuevo mejoramiento, lo escribe en la hoja. Esta lista sirve como una guía útil en la planificación de las actividades mensuales del taller.

En algunas otras plantas, se dice a los capataces que reserven la media hora entre las 11:30 a.m. y las 12:00 h como tiempo de KAIZEN —tiempo de no hacer nada excepto pensar respecto a los mejoramientos en el taller—. Los capataces no deben ni siquiera contestar el teléfono o asistir a juntas durante este periodo de 30 min y se les avisa a las fábricas que no celebren juntas a esa hora. Los capataces utilizan este periodo para identificar los problemas y trabajar en programas de KAIZEN.

La Fig. G-5 es una lista de los premios anuales de Canon. Debe observarse que los premios son otorgados a individuos, grupos pequeños y unidades de taller, y que los premios se prometen para mostrar el aprecio de la administración por los esfuerzos y resultados. (la Fig. G-5 se muestra en las páginas siguientes.)

Nombre	Otorgado a	Contenido	Premio ¥ ($)	Premio (otros)	Premiados por año	Concedido en
Premio Taller Modelo	Sección	Taller que ha realizado el 30% de mejoramientos por 3 años consecutivos y es ejemplar en Canon	200,000 (900)	Viaje de estudio al extranjero para el gerente de sección, Cabeza de Águila de Oro para la sección	1-2	Convención de SPC
Premio Taller Modelo, segundo lugar.	Sección	Lo mismo que el anterior y es representativo de Canon	100,000 (450)	Escudo de Águila (Plata)	10-20	Convención de SPC
Premio por Eliminar los Nueve Desperdicios	Bloque	Taller o grupo que ha hecho mejoramientos notables en la reducción de los desperdicios	50,000 (225)		50	Convención de SPC
Premio de Desempeño de SPC	Supervisor; Subgerente de sección; Ingeniero en jefe	Los que han concebido conceptos únicos en la reducción de desperdicios y tuvieron éxito en la administración del taller		Viaje de estudio al extranjero	3	Convención de SPC para eliminación de Desperdicios, Convención de SPC
Premio de Actividades Excelentes de Grupo pequeño	Grupo pequeño	Grupo que ha mostrado un desempeño notable en actividades de grupos pequeños	50,000 (225)		2	Convención de actividades globales del grupo pequeño en Canon
Premio Presidencial de Puntos Acumulativos	Individual	Los 20 primeros en puntos acumulativos por sugerencias	300,000 (1,350)	Medalla de Oro	20	Convenciones de sugerencias para el mejoramiento del trabajo

Fig. G-5 Lista de los premios anuales otorgados en Canon.

Nombre	Otorgado a	Contenido	Premio ¥ ($)	Premio (otros)	Premiados por año	Concedido en
Premio Presidencial por Puntos Anuales	Individual	Los primeros 30 en puntos por sugerencias	100,000 (450)	Medalla de Plata	30	Convención de sugerencias para el mejoramiento del trabajo
Premio Presidencial	Individual, grupo	Sugerencias notables arriba del nivel B	100,000 (450)		10–20	Convención de sugerencias para el mejoramiento del trabajo
Premio Presidencial Especial	Individual, grupo	Los más notables de quienes reciben Premios Presidenciales		Viaje de estudio al extranjero para el líder	2	Convención de SPC
Premio de Oro	Proveedor	Compañía cooperadora que ha formado sistemas prometedores para calidad, costo y entrega	300,000 (1,350)	Escudo de Aguila (Oro)	1	Junta de ejecutivos de compañías cooperadoras
Premio de Plata	Proveedor	Compañía cooperadora que ha formado sistemas prometedores para calidad, costo y entrega	200,000 (900)	Escudo de Aguila (Plata)	1–2	Junta de ejecutivos de compañías cooperadoras
Premio Especial	Proveedor	Compañía cooperadora con alto desempeño en la ingeniería de producción, productividad o mejoramiento de la calidad	100,000 (450)		1-2 por categoría	Junta de ejecutivos de compañías cooperadoras

Fig. G-5 (continuación)

ESTA EDICION DE 2 000 EJEMPLARES
SE TERMINO EN JULIO DE 1989, EN
LOS TALLERES DE EDICIONES
COPILCO, S.A., ALFONSO PRUNEDA
77, MEXICO, D.F.